KB143261

# 전환시대의 민주주의

# 전환시대의 민주주의

발행 | 2022년 3월 15일

엮은이 | 경북대학교 민주화교수협의회
펴낸곳 | 도서출판 학이사
출판등록 : 제25100-2005-28호
주소 : 대구광역시 달서구 문화회관11안길 22-1(장동)
전화 : (053) 554~3431, 3432
팩스 : (053) 554~3433
홈페이지 : http:// www.학이사.kr
이메일 : hes3431@naver.com



ISBN _ 979-11-5854-347-1 03330

# 전환시대의 민주주의

경북대학교 민주화교수협의회 시사 칼럼 편집위원회 | 지음

學而思 | 학이사

| 집필자 |

**강우진**

경북대학교 정치외교학과 교수. 고려대학교 정치외교학과를 졸업하고 미국 플로리다 주립대학교에서 정치학박사 학위를 받았다.

**김은영**

경북대학교 교육학과 부교수. 전북대학교 사회학과를 졸업하고 미국 조지 워싱턴 대학교에서 임상심리학박사 학위를 받았다.

**박충환**

경북대학교 고고인류학과 부교수. 경북대학교 고고인류학과를 졸업하고 미국 캘리포니아대학교에서 인류학박사 학위를 받았다.

**손광락**

경북대학교 영어영문학과 교수. 고려대학교 영어영문학과를 졸업하고 미국 위스콘신대학교에서 언어 철학박사 학위를 받았다.

**안승택**

경북대학교 고고인류학과 조교수. 서울대학교 인류학과를 졸업하고 동 대학원에서 인류학박사 학위를 받았다.

**엄창옥**

경북대학교 경제통상학부 교수. 영남대학교 경제학과를 졸업하고 경북대학교에서 경제학박사 학위를 받았다.

**육주원**

경북대학교 사회학과 부교수. 서울대학교 미학과를 졸업하고 영국 워릭대학교에서 문화정책학박사 학위를 받았다.

**이소훈**

경북대학교 사회학과 조교수. 캐나다 토론토대학교 아시아태평양학과를 졸업하고 호주 시드니대학교에서 사회학박사 학위를 받았다.

**조태식**

경북대학교 나노소재공학부 교수. 고려대학교 재료공학과를 졸업하고 동 대학원에서 재료공학박사 학위를 받았다.

**채장수**

경북대학교 정치외교학과 교수. 경북대학교 정치외교학과를 졸업하고 동 대학원에서 정치학박사 학위를 받았다.

**채형복**

경북대학교 법학전문대학원 교수/시인. 계명대 법학과를 졸업하고 프랑스 엑스 마르세유3대학교에서 법학박사 학위를 받았다.

**최인철**

경북대학교 영어교육과 교수. 경희대 영어교육과를 졸업하고 미국 텍사스 주립대학교에서 언어학박사 학위를 받았다.

# 발간사

1987년 6월 민주항쟁의 거대한 흐름 속에서 군부독재를 종식하고 한국사회의 민주주의를 위하여 '민주화를 위한 전국교수협의회'가 결성되었다. 경북대 교수들도 이에 적극 참여하여 '경북대학교 민주화교수협의회'(경북대 민교협)를 발족시켰다. 지난 세월 동안 경북대 민교협은 "대학과 사회의 민주주의를 실현함"이라는 목표를 잃지 않고, 대학과 사회의 민주주의 발전을 위해 쉼 없이 노력해 왔다. 2022년 올해로 설립 만 35주년을 맞았으니 사람의 나이로 치면 청장년이 된 셈이다.

1990년대 초 베를린장벽이 붕괴되고 구소연방체제가 와해되었다. 이로 인해 국제사회는 미소 중심의 양대 이념체제에서 신자유주의적 경제체제로 급속히 재편되었다. 21세기에 접어들면서 이런 현상은 더욱 심화되었다. 무한 경쟁과 경제적 효율성을 앞세운 신자유주의의 도도한 흐름 앞에 대학은 자치와 자율은 물론 학문의 자유마저 심각하게 위협받는 지경에 이르렀다.

대학의 역량과 교수의 학문적 능력은 수치로 계량된 실적으로 평가받았으며, 정량화된 성과를 내지 못하면 시장에서 퇴출되었다. 정부와 시장에 의한 대학 통제와 간섭이 날로 심화되면서 진보성향의 교수단체들도 서서히 분열되고 와해되었다. 한때 전국 대부분의 대학에 민교협이 결성되어 있었으나 날이 갈수록 조직을 유지하고 운영하기 어려운 실정이다.

경북대 민교협도 이런 현실을 비켜갈 수 없다. 퇴임하는 선배교수는 늘고 있는 데 반해 신입회원을 확보하기가 쉽지 않다. 그러나 다행하게도 경북대 민교협 회원들은 여전히 조직에 대한 강한 애정과 신뢰를 바탕으로 서로 공고한 결속력과 연대의식을 가지고 있다. 이는 다른 교수단체에서는 찾아볼 수 없는 경북대 민교협만의 독특한 분위기라고 자부한다. 이번에 내는 칼럼집 『전환시대의 민주주의』도 경북대 민교협이 오랫동안 쌓아온 저력의 산물이라고 할 수 있다.

이 책은 경북대 민교협이 개최한 2020년 새해맞이 모임에서 기획되었다. 팔공산 산행을 하고 커피 한 잔을 나누는 자리에서 필자는 "시사 칼럼을 써서 사회비판 기능을 수행하자"고 제안하였다. 참석자들이 이에 흔쾌히 화답함으로써 모든 일은 일사천리로 진행되었다. 필진을 구성하고, [민교협 시사 칼럼]이라는 이름으로 인터넷언론 〈뉴스민〉에 원고를 게재하기로 했다.

그로부터 한 달이 지난 2020년 2월 5일 손광락 의장이 쓴 「'경북대학교 민주화교수협의회' 칼럼을 시작하면서」라는 여는 글을 시작으로 [민교협 시사 칼럼]의 대장정이 시작되었다. 12명의 민교협 회원 교수들이 2주에 한 번씩 2년 간 총 48편의 칼럼을 써서 발표하였다. 그리고 2021년 6월부터는 인터넷언론 〈대학지성 In&Out〉의 요청으로 이곳에도 칼럼을 게시하고 있다.

지식인의 사회참여를 앙가주망이라고 한다. 앙가주망은 다양한 형태로 나타날 수 있으나 사회비판적 글쓰기는 지식인들의 전형적인 사회참여라고 할 수 있다. [민교협 시사 칼럼]에 필진으로 참가한 교수들은 영문학, 문화인류학, 교육학, 경제학, 사회학, 정치학, 공학, 법학 등 다양한 학문적 배경을 가지고 있다. 필자들은 자신의 전문지식을 바탕으로 칼럼을 통해 한국사회와 대학에서 야기되고 있는 문제를 신랄하게 비판하고 이를 해결하기 위한 나름의 대안을 제시하고 있다.

[민교협 시사 칼럼]은 한국의 대학사회에서는 좀체 찾아볼 수 없는 귀중한 사례라고 할 수 있다. 12명의 필자는 아무런 경제적 대가 없이 2년 이상 연속하여 기꺼이 사회참여형 글쓰기에 참여하였다. 민교협 교수들이기에 가능한 일이다. 그들의 동지이자 동료로서 편집위원장을 맡은 것은 개인적으로 무척 영광스러운 일이었다. 칼럼을 쓰고 책을 출간하는 과정에서 부득이 필진에게 성가

시고 까다로운 요구를 할 수밖에 없었다. 널리 이해해 주시리라 믿는다. 또한 출판 현실이 어려움에도 불구하고 기꺼이 이 책을 내준 학이사 신중현 대표와 편집부 직원들에게도 깊이 감사드린다.

2022년 2월 28일<br>필진을 대표하여<br>경북대 민교협 시사 칼럼 편집위원장 채형복

차례

발간사 • • • 6

## 1부 청년 세대와 정의로운 사회

‘경북대학교 민주화교수협의회’ 칼럼을 시작하면서 • • • 16

새로운 세대에게 • • • 20

다시 무엇을 할 것인가? • • • 26

결과가 정의롭기 위해서는 • • • 30

대학교육, 이대로 방치할 것인가? • • • 35

교연비로 대학 망치는 교육부, 해체되어 마땅하다 • • • 39

지식인의 죄 짓지 않는 삶 • • • 44

인류학적 아나키즘 정치로 본 ‘이남자’ 현상 • • • 51

지방청년 유출의 물결을 멈추자 • • • 57

공정한 공정성 담론을 위하여 • • • 63

## 2부 팬데믹 위기와 대안적 미래

무릎 꿇고 살기보다 서서 죽기를! ··· 70

코로나19로 드러난 시장경제 바이러스 ··· 76

의태의 유능함과 2020년 5월의 숙제 ··· 81

신천지교회 담장 위를 걷는 사람들 ··· 86

재난의 시대, 교회의 사명을 묻는다 ··· 92

낙담하다 ··· 98

사회적 고통의 크기 ··· 102

영풍 석포 아연제련소와 환경오염 ··· 108

일본 후쿠시마 원전 사고와 방사능 오염수 ··· 115

가정에서 살펴본 환경호르몬과 대처방안 ··· 122

지구온난화의 대응방안은 절약이다! ··· 130

골 때리는 정치를 넘어 뼈 때리는 현실을 보라 ··· 136

## 3부 차별과 배제를 넘어 평등한 사회로

포괄적 차별금지법과 포스트 코로나 시대의 갈림길 ••• 142
페미니스트로 故 박원순 기리기 ••• 148
우울의 사회성 ••• 153
언제까지 부동산 광풍을 두고 볼 것인가 ••• 158
저 평등의 땅에 ••• 165
자본주의에 올라탄 신자유주의자들, 그들을 경계하라 ••• 171
역차별 담론과 인권의 뒤틀림 ••• 175
그 AI는 왜 여성이었나? ••• 182
사랑가와 외상 ••• 188
'이대남' 을 둘러싼 말잔치와 세대 담론에 대한 성찰 ••• 193
'슬럼化' 라는 표현 뒤에 숨은 인종주의 ••• 199
청년들에게 대안결혼의 길을 열어주자 ••• 205
'여성으로서 받는 고통' 에 대해 ••• 211

## 4부 새로운 민주주의를 꿈꾸며

이 와중에, '보수'를 생각한다 • • • 216

환영받지 않는 자리, 초대하지 않은 존재 • • • 221

미국이 표준이라는 신화의 붕괴 • • • 227

박원순 시장의 죽음과 윤석열 검찰, 무엇이 우리를 지배하는가? • • • 233

추-윤 갈등과 '법 앞에 선' 노동자 • • • 237

사법부의 최고 권력은 국민에게 있다 • • • 242

미얀마의 군사 쿠데타를 방관할 수 없다 • • • 249

촛불, 그 후 • • • 254

민주주의를 찾습니다 • • • 258

상상이 필요하다 • • • 263

그래도 지구는 돈다 • • • 269

선물이라는, 우리 사회의 반석 • • • 273

대선판을 흔드는 '문제적' 국민 정서와 가족 프레임 • • • 278

3不을 선포하라 • • • 284

# 제1부

## 청년 세대와 정의로운 사회

# '경북대학교 민주화교수협의회' 칼럼을 시작하면서

손광락

성경의 마태복음 20장에는 하늘나라에 관한 비유가 나온다. 하늘나라는 포도밭에서 일할 일꾼을 사려고 이른 아침에 집을 나선 밭 임자와 같다고 한다. 밭 임자는 이른 아침 장터에 나가 일꾼들을 구하여 하루 일당을 합의하고, 이들을 포도밭에 들여보낸다. 아침 9시에 또 나가 장터에 서성이고 있는 사람들에게 동일한 일당을 정하고 포도밭에서 일하게 했다. 12시와 오후 3시에도 마찬가지였다. 한참 시간이 지난 오후 5시쯤에 나가 보니 장터에 아직도 서성이고 있는 사람들이 있어서 밭주인이 물었다. "당신들은 어찌하여 종일토록 여기에 이러고 있습니까?" 그들이 답했다. "우리를 일꾼으로 쓰는 이가 없어서 종일 기다리고 있습니다." 그러자 주인이 "당신들도 포도밭에 가서 일하시오."라고 했다.

해가 저물어 포도밭 주인이 일꾼들을 불러 품삯을 나누어 주는데 그는 오후 5시에 온 이들에게 먼저 하루치 일당을 온전히 주었다. 이전에 온 일꾼들이 이를 보고 자신들은 더 받을 줄 알고 기대했다. 주인은 그들에게도 꼭 같이 하루치 일당을 주었다. 그러자 그들은 분개하여 주인에게 따졌다. "하루 종일 뙤약볕에서 일한 우리를 어찌하여 해 질 녘에 온 저 사람들과 똑같이 대우합니까?" 그러자 주인이 이렇게 대답한다. "친구여, 내가 내 것을 내 뜻대로 하는 것이 불의를 저지르는 것입니까? 내가 당신들과 약속한 대로 하지 않았습니까? 나중에 온 이 사람들에게도 당신들과 똑같이 품삯을 주는 것이 나의 뜻입니다."

이 포도밭 주인의 비유에서 주인의 뜻은 무엇이며 분배의 원칙은 무엇인지 생각해 보았으면 한다. 물론 2,000여 년 전 팔레스타인과 현재 자본주의는 여러모로 사정이 다를 것이다. 하지만 산업혁명 이후 삶의 질이 현저히 나아지고 전제군주제의 몰락과 함께 자유와 평등이 제도화된 오늘날에도 많은 이들은 새벽 일찍 고용된 사람과 오후 5시에 고용된 사람이 동일 임금을 받는 것은 불공정하다고 생각할 것이다.

그런데 참으로 이상한 것은 오랜 시간 일한 사람이 더 많은 보상을 받는 것이 당연하며 그것이 소득분배의 정의라면 그런 사람이 더 나은 삶을 누릴 수 있어야 하겠지만 예나 지금이나 이와 상관없이 빈부격차가 발생하고 소득 불균형은 대물림되고 있다. 최근 여러 통계자료에 의하면 부모의 소득수준이 자녀의 소위 일류대학 진학을 결정하며 고소득층 자녀는 신이 내린 직장이라는 곳에도 훨씬 쉽게 안착한다고 한다.

국제구호기구 옥스팜에 따르면 2016년 기준으로 세계 최상위

부자 2,000여 명이 가진 돈이 전 세계 인구의 64%인 46억 명이 가진 돈보다 많으며, 상위 1%가 나머지 99%의 돈을 모두 합친 것보다 더 많이 갖고 있다고 한다. 미국은 2017년 기준 상위 1%가 국가 전체 부의 1/3을 갖고 있으며 전체 90%가 소유한 것보다 더 많이 소유하고 있다. 미국 자본주의를 모델로 하는 한국도 2016년도 기준으로 상위 1%의 부자와 재벌이 민간소유 토지의 50% 이상을 소유하며, 금융자본의 경우 이들 1%의 배당소득이 전체 소득의 90% 이상을 차지하는 극한의 격차를 보여주고 있다.

2018년 '아시아미래포럼' 에서 런던 정치경제대학 리처드 윌킨슨 교수는 소득불평등이 극심한 사회일수록 사회문제가 심각해진다는 사실을 통계자료로 보여주었다. 자존감의 상실과 함께 타인의 시선과 평가 중시, 과소비 경향, 정신질환 유병률과 수감률의 증가, 상호 신뢰도 하락 등의 현상이 심화된다고 한다. 사실 우리 주변에서 많은 이들이 자신의 부와 이익을 위해서라면 무슨 일이든 서슴지 않으며 이로 인해 공동체가 와해되고 여성과 남성, 강자와 약자, 심지어 부모까지 증오하는 현상을 쉽사리 목격한다.

산업혁명 이후 생산성 향상과 함께 전체적인 부는 상상을 초월할 정도로 커졌는데 왜 이런 부정적 현상이 일어날까? 이 문제는 경제제도와 부의 분배라는 더 광범위한 영역과 맞닿아 있다. 마틴 루터 킹이 1967년 8월 16일 '우리는 이제 어디로 가야 하는가?' 라는 연설에서 "우리는 인생의 시장에서 낙오한 약자들을 도우라는 요청을 받습니다. 하지만 언젠가는 그러한 약자를 만들어내는 제도를 재구성할 필요가 있음을 알게 될 겁니다."라고 했다. 그는 이 연설에서 자본주의라는 경제제도에 근원적인 의문을 제기하고 있다.

우리는 의문을 제기해야 한다. 시간이 돈이며 더 많은 시간을 일한 사람, 교육을 많이 받은 사람, 그리고 능력 있는 사람이 더 많이 보상받아야 한다는 불변의 신념이 어쩌면 소득분배에 대한 올바른 정의라기보다는 사회경제적 강자와 지식인들에 의해 주입된 신념체계일지도 모른다. 너무나 익숙하고 당연하게 받아들여지는 것이 체제 유지를 위해 교묘하게 위장된 책략이며 대중을 순종적이고 무지한 존재, 다시 말하면 프로그램 된 존재로 만들기 위한 속임수일 수도 있다. 마치 20세기 들어 신자유주의를 옹호하는 자본가와 지식인들이 애덤 스미스의 '국부론'을 왜곡하여 이기적인 욕심이 선이며 국가가 자유로운 시장질서에 개입해서는 안 된다고 주장하는 것처럼 말이다.

민주주의는 원래 정확한 정보와 지식을 가지고 합리적인 결정을 내리는 시민을 기반으로 한다. 지배자들의 교묘한 속임수에서 벗어나고 현실의 이면에 감추어진 진실을 보기 위해서는 우리가 불변의 진리로 받아들이는 것까지도 의심해 보아야 한다. 관념과 관습과 제도, 심지어 법률까지 뒤집어 보아야 한다. 진리란 철저한 검증과 냉철한 사고에서 나오기 때문이다. 민교협이 제공하는 생각거리에 독자들이 자신의 생각을 덧붙인다면 우리는 이 사회가 숨기고 있는 진실을 발견할 수 있을 것이며 포도밭 주인과 같이 어려운 이들을 헤아리며 더불어 살아가는 사회를 만들 수 있을 것이다.

# 새로운 세대에게

엄창옥

I

필자는 기성세대에 속한다. 70년대 학번이지만 독재의 '붕괴'를 경험하고 서울의 '봄'을 함께 맞이했다는 점에서, 크게 보면 386세대에 속한다고 할 수 있다. 386세대가 함께 탄 열차는 민주화라고 하는 화력으로 움직였다. 쾌속으로 달리는 이 민주화호 열차의 화구火口 안으로 참으로 많은 희생제물이 바쳐졌다.

이 열차는 독재권력이 쳐놓은 바리게이트를 통쾌히 뚫고 지나갔고, 그로 인해 한두 번은 휘청거렸지만 민주화의 대오는 단단했다. 우리는 이 열차 안에서 이전에 겪어보지 못했던 공통의 허다한 경험을 공유했다. 비록 수많은 상처를 입었지만, 사회변혁을 이끌고 있다는 점에서 이 공통의 경험은 386세대의 정체성으로 자리잡았고, 세대의식으로 살아났다.

동시에 우리들은 이 열차의 차창 밖으로 지나가는 산업단지의 굴뚝 연기를 역동성의 풍경으로 감상했고, 자고 나면 솟아오르는

빌딩과 아파트 숲을 기회의 상징으로 탐닉했다. 그것은 우리 앞의 산업화 세대가 고생고생해서 이룩한 결과물들이었다.

그러다가 1997년 IMF외환위기로 산업화세대들이 절망할 때 386세대에게는 새로운 취업의 문이 열렸고, 헐값이 된 집과 주식으로 큰 이득을 보았으며, 한푼 두푼 목돈 마련으로 저축하던 아파트 청약저축통장이 지금은 엄두조차 낼 수 없는 신식 아파트를 당첨 받는 로또가 되었다. 이러한 과정에서 386세대에게는 사회변혁의 세대의식 속으로 물질적 풍요라는 경제적 성취감이 파고들었다.

얼핏 이질적으로 보이는 이 두 개의 성취감이 그런대로 만날 수 있었던 것은 나름의 이유가 있었다. 이 두 풍경 사이에 엄청난 일이 있었기 때문이다. 그것은 1990년 소련의 개혁·개방이었다. 이 사건은 우리에게 소련 사회주의의 종말 혹은 미국 자본주의의 승리로 이해되었다. 소련의 붕괴는 동서냉전의 격전지인 한국 사회에도 큰 영향을 미쳤다. 그것은 한마디로 말하자면 '상실' 이다.

그 상실감은 문학계에서 잘 그려지고 있었다. 박일문의『살아남은 자의 슬픔』(1991)이 그것이다. 이 소설은 자신을 따라 운동권에 뛰어든 라라의 죽음으로 인해 살아있다는 사실만으로도 죄의식을 느끼며 살아가는 386세대의 90년대 모습을 잘 보여주고 있다.

박상우의『샤갈의 마을에 내리는 눈』(1991)은 더욱 극명하다. 이념은 사라지고 허무만 남은 눈 내리는 밤, 각자 자기의 길로 흩어지고 마는 동료들. 386세대는 이렇게 길을 잃고 방황하고 있었던 것이다. 바로 그때 물질적 풍요의 달콤함이 사회변혁의 세대의식 속으로 파고든 것이다.

혹여나 386세대가 부패했다고 누군가 말한다면 아마도 이 때문일 것이다.

그러던 사이에 어느덧 386세대의 손에는 신경숙의 『풍금이 있던 자리』(1992)가 들려 있었다. 386세대에게는 이념은 사라지고 서정성이 피어났다. 그리고 부가 곁들어진 권력은 부패하기 시작했다. 이것은 비극적이다.

II

지금 돌아보면 이러한 386세대의 비극은 386세대만의 문제가 아니었다. 왜냐하면 386세대 앞의 산업화 세대는 냉전구조를 경제적 기반으로 하는 산업화로 경제적 성과를 성취하였다. 굳이 설명하자면 소위 '수출주도 공업화'이다. 냉전구조가 해체되면서 수출주도 공업화 체제는 그 수명을 다했고, 386세대는 새로운 축적체제를 구축해야 했다.

그것은 386세대의 몫이었다. 그러나 386세대는 다른 것에 탐닉하고 있었다. 386세대가 뒤 세대에게 진 빚이 있다면 앞 세대의 결실로 부와 권력을 얻어내었음에도 불구하고 다음 세대를 위해 새로운 축적체제를 구축하지 못했다는 점이다. 그만큼 386세대는 권력 집착적이었다.

III

이쯤에서 한국사회의 위기를 이야기해야 할 것 같다. 우리는 현재 경제적 위기라고 한다. 산업화 이후 새로운 축적체제를 구축하지 못했기 때문이다. 그로 인해 고용 위기가 찾아왔고, 이 위기는 저출산 위기로 연결되어 인구절벽의 위기로 몰아가고 있다. 인구절벽의 위기는 급기야 지방소멸의 위기로 연결되고, 침몰하는 배에서 탈출하는 뭇 생명들처럼 지방청년의 지방 탈출의 위기로 이어지고 있다. 실로 전반적 위기국면이다.

그러나 필자는 이러한 경제적 위기로 인해 촉발된 전반적 위기보다 더 염려되는 것은 이 위기국면을 돌파해 나갈 새로운 세대가 마련되어 있지 않다는 것이다. 이것이 한국사회의 근본적 위기라고 생각한다.

필자는 이 근본적 위기의 책임은 전적으로 386세대에게 물어야 한다고 생각한다. 386세대는 한국사회에서 부富면 부를, 권력이면 권력을 독점하고 있는 너무나 견고한 껍데기로서 새로운 세대의 출현을 가로막고 있었기 때문이다. 이 사회의 기회를 모조리 독식하고 있었던 것이다.

그래서 가위눌린 뒤 세대는 기성세대를 다음과 같이 비아냥거리고 있다. 『할머니, 도둑질 좀 그만해요: Stop Mugging Grandma』(2019)라고! 이 책이 예일대학 출판부에서 출간되었는데, 파이낸셜타임스는 '누가 밀레니얼세대의 미래를 도둑질해 갔는가' 라고 기성세대를 비판하고 있다.

IV

새로운 세대는 언제나 기성세대로부터 자양분을 빨아 먹으면서 성장하지만, 그러면서 그들은 기성세대에 대한 거부와 저항의 반역을 준비하는 법이다. 자기가 살고 있는 동시대의 모순에 공감을 불러일으키는 체험이 집합적으로 일어나고 그것이 미래를 투시하기 시작하면, 그 순간이 새로운 세대가 태어나는 순간이다.

지금 젊은이들은 90년대 상실의 시대를 경유하면서, 외환위기를 건너면서, 2000년대에 들어와 문민정부의 탄생과 좌절을 목도하면서, 2008년 촛불이 명박산성에 가로막힐 때, 2014년 세월호의 아픔이 2016년 광화문촛불로 일어날 때, 전율을 경험하였다. 이런 막장의 경험을 공유하면서 새로운 세대단위가 어디선가 시대적 사명을 가지고 세대위치를 자리 잡아가고 있을지도 모를 일이다.

기성세대를 향한 전복의 꿈을 어디에선가 몰래 키워나가고 있을지도 모른다. 기성세대의 논리가 그 유효성을 다해감에 따라 새로운 세대의 사명감은 더욱 비장해지는 법이다. 386세대가 현 시대를 견고히 붙잡고 있으면 있을수록 새로운 세대의 비장함과 저항은 더욱 강고해질 것이다. 386세대가 굳이 고해성사한다면 이들이 숨 쉴 공간을 마련하는 일이다.

V

새로운 세대를 기다리면서 필자는 그리스신화의 '친부살해親父殺害의 전통' 을 상상하곤 한다. 헤시오도스의 『테오미니아(신통기)』에서는 가이아가 낳은 아들들이 그의 아버지를 살해하고 세상을 통치하고자 한다. 심지어 크로노스는 어머니가 준 금강석 낫으로 아버지 우라노스의 성기를 자르고 권좌에서 쫓아낸다.

『오이디푸스 신화』에서도 왕자 오이디푸스가 아버지 라이오스를 죽이고 테바왕국과 그 왕비를 차지한다. 기성세대인 아버지는 새로운 세대인 아들의 출현을 막기 위해 자식을 자신의 배 속에 가두기도 하지만, 자식은 아버지를 자양분으로 먹어치우면서 새로운 세대를 만들어간다. 이것이 진보하는 시대이다. 그러나 지금 한국사회가 위기의 시대임에도 불구하고 저항과 반역의 세대가 부재하다는 것은 새로운 세대가 아직 싹트지 않은 어두움의 시대임을 반증하는 것이다. 그러나 필자는 새로운 세대가 위기국면 어디쯤인가에서 기성세대의 노욕을 조롱하며 반전의 음모를 꾸미고 있을 것임을 확신한다. 이런 상상을 한다고 해서 역사적 낭만주의자라고 비꼴 것인가?

# 다시 무엇을 할 것인가?

최인철

'무엇을 할 것인가?' 러시아 혁명의 지도자 블라디미르 레닌이 1901년 발표한 논문이다. 레닌은 이 글에서 사회주의 조직의 임무와 구성, 그리고 노동조합의 활동과 그 속에서 혁명운동의 전위가 행해야 할 전술적 임무 등을 논하고 있다. 대학 시절 그 글을 읽으며 얼마나 잘 이해할 수 있었는지 사실 잘 기억이 나지 않는다. 다만 몇 번이나 다시 읽으며 당시의 상황에서 취해야 할 행동에 대하여 영감을 얻으려 했거나, 혹은 그것을 읽는다는 자체만으로 마치 대단한 혁명가로 성장해 가는 것처럼 우쭐대던 어린 시절의 내 모습에 대한 기억의 파편이 그 글에 대한 나의 인상이다.

30년도 훨씬 더 지난 지금, 나는 레닌이 그 논문 속에서 이야기하던 사회주의 혁명의 전위가 아니다. 아니 나는 오히려 위험할 수 있었던 당시의 내 세계관을 다시 직시하고 그 모습을 성찰하는 시간이 필요하다고 생각하는 사람이다. 당시의 우리 중 어떤 이들은 여전히 마음속에 그 불씨를 품고 언제가 찾아올 적절한 시기를 기다리고 있을지도 모를 일이다. 또 과거의 모습에 대한 극단적 단절과 함께 극우적 보수주의로 변절해서 자본과 권력에 아부하는 이들도 심심찮게 목격하게 된다.

대부분의 우리는 흘러온 시간만큼이나 아득하고 희미한 기억들로, 또는 가벼운 농담처럼 의미 없는 무용담으로 우리 젊은 시절을 마주한다. 그래서 얼마 전 소위 86세대라 불리는 우리들이 더 이상 변화의 동력이 아니고 사회의 변화를 가로막는 존재로 전락해 버렸다는 한 젊은 진보 국회의원의 일갈이 항변하기 힘든 비판으로 와닿는다. 그리고 시대의 벽을 부수었던 그 노련함으로 다시 나서주기를 바란다는 그 호소가 아픔처럼 가슴을 후벼팠다. 대부분의 우리들은 과거와 단절하지도 못했고 과거를 이어가지도 못하고 있다.

우리들의 모습은 선물처럼 찾아왔던 민주화의 결실로 포장되었다. 물론 민주화도 그 과정 속에 함께했던 모든 이들의 피와 땀과 노력이 있었기에 가능했던 일이다. 하지만 그것이 이야기의 전부가 아니라는 것은 우리 모두가 알고 있다. 그 당시의 우리들이 잘못했다고 말하고 싶지는 않다. 80년대의 극심했던 자본주의적 폐해가 억압적 권력체계와 결합한 상황에서 시대를 고민하는 젊은이라면 자연스레 취할 수 있었던 모습이었다고 생각한다. 그러나 이제 우리에게 필요한 것은 지금도 그때의 생각에 동의하고 있느냐에 대한 명시적 결론이다. 이는 단순한 반성의 문제가 아니고 다시 '무엇을 할 것인가?' 를 고민하기 위함이다.

사실 나는 더 이상 레닌이 말하던 사회주의 혁명에 동의하지 않는다. 20대의 내가 가졌던 생각이 오류와 논리적 비약들로 가득한 위험한 세계관이었음을 자인한다. 그렇다고 돈이 돈을 벌고 더 많은 돈이 더 많은 돈을 벌어주는 이 체제를 달게 받아들이지도 않는다. 그 방법의 오류는 인정하겠지만 젊은 시절 내가 가졌던 이념의 목적에 대한 가치는 여전히 유효한 것이다. 그렇기 때문에 이제 나는 레닌이나 로자 룩셈부르크가 배신자 혹은 개량주의자로 불렀고 내 스스로도 과거에는 그렇다고 믿었던 카우츠키가 주창한 사회민주주의적 개혁에 더 많은 관심을 가지게 된다. 혁명은 인위적으로 오는 것이 아니고 설사 그렇게 온다 하더라도 그 내용이 바람직하지 못했다는 것을 우리는 역사 속에서 경험했다.

무엇을 할 것인가? 나는 다시 이 화두를 고민하게 된다. 이 사회는 하나하나의 부분이 전체와 맞물려 톱니바퀴로 가득한 기계처럼 돌아가고 있다. 때문에 내가 할 일은 내가 속한 이곳에서 이 사회가 힘센 맹수가 지배하는 정글처럼 바뀌지 않도록 하는 것, 바로 그것이다. 헌법재판소는 최근 교수의 노조활동 권리를 인정했고 우리는 노조를 건설했다. 교수가 무슨 노동자도 아니고 노조냐고 비아냥거리는 사람들도 있다. 하지만 우리도 전문 지식으로 교육과 연구라는 무형의 생산적 활동을 통해 급여를 받고 생활하는 노동자다. 우리를 노동자로 인정하지 않으려 하는 태도에는 노동을 천시하는 잘못된 사고가 자리 잡고 있다.

다만 우리가 노조를 통해 하려는 일이 무엇이냐에 대해서는 다른 직종의 노조와 마찬가지로 깊은 생각이 필요하다. 최근 의료계

파업사태에서 드러난 것들처럼 조직, 혹은 그 직종에 속한 사람들의 이기적 이익에만 몰두하게 된다면 사회의 지지도 받지 못할뿐더러 전체 사회 발전에 복무하는 것은 더더욱 힘든 일이 될 것이다. 나는 우리 교수 노조가 교원의 복리 후생 향상에 머물지 않고 사회적 개혁 운동에 동참하기를 희망한다. 그 시작은 우리에게 주어진 부당한 사회 구조적 압박의 제거다.

대학도 뉴 밀레니엄 이후 몰아친 신자유주의의 광풍에서 자유롭지 못했다. 대학에 무한 경쟁의 원리가 도입되었고 학문의 세계를 돈으로 통제하려는 정부의 정책이 익숙한 풍경이 되었다. 이 속에서 시대를 고민하고 진리를 논하는 것은 너무나 허무한 일로 치부된다. 교수 노조가 우리에게 부과된 이러한 모순의 제거에 앞장서기를 희망한다. 그리고 그 활동이 전체 사회의 개혁으로 연결되기를 바란다. 이를 위해서 우린 다시 '무엇을 할 것인가?' 를 더 진지하게, 더 치열하게 고민해야 한다.

# 결과가 정의롭기 위해서는

강우진

한국 사회의 화두는 공정성 이슈라는 데에 대부분의 사람이 생각을 같이할 것이다. 가정에서, 일터에서, 학교에서, 그리고 정치의 영역에서 넘쳐나는 수많은 공정성 담론이 서로 충돌하고 있다. 하지만 무엇이 공정성인지 또한 공정한 사회를 만들기 위해서 무엇을 먼저 해야 하는지에 대한 열린 토론조차 충분치 않다. 다른 나라와 비교해 볼 때 한국은 여전히 동질적인 사회이지만 한국의 갈등 수준은 OECD 국가에서 가장 높은 편에 속한다.

한국 사회 공정성 논쟁에서 나타난 가장 두드러진 특징은 매우 복합적인 성격을 가진 공정성 개념이 다층적인 수준에서 충돌하고 있다는 것이다. 이를 이해하기 위해서는 두 가지 조건을 돌아보는 것이 필요하다. 먼저, 은퇴를 맞이하고 있는 베이비붐 세대가 주역으로 활동하던 시절 한국 사회는 높은 성장을 기록하며 사회적 이동성이 높은 열린 사회였다. 하지만 베이비붐 세대의 자식 세대인 에코 세대가 사회에 진출하는 이 시점에서 한국 사회의 모습은 전혀 다르다. 한국 사회는 본격적인 저성장의 시대에 진입하였다. 더구나 한국은 가장 빠르게 고령화되는 사회이면서 가장 낮은 출산율을 기록하는 사회가 되었다. 한국은 저성장, 저출산, 초고령화의 삼각파도를 함께 맞이하고 있는 것이다.

둘째, 가장 성공적인 민주화의 사례로 꼽히는 한국 민주주의의 사회경제적 기반은 취약하다. 불평등 해소와 공정성의 제도화라는 시민 요구가 정책적 결과로 전환되는 과정에서 병목현상이 발생하고 있다. 가장 성공적이라 평가되는 한국의 민주화 30년은 권력의 교체방식을 제도화는 수준에 머물러 있다. 민주주의가 사적인 영역의 갈등을 민주적 정치과정을 통해서 제도화하는 체제라고 할 때 한국 민주주의는 여전히 갈 길이 멀다.

문재인 대통령은 2012년 제18대 대통령 선거 민주통합당 후보 수락 연설에서 "기회는 공평할 것입니다. 과정은 공정할 것입니다. 결과는 정의로울 것입니다."고 했다. 이 구호는 광장의 촛불이 모여 부패한 권력자를 몰아내고 치러졌던 2017년 제19대 대통령 선거를 통해서 집권한 문재인 정부를 대표하는 슬로건이 되었다. 이 구호는 문재인 정부에 대한 지지 여부와 관계없이 많은 사람에게 울림을 주었다. 공평한 기회와 공정한 과정 그리고 정의로운 결과는 한국 사회의 가장 중요한 화두로 부상한 공정성을 관통하는 중요한 이슈이기 때문이다.

이 슬로건의 감성적인 호소력에도 불구하고 좀 곰곰이 살펴볼 필요가 있다. 한국 사회에서 기회가 평등하다는 것은 무엇을 의미하는가? 과정이 공정하다는 것은 어떤 의미인가? 평등한 기회가 적용되면 그리고 과정에 외부적 요인이 개입되지 않으면 결과는 모두 정의로운가? 출발선이 같다고 하더라도 출발선에 선 개인의 조건이 처음부터 기울어져 있다면 결과는 공정하기 어렵다. 예를 들어, 같은 출발선에서 출발하는 경주자가 한 사람은 맨발로 출발하고 다른 한 사람은 최고의 기술로 만든 러닝화를 신고 뛴다면 경쟁의 결과는 상당 부분 이미 결정되어 있다. 이 경우 출발선의 차이를 불가피한 운명으로 받아들여야 하는가?

문제는 개인의 사회적 배경과 (사회적 배경에 의해서 영향을 받는) 자질과 능력은 우연적이라는 것이다. 롤스가 정의론(1971)에서 주장한 것처럼 개인이 통제할 수 없는 자의적인 운(luck)이 분배의 몫에 (크게) 영향을 미치는 사회는 공정한 사회라고 볼 수 없다. 이에 따라서 롤스는 공정성의 두 번째 원칙으로서 차등의 원칙(difference principle)을 제시했다. "자연적·사회적 운이 없는 집단, 즉 그 가족 및 계급적 기원이 다른 사람들보다 불리하며 (실현된) 천부적 재능으로도 유리한 형편에 있지 못하며 살아가면서 운이나 행운 역시 보잘것없는 것으로 드러난 사람들"인 최소 수혜자에게 더 큰 이익이 돌아가도록 하는 제도적 처방이다.

롤스의 이론은 이후 운평등주의(luck egalitarianism) 이론으로 발전했다. 운평등주의 이론은 다양한 갈래가 있지만 대체로 다음과 같은 특징을 가진다. 먼저, 통제할 수 없고 선택하지 않은 운의 차등적 효과로 인한 불평등을 제어하고자 한다. 둘째, 구체적으로 운의 불평등한 영향을 줄이기 위한 재분배 제도를 제시한다. 예를 들어,

행운에 대한 재분배는 누진적인 소득세를 통해서 이루어지며 불운에 대한 보상은 다양한 형태의 사회보장 급여를 통하는 방식을 제시한다. 셋째, 개인의 선택과 운의 효과를 구별하면서도 통합을 시도하였다. 개인의 선택을 강조하는 자유주의적 입장과 운의 불평등한 효과를 재분배를 통해서 제어하고자 하는 평등주의적 입장을 통합하고자 하였다.

이 문제를 문재인 정부가 추진한 블라인드 채용정책을 통해서 좀 더 살펴보자. 블라인드 채용 정책은 2017년 6월 22일 문재인 대통령이 청와대 수석보좌관 회의에서 '공공 부분 블라인드 채용 의무화'를 지시하면서 시작되었다. 베이비붐 세대가 이 사회의 주역이었던 성장의 시대에 한국 사람은 교육을 징검다리 삼아 중산층으로 상승할 수 있었다. 하지만 한국 사회를 흔들었던 'SKY 캐슬' 드라마가 상징하듯 교육은 더 이상 계층 상승의 징검다리가 아니라 사회경제적 불평등을 재생산하는 통로가 되었다. 블라인드 채용은 한국 사회의 가장 큰 차별 중의 하나인 학력에 의한 차별을 최소화하기 위해서 도입되었다.

하지만 실력 자체(출발선)가 개인의 노력보다는 개인이 통제할 수 없는 사회경제적 배경에 의해서 영향을 받는다면 문제는 달라진다. 블라인드 채용을 통해서 학력에 대한 우리 사회의 차별적 고정관념의 효과를 일부 줄일 수는 있지만, 블라인드 채용을 통해서 출발선의 차별적 조건을 통제할 수는 없다. 예를 들어, 수능점수는 사교육에 의해서 크게 영향을 받기 마련이다. 현재 한국 사회에서 사교육의 양과 수준은 부모의 경제적 배경에 의해서 결정되는 것은 의문의 여지가 없다.

능력주의(Meritocracy)란 용어는 마이클 영(1958)의 풍자소설 『능력주의의 출현』에서 본격화된 것으로 알려져 있다. 그는 이미 오래전에 이 소설에서 IQ를 기준으로 한 능력주의가 공고화할 차별적 사회구조의 음울한 미래를 전망한 바 있다. 출발선의 차이를 침묵하게 만드는 지나친 성공주의 수사학은 공고화된 '불평등의 캐슬' 밖에 있는 사람들에게 불평등 문제의 원인을 돌린다.

문재인 정부의 감성적인 슬로건대로 기회가 공평하기 위해서는 또한 결과가 공정하기 위해서는 출발선에 외부 영향이 미치는 가능성을 최소화해야 하며 출발 조건의 차별적 효과를 최대한 줄여주어야 한다. 어떠한 방식으로 또한 어느 정도 불평등한 출발선을 보정해 줄 것인가는 사회적 합의를 통해서 결정해야 할 것이다. 그것을 만들어 내는 것이 정치의 역할이다. 정치의 복원이 절실한 시기다.

# 대학교육, 이대로 방치할 것인가?

최 인 철

사람들에게 대학교육에 대한 의견을 물으면 십중팔구는 대학 입시 문제에 대해 이야기한다. 사실 우리 사회에서 대학 입시 제도는 누가 대통령이 되는가, 혹은 부동산 가격이 얼마만큼 상승하고 있는가에 못지않은 뜨거운 이슈이다. 그러나 막상 대학교육 자체의 문제점에 대해서는 큰 문제의식을 느끼지 못하고 있다. 사람들이 대학교육에 대해 만족하고 있기 때문은 아니다.

사람들은 대학에서 뭘 배우는지 모르겠다는 생각을 피력하는 정도로 현 대학 교육의 문제점을 지적하기도 하지만 대체로 대학교육에 큰 관심을 가지고 있지는 않은 듯하다. 이는 아마도 대학에서 무엇을 배웠고 그 능력을 통해 무엇을 할 수 있게 되었는가가 크게 중요하지 않기 때문일 것이다. 우리는 무슨 대학에 들어가느냐가 개인이 사회에서 할 수 있는 역할을 미리 결정해버리는 사회에서 살고 있다. 어쩌면 이런 상황에서 국민들의 관심이 대학교육이 아닌 대학 입시에만 쏠리는 것이 당연지사일지도 모르겠다. 더 큰 문제는 교육 당국마저도 이러한 세태를 따라가고 있다는 것이다.

한국의 대학교육경쟁력은 OECD 국가 중 최하위에 머무르고 있다. 스위스에 본부를 둔 국제경영개발연구원 발표에 따르면 2011년 39위였던 한국 대학교육경쟁력이 2018년에는 49위로 추락했다. 물론 대학에서 교육을 책임지고 있는 한 사람으로서 부끄럽고 죄송한 일이다. 그러나 고등교육 전반의 위기가 역대 정권의 무책임하고 무계획한 교육정책과 그다지 큰 변화를 이루지 못한 현 정권의 잘못에서 기인한다는 것은 부정할 수 없는 사실이다.

2016년 기준으로 국내총생산 대비 정부의 고등교육 지원은 0.7%에 불과했다. 이는 OECD 평균 보다 현저히 낮고 초등학교부터 고등학교까지의 교육에 투여되는 재원에도 이르지 못하는 수준이다. 반면, 초·중등 교육 공교육비 지출은 이미 OECD 평균을 넘어서고 있다.

구체적으로 2016년도 기준으로 OECD 국가에서 대학생 1인에게 연간 지출되는 공교육비는 평균 1만 5,556달러였지만 한국에서는 1만 486달러에 불과했다. 이는 초등학생, 혹은 중·고등학생에게 지출되는 공교육비보다도 낮다. OECD 국가에서는 대학생 한 명에게 평균적으로 지출되는 공교육비가 초·중등 학생의 두 배에 이르렀다. 하지만 우리나라에서는 오히려 그보다 더 적은 액수가 대학교육에 지출된 것이다. 더구나 정부에서 지출된 대학교육 관련 비용은 교육과 학문의 발전을 위해서 사용되었다기보다 개별

대학생들의 장학금 지원을 위해 주로 사용되었다.

이명박 정권은 2012년 대학에 반값 등록금 정책을 시행하면서 그를 위한 재원은 쥐꼬리만큼 늘렸고 그 모자란 부분을 대학의 교육 및 연구 예산을 줄여 충당했다. 학생 등록금 부담을 줄이는 것은 환영할 만한 일이지만 대학의 교육과 연구가 그로 인해 희생당하는 황당한 일이 벌어진 것이다. 그 이후 몇 번의 정권이 바뀌었지만 우리 대학교육 여건은 조금도 달라지지 않았다. 지난 10여 년간 전체 교육 예산은 97% 증가했지만, 실질적인 대학교육 예산은 42% 증가에 그치고 있는 실정이다.

점점 피부에 와닿는 문제로 부상하고 있는 학령인구 감소의 문제는 가뜩이나 빈사 상태에 있는 대학 재정과 교육 환경에 회복하기 힘든 결정타가 될 가능성이 크다. 대학교육에 대한 국민적 무관심과 정부의 방치가 지속된다면 우리 대학교육은 앞날을 장담하기 힘든 백척간두의 위기로 내몰릴 것이다. 대학교육이 내팽개쳐진 나라에서 밝은 미래를 설계한다는 것은 모래 위에 집을 짓는 것과 같은 무모한 공상이다.

대학은 한 나라를 지탱하는 학문과 정신적 가치를 창출하고 전승시키는 역할을 수행한다. 또한 한 국가의 경제적 첨병으로서 첨단 기술과 원천 기술을 개발해 내기도 한다. 그렇기 때문에 대학이 창출해내는 유형적 혹은 무형적 가치는 그 국가의 직접적인 경쟁력으로 작동한다. 실제로 2011년부터 2018년까지 대학 경쟁력이 39위에서 49위로 후퇴하는 동안 국가 경쟁력도 22위에서 27위로 후퇴하는 모습이 관찰되었다. 대학교육이 방치되고 그 준비단계인 중등교육의 결과만이 더 강조되는 국가에서 너무나 당연히 겪을 수밖에 없는 퇴보인 것이다.

문제는 심각하고 그 폐해는 더 파괴적이다. 그러나 의외로 해결책은 간단하다. 대학의 교육을 강화하는 것이고 그를 위해서 더 많은 재원을 투여하는 것이다. 대학은 경비의 절감 효과가 가장 비효율적으로 나타나는 기관이다. 산업체에서처럼 로봇으로 인력을 대체한다든가 원자재 수급을 바꾸는 방식으로 경비를 절감할 수 있는 기관이 아니라는 의미다. 훌륭한 학자들이 기꺼이 와서 교육하고 연구하고자 하는 마음이 생길 수 있는 좋은 환경을 만들어야 하고 학생이 마음 놓고 공부할 수 있는 시설 여건을 공급해야 한다.

교육의 공공재적 성격을 고려하면 빈부의 차이를 떠나 능력 있는 학생이 마음껏 공부할 수 있는 장학 제도도 마련해야 한다. 이런 측면에서 대학교육은 돈이 많이 드는 사업임에 분명하다. 그러나 그 과실은 작지 않다. 투자한 만큼보다 훨씬 더 큰 이익을 사회 전체가 향유하게 될 것이기 때문이다. 먼저 정부가 이를 위해 나서야 한다. 대학교육이 실질화된다면 국민들도 어느 대학으로 갈 것인가의 문제가 아닌 대학에서 무엇을 할 것인가의 문제에 더 많은 관심을 가지게 될 것임이 분명하다.

# 교연비로 대학 망치는 교육부, 해체되어 마땅하다

박 충 환

내게는 지금도 존경해 마지않는 대학 시절 은사가 한 분 계시다. 당신은 훌륭한 학자였을 뿐만 아니라 제자를 진정으로 아끼고 사랑하는 자애로운 스승이기도 했다. 슬하에 중·고등학생 자녀를 셋이나 두고 계셨던 그 교수님은 연구실 티슈를 반으로 잘라 사용하고 자녀들에게 필요한 탁상용 전등을 한참이나 벼르다 시장에서 중고로 구해줄 정도로 검소한 분이었다. 이렇게 당신 자신과 자녀들에게는 지극히 검소하셨던 분이 정작 사재를 털어 제자들에게 밥과 술을 사는 데는 아낌이 없었다.

대부분 농촌에서 올라온 흙수저 출신 자취생들에게 당신이 사주시는 밥 한 그릇은 고향의 집밥처럼 따듯했고 사제 간 정을 담아 주고받은 술잔은 감로주보다 달콤했다. 당신과 함께 밥을 먹고 밤새 술잔 기울이며 나누었던 대화는 그 어떤 가르침보다 훌륭한 가르침으로 갈무리되어 졸업 후 사회인이 된 수많은 제자에게 삶의 나침반 역할을 하고 있다. 그 교수님은 그렇게 어떤 때는 부모처럼, 어떤 때는 인생 선배로서, 또 어떤 때는 친구처럼 많은 시간을 제자들과 함께했고, 가난한 농민의 아들이었던 내가 감히 도미유학에 도전하고 학자의 길을 걸을 수 있도록 격려해 준 장본인이기도 했다.

그 선생에 그 제자라 했던가! 과거 은사님의 '돈 많이 드는' 학생지도 방식은 현재 교수가 되어 학생을 가르치고 있는 나를 통해 오롯이 이어지고 있다. 그동안 급변한 세태만큼이나 사제관계에도 많은 변화가 있었지만, 나는 여전히 연구실 밖에서 가능한 자주 학생들과 함께 먹고 마시고 소통하는 것이 대학교육의 중요한 일부라 여기며 이를 최대한 실천하기 위해 노력하고 있다. 물론 내가 제자들에게 주는 관심과 사랑은 그 교수님께 받은 은혜에 비하면 조족지혈에 불과하지만, 선생이자 인생 선배로서 학생들에게 도움을 주는 일에 큰 보람을 느끼며 살아가고 있다.

최근 신자유주의 시장 논리의 만연으로 황폐해질 대로 황폐해진 대학에서 이제 이런 사제관계조차 옛이야기가 될 것 같아 통탄을 금할 수 없다. 일전에 캠퍼스 곳곳에 "교수는 부끄러움도 없나? 학생상담 카톡 1건에 13만 원!"이라는 문구의 현수막이 걸려 한바탕 소란이 일었다. 이유는 밝혀지지 않았지만 학내 구성원 중 누군가 학생상담 명목으로 달랑 카톡 문자 1건 보내고 한 학생당 13만 원이나 받는다며 교수들을 조롱하고 비난한 것이다. 이 터무니없는 내용의 현수막을 본 교수들은 참담한 심정으로 분노했다. 그런데 교수들의 분노는 현수막을 건 익명의 학내 구성원이 아니라 교육부를 향해 표출되고 있다. 사회적 존경을 받아야 할 국립대 교수를 돈이나 밝히는 파렴치한으로 만든 원흉이 바로 교육부였기 때문이다.

2015년 교육부는 이른바 '교육·연구 및 학생지도비용' (이하 교연비)이라는 정책을 시행한다는 지침을 각 국립대학에 하달했다. 대학마다 그 액수와 지급방식이 조금씩 다르긴 하지만, 국립대 교수들에게 지급되는 교연비는 통상임금에 준하는 급여성 경비로 그것을 받지 않으면 동급의 일반직 공무원보다 많게는 2,000만 원 정도 연봉을 적게 받는 셈이 된다. 교연비는 원래 사립대학에 비해 턱없이 낮았던 국립대 교수들의 급여를 보충하기 위해 기성회 회계에서 연구보조비 등의 명목으로 지급되던 급여보조성 경비를 대체하는 것이었다. 정부는 본봉 외에 이 급여 보조성 경비를 받는다는 이유로 국립대 교수들에게는 일반직 공무원이 받는 20여 가지의 수당조차 지급하지 않아 왔다. 항간에는 국립대 교수가 마치 특권을 누리고 특별대우를 받는 것처럼 말들이 많았지만 실상은 전혀 그렇지 않았던 것이다.

기성회비에 기반한 기성회 회계는 애초에 정부의 국립대학에 대한 재정 책임을 대학과 학생에게 전가하기 위해 만들어진 제도로서 약 반세기 동안이나 기형적으로 존속하다 2012년 학생들이 제기한 위헌소송으로 폐지의 수순을 밟게 된다. 그 후 교육부는 뜬금없이 기성회 회계의 급여 보조성 경비를 학생 등록금 부담을 가중시키는 주범으로 지목하고, '국립대학회계법' 의 제정을 통해 기성회비를 폐지하는 대신 그 액수만큼의 수업료를 학생들에게 부과하기 시작했다. 이 조치는 대학생들의 등록금 부담을 줄여야 한다는 여론에 떠밀린 교육부가 궁여지책으로 급조한 대국민 사기극이었다. 이전의 '기성회비'를 무늬만 바꿔 '수업료'로 전환했을 뿐 국립대 학생들의 등록금 부담은 전혀 줄어들지 않았기 때문이다.

또한 새롭게 시행된 교연비 제도하에서 기성회 회계의 급여 보조성 경비가 사업성 경비로 전환되면서 국립대 교수들은 수십 년 동안 당연하게 받아오던 급여성 경비를 교육, 연구, 학생지도 영역으로 분류되는 '사업'에서 양적인 성과를 제출하고 받아야 하는 불이익을 감내해야 했다. 교육부가 주먹구구식으로 시행한 교연비 제도로 인해 교수이기 이전에 생활인으로서 가족을 부양하고 생계를 책임져야 하는 국립대 교수들은 이 기괴하기 짝이 없는 급여 아닌 급여를 울며 겨자 먹기로 받을 수밖에 없는 처지에 놓이게 되었다. 설상가상으로 툭하면 체불되는 교연비로 인해 만성적인 임금체불에 시달리기도 한다.

앞서 현수막으로 문제가 된 학생상담은 바로 교육부의 기형적인 교연비 제도가 낳은 부조리다. 2015년 이후 대학 당국은 교육부 규정에 따라 교연비를 지급하기 위해 이전까지 교수의 재량과 학생 필요에 따라 다양한 방식으로 이루어지던 학생지도를 '학생상담'이라는 이름의 의무적 사업으로 전환하게 된다. 이에 따라 학생들은 원하든 원하지 않든 한 학기에 한 번 이상 지도교수를 만나 상담을 해야 하고, 교수는 교수대로 학생지도비를 받기 위해 일정 건수 이상의 학생상담을 사업성과로 남겨야 한다. 이러한 왜곡된 제도적 현실은 교수가 상담을 위해 학생을 연구실로 부르는 일이 마치 돈벌이를 위한 것인 양 보이도록 만들어버린다.

일부 교수는 그렇지 않아도 연구하랴, 강의하랴, 프로젝트하랴 눈코 뜰 새 없이 바쁘다 보니 학생상담 횟수를 본의 아니게 변칙적으로 채워야 하는 경우도 더러 있는데, 이것이 감사에 적발되어 교육부 관료 앞에서 머리를 조아리며 소명하는 웃픈 일이 발생하기도 한다. 이렇게 교연비는 그 태생부터 문제투성이로 대학의 사제관계를 파괴하고 국립대 교수의 명예와 권위를 실추시키는 지극히 기형적인 제도이다. 교육부의 파행적인 교연비 정책이 대학 캠퍼스에서 교학상장敎學相長의 미덕을 흔적도 없이 사라지게 만들고 아름다워야 할 사제관계를 차가운 돈의 관계로 변질시키고 있다.

교육부는 '지원하되 간섭하지 않는다'는 대학 자율의 원칙을 비웃듯 대학예산을 틀어쥐고 돈으로 대학 위에 군림하고 있다. 오랜 세월 관료권력집단화한 교육부가 대학 자율성과 대학교육 공공성을 심각하게 훼손하고 교수들의 학문적·지적 창의성을 고사시키고 있다. 창의성이 고갈된 교수가 제4차산업혁명 시대를 선도할 창의적 인재를 어떻게 길러낼 수 있을까? 대학은 교육부 관료들이 아니라 국민을 위해 존재한다. 대학이 번성하도록 지원해야 할 교육부가 오히려 신자유주의 시장 논리의 첨병으로 대학을 망치고 있다. 국가 백년지대계의 근간을 흔들고 있는 교육부는 해체되어 마땅하다.

# 지식인의 죄 짓지 않는 삶

채형복

2021년 3월 4일 동아대 국제전문대학원 박형준 교수가 국민의힘 당내 경선에서 부산시장 보궐선거 최종후보로 확정되었다. 현직 교수가 관료나 정치인으로 활동하는 것은 전혀 낯선 풍경이 아니다. 박 교수가 예비후보로 확정된 이튿날 동아대 민교협, 부울경 민교협, 포럼지식공감을 비롯한 여러 단체에서 전례 없이 그를 폴리페서라며 강도 높게 비판하였다.

지식인 또는 학자의 사회참여를 앙가주망이라고 한다. 사르트르로 대표되는 실존주의 철학자들은 앙가주망을 통해 자신의 지식을 사회에서 실천하였다. 유럽에서 앙가주망은 오랜 전통을 가지고 있고, 실천적 지식인은 존경의 대상이다.

우리가 살고 있는 사회가 자유롭고 평등하며 모두가 행복하다면 굳이 앙가주망을 들먹일 필요가 없을지도 모른다. 하지만 현실은 여전히 불합리하고 부조리하고, 수많은 사람들이 부당한 정치와 자본권력에 의해 형극의 고통을 받고 있다. 현실이 이러함에도 만일 지식인들이 이에 저항하지 않고 진실을 외면한 채 그늘로 숨어버리면 어떤 일이 벌어질까? 세상은 앞으로 나아가지 못하고 퇴보하며, 질곡의 고통 속에서 신음하며 사람들은 희망 없이 절망의 삶을 이어갈 것이다. 현실의 부조리를 바로잡기 위한 지식인의 실천적 삶의 방식이자 태도인 앙가주망이 절실한 이유이다.

이와는 달리 폴리페서는 대학에 자리를 두고 교수라는 지위를 이용하여 정치판을 기웃거리는 학자를 말한다. 대학 교수는 한 분야의 특화된 전문지식을 가진 지식인이다. 교수도 정치활동과 직업선택의 자유가 있으니 학교 밖 사회에서 그가 가진 역량을 발휘한다고 하여 무어라 탓할 일은 아니다. 사회참여 혹은 봉사는 교육·연구와 함께 소위 '교수의 3대 의무'의 하나이니 오히려 권장해야 한다. 그럼에도 무슨 이유로 다시금 폴리페서 논란이 제기되고 있을까. 그 논란의 핵심은 교수가 지켜야 할 '고유의 사명과 역할'이 무엇인가에 있다.

교수는 기본적으로 대학에 소속된 교육자이자 학술연구자이다. 학생을 가르치고 지도해야 할 교육자가 수시로 대학을 떠나 정치권력판에 기웃대면 그 피해는 오롯이 학생들에게 돌아간다. 학술연구도 마찬가지다. 교수는 시민이 낸 세금과 학생들이 낸 등록금에서 월급과 연구비를 받고 생활한다. 그럼에도 교수가 학술연구에 집중하기보다는 바깥일에만 관심을 두고 있으니 제대로 된 연구가 이뤄질 수 있겠는가. 교수는 모름지기 교육과 학술연구라는 본분을 지키면서 현실 참여라는 사회봉사 기능을 수행해야 한다. 이 관점에서 바라보면, 폴리페서란 교육과 연구라는 교수 본연의 사명을 도외시하고, 권력 추구라는 '잿밥' 에만 관심을 두는 부류의 교수라고 할 수 있다.

맹자는 인의仁義와 예禮의 현실적 실천 여부를 기준으로 군자를 '선비, 광자, 견자, 향원' 이라는 네 부류로 나누어 구분한다. 선비는 중도中道에서 벗어나지 않는 고결한 인품을 지닌 사람으로 공자와 맹자가 이상형으로 삼는 군자상이다. 하지만 현실에서 선비를 만나기란 여간 어려운 일이 아니다. 이런 현실을 감안하여 공자도 『논어』 자로 편에서 "중도를 행할 수 있는〔中行〕 선비와 더불어 함께할 수 없다면, 반드시 광자나 견자와 더불어 함께할 것이다." 고 말한다. 『맹자』 진심하 편에서 맹자는 광자와 견자의 특징에 대해 이렇게 설명한다.

> "지향하는 바가 너무 커서 입버릇처럼 옛날 사람은 어찌어찌 했다고 말하지만 그 행동을 살펴보면, 행동이 뜻을 따라가지는 못한다. 이러한 광자도 얻지 못하면 더러운 것을 가까이 하지 않는 선비와 함께하고자 했는데, 이들이 견자이다. 즉 견자는 광자 다음이다."

선비를 만나기가 어려운 현실이니 광자와 견자라도 내세워 현실을 개혁하자는 것이 공자와 맹자의 생각이다. 그런데 문제는 '향원鄕原' 이다.

향원을 문자 그대로 풀이하면 "동네〔鄕〕 사람들이 모두 친근하고 후덕한 사람〔愿〕이라고 칭찬하는 사람" 을 말한다. 겉으로 보기에 향원은 "비난하려고 해도 꼬집을 데가 없고, 공격하려고 해도 약점을 찾을 수 없"는 군자의 유형이다. 우리 사회도 어딜 가든 예의 바르고 점잖다고 칭찬 듣는 이런 사람을 선호한다. 현실이 이러함에도 공자는 향원이야말로 '덕의 적' 이라며 서슴없이 독설을 퍼붓는다. 겉으로 흠잡을 데 없는 모습과는 달리 향원의 본질은 자신의 정체를 숨기고는 '세상에 아양을 떠는 인간' 이라는 게 비난의 핵심이다. 맹자도 그런 향원이 외려 광자와 견자를 비웃는 현실을 신랄하게 비난한다.

> "(광자를 보고) '어찌 이렇게 뜻만 큰가! 말하면서 실천할 것을 생각하지 않고 행동하면서 말한 것은 돌아보지 않는구나. 그러면서 옛사람을 찾는 꼴이라니!' 하고 비웃으며, 또 (견자를 보고) '왜 저렇게 혼자서만 깨끗한 척하며 외로움을 자처하는가. 이 세상에 태어났으면 이 세상 사람이 하는 일을 해야지. 그들이 옳다고 하는 것이 좋은 것 아닌가!' 라고 비웃는다."
>
> -『맹자』, 진심하 37

공자와 맹자에게 향원은 '속내를 드러내지 않고 세상에 아부하는 사람' 이자 '유사 군자' 이다. 한마디로 향원은 선비와 '비슷한 듯 하지만 아닌 것' , 즉 '사이비' 에 지나지 않는다.

맹자가 말하는 군자의 네 가지 유형인 '선비, 광자, 견자, 향원' 은 오늘날 지식인으로 불리는 대학 교수로 바꾸어도 무방하다. 예나 지금이나 선비-지식인을 찾기는 어려우니 더 말할 것도 없다. 심각한 것은, 광자와 견자마저 사라져 버린 오늘날 대학의 모습이다. 부조리한 현실에 온몸으로 부딪히고 저항하며 고통 받는 사회적 약자와 소수자의 권익을 대변하겠다는 지식인들이 보이지 않으니 앞날이 걱정이다. 대학에 온통 '점잖은' 지식인-학자-교수-향원이 넘쳐나는 형국이니 광자와 견자가 가진 무모한 이상주의가 그리울 따름이다.

이 글을 쓰는데 불현듯 몇 해 전 후학이 필자에게 던진 "지식인의 죄 짓지 않는 삶' 에 대한 질문이 생각난다. 그의 질문에 이렇게 대답했다.

"만일 지식인이 이렇게 하지 않으면 죄 짓는 것입니다.

흐르고 또 흘러내려야 하는데도 고여 있으면 죄 짓는 겁니다.

부단히 고정관념의 틀을 깨트리지 못하고 그에 사로잡히면 죄 짓는 겁니다.

매 순간 새롭게 태어나지 못하면 죄 짓는 겁니다.

눈 뜨고 있을 때나 눈 감고 있을 때, 심지어 잠잘 때조차도 깨어있지 않으면 죄 짓는 겁니다.

세상에 속는 줄도 모르고 그 세상을 속인다고 생각하면 죄 짓는 겁니다.

겸손하지 못하고 교만하며 세 치 혀로 교언영색하면 죄 짓는 겁니다.

지식의 본질을 깨우치지 못하고 무지하면 죄 짓는 겁니다.

무엇보다 바르게 배우고 바르게 깨닫고 바르게 실천하지 않으면 죄 짓는 겁니다.”

오랜만에 답글을 읽어보며 과연 필자 스스로 세상에 죄 짓지 않는 참된 지식인의 삶을 살고 있는지 자문해 본다.

한 분야의 전문지식을 추구하는 지식인으로 살다 보면 가장 경계해야 할 것이 고정관념과 자만이다. 평생 한 분야를 파고들어 공부하고 있으니 전공 분야에 대해서는 지식인이 남들보다 무엇을 조금 더 아는 것은 분명한 사실이다. 하지만 그 알량한 지식으로 인해 자만심에 빠져 고정관념이나 편견에 사로잡히는 지식인이 적지 않다. 그런 연유로 지식인은 늘 자신에게 되물어야 한다. “나는 무엇을 아는가? 깨닫고 아는 바를 일상에서 실천하는 삶을 살고 있는가?”

학문의 연륜이 깊어지면 지식의 폭과 깊이도 성숙하는 법이다. 그러나 제 아무리 능력이 출중하고 탁월한 지식인이라 할지라도 나이가 들어감에 따라 자신이 체득한 지식은 과거에 머물고 만다. 시대의 흐름에 따라 지식과 사회현상은 부단히 변하고 있으니 개인이 아무리 노력한들 끊임없이 다가오고 쓸려가는 새로운 무한 지식을 모두 체득할 수는 없다. 어느 시점에 이르면 “옛것을 배우고 익혀 그에 비추어 새로운 것을 이해하고 아는” 온고지신溫故知新의 마음가짐이 필요하다.

이승에서 목숨이 다하는 마지막 순간까지 지식인은 앎에 대한 호기심과 노력을 멈추지 않아야 한다. 평생 학자로 살기로 마음먹었다면 죽는 날까지 학문의 길을 걸어가야 한다. 평소에는 겸손하고 온유한 태도로 지식을 추구하되 세상이 불의하고 부조리할 때는 과감히 비판해야 한다. 거대권력에 굴복하거나 두려워하지 말고 그들의 잘못을 묻고 따져 바로잡아야 한다. 무엇보다 학자는 세상에 아부하여 개인의 영리를 추구하는 향원-사이비 지식인이 되어서는 아니 된다. 선비가 되지 못할 바에야 적어도 광자와 견자 같은 학자로 살다 죽어야 하지 않겠는가. 학자는 자신의 신념을 지키며 올곧게 살다 다리가 부러질지언정 불의한 세상 앞에 무릎을 꿇거나 허리를 꺾지는 말아야 한다.

# 인류학적 아나키즘 정치로 본 '이남자' 현상

안 승 택

'이남자' 또는 '이대남'이라 불리는 현상이 있고, 그와 짝을 이루는 '이여자' 또는 '이대녀' 현상이 있다고 한다. 전자가 20대 남성, 후자가 20대 여성에 대한, 주로 정치적인 성향과 관련된 표현임은 근래 많이 알려졌다. 2021년 4월에 있었던 지방자치단체장 보궐선거에서 이들의 투표 결과가 크게 화제가 되었기 때문이다.

보도에 따르면, 서울시장 선거 출구조사에서 20대 남성 투표자 72.5%가 오세훈 후보를 지지했고, 20대 여성 투표자 41%가 오세훈 후보에, 15%는 양대 정당 외의 군소정당에 투표했다. 20대 전체로는 오세훈 후보가 55%, 박영선 후보가 34%의 지지율을 획득했다. 이는 2020년 총선 전체 지역구 투표에서 20대 투표자 중 56%가 더불어민주당에, 32%가 미래통합당에 투표했던 결과가 완전히 뒤집힌 수치여서 특히 화제가 되었다.

그러나 일부 보도와 달리, '이남자', '이대남'이 핵심어가 된 것은 이번 보궐선거를 통해서가 아니라 그보다 앞서서부터의 일이었다. 이 현상의 배경과 의미를 캐는 논의가 총선 이후 그 열기가 한참 빠진 시점에도, 대선 국면에서 다시 열기가 달아오른 지금도 간헐적으로 이어져왔다. 무엇보다도 위에 적은 것처럼 전통적으로 민주당 계열을 포함하는 소위 '범좌파' 진영의 지지층으로 이해되어 온 20대가 그에 반하는 투표 양상을 보인 점이 계기가 되었다. 더불어 '이남자' 들이 옳다고 보는 정치적 사안 중 몇몇 부분이 종래의 소위 '진보적' 의제들과 충돌한다는 분석이 잇따라 제기된 것도 논의에 인화성을 더하지 않았나 한다.

비정규직 노동자의 정규직화가 정규직 취업을 모두가 노리는 경쟁 구도 속에서 공정의 가치를 파괴한다고 보는 점, 민주당 정권이 페미니즘 정책 기조를 유지한다고 인식하면서 이것이 남녀 간의 공정 경쟁을 해친다고까지 하는 점, 기득권 부유층의 이해관계에 시종일관 충실했던 정치세력보다 이를 적당히 비판하지만 크게 다를 바 없는 경제행위 방향을 택해온 정치세력에 더욱 크게 반발하는 점 등이 그러한 예에 해당할 것이다.

개인적인 소감을 말하자면, '이남자' 가 개별적, 분산적, 파편적인 정치의식을 지니고 있으며, 특정 정치 이념이나 세력에 일관된 지지를 보이지도 않고, 심지어 앞뒤가 맞지 않는 주장을 하거나, '지적 계보' 는 물론 구체적 대안도 없는 (가령 여성 징병의 요구 같은) 논쟁에 골몰한다는 지적이 인상적이었다. 이런 지적들은 대체로 '이남자' 적인 정치의식은 물론 '이남자' 라고 그 현상을 부르는 일 자체가 원인을 잘못 짚은 것이어서, 해답도 잘못 찾아질 수밖에 없다고 여기는 것으로 보였다.

그렇다 보니 생물학적으로 '이남자'에 속하는 이들조차 '이남자'라는 용어를 불편해하기도 했다. 이들의 지적에는 공감이 가는 부분이 많이 있다. 특히 세대 문제이기보다는 계급 문제일 가능성이 크다는 점, 20대끼리(가령 '이남자'와 '이여자' 간에) 벌이는 '을의 전쟁'이 생산적이지 못하다는 점, 이들에게 장기적·구조적 시각이 부족해 보인다는 점, 코로나19로 인한 사회적 격리 상태가 '이남자' 현상의 강경화를 부추겼을 가능성이 있다는 점 등에 대해서는 참고할 부분이 있다고 생각한다.

그러나 동시에 '이남자' 현상이 실제로는 대단히 효율적인 정치 전술이고, 효과의 면에서도 (적어도 현재로서는) 대단한 성공을 거두고 있는 것이 아닐까 하는 생각도 든다. 혹은 조금 더 시야를 확대하여 '이여자'의 정치 행위들까지 염두에 둔다면, '이남자 이여자'는 자기 세대에 고유한 이슈를 독자적인 정치적 의제로 만들어 가고 있는 역사적으로 매우 드문 세대에 속하며, 우리는 그 역사적으로 희귀한 광경을 목격하고 있는지도 모른다.

이 글 자체도 그 아류 중 하나일 수 있겠지만, 이념의 좌우와 소속의 조야를 불문하고 다양한 정치인과 논객이 계속 헛다리를 짚어가며 엉뚱한 소리를 해대고, 그 의미와 배경을 파악하지 못해 횡설수설을 반복하고 있는 점이 그 전술적 성공의 한 중요한 징표일 것이다. 이런 양상은 특히 인류학적 아나키즘이라 불리는 입장에서 볼 때 그 정치적 의미가 각별해 보인다. 그냥 아나키즘도 낯선데 인류학적 아나키즘이라니, 무슨 말인지 도통 알 수 없는 현학적

이야기로 들릴 수도 있겠다.

아나키즘은 국가라는 중앙집중화된 권력에 의하지 않고도 개인의 절대 자유 원리에 기반을 두는 사회적 협력과 조화, 질서가 충분히 가능하며 또 바람직하다는 믿음이라고 할 수 있다. 그리고 현대적으로는 국가 시스템 안에서도 그와 같은 분산주의적인 정치 원리가 중요한 시스템적인 대안 또는 보완이 될 수 있다는 생각으로도 갈라져 왔다.

이에 덧붙은 인류학적이라는 수식어는, 그러한 생각이 위대한 사상가나 행동가의 이념, 혹은 대단한 봉기 현상이나 소요 사태 속에서만이 아니라, 보통 사람의 일상적인 행동 양식에서도 찾아진다는 점을 강조하려는 성향을 표현한다. 전통적으로 인류학은 국가가 존재하지 않거나, 그 존재가 미약하거나, 심지어 국가에 저항하기까지 하는 사회의 연구에 주력했다. 이 전통이 완전히 국가에 편입되어 있는 사회들에 대한 오늘날 시점의 연구에까지 이어지면서, 국가의 존재와 역할을 상대화하려는 사고는 인류학자들 사이에 중대한 (때로 지나치다고 할 정도의) 영향을 미치고 있다.

이런 견지에서 볼 때, 정치적 요구와 논쟁이 일관되지 않거나, 통일적인 의제를 형성하지 못하거나, 지나치게 구체적인 세부에 몰두하여 추상성, 일반성을 결여하고 있는 등의 특징은 하등의 문제가 되지 않고, 오히려 가끔은 바람직하기까지 한 것으로 여겨진다. 굳이 문자를 써서 표현하자면, "샛길을 택하지 않고 큰길을 간다(行不由徑)"는 유가적 문명론보다는 "길은 사람이 다니다 보면 절로 생겨난다(道行之而成)"는 도가적 자연론의 성향이라 할 수 있다.

이를 이룰 가장 효율적인 정치 전술은 전선으로부터의 철수, 정치 지도자에 대한 지지의 철회, 동원된 전장으로부터의 이탈 같은 것들이다. 여기에 창의성과 유희성이 더해질수록 그 전술은 극강의 완성도를 갖춘다.

반면 국가적 정치세력에 대한 열렬한 지지나 진심의 의존, 진지한 대변 요구는 정치적 자살의 길이기가 십상이다. 정치 지도자의 존재와 필요까지 부정하지는 않는다. 그러나 일반인이 지도자를 대하는 가장 바람직한 방식은, 끝없이 요구하고, 이에 따라 베푸는 일을 지도자로서의 당연한 의무라고 간주하는 것이다. 또 그렇게 주어지는 것에 기본적으로 고마워는 하지만, 그 가치를 폄훼하거나 더한 요구를 이어감에도 주저함이 없다. 이런 목록을 계속 더해갈 수도 있겠지만, 이런 정도만으로도 인류학적 아나키즘이라 불리는 사고의 골자는 충분히 전달되었을 것으로 믿는다. '이남자'의 정치 전술과 유사성이 있지 않을까?

생각이 거기까지 미치면, 한편 회의 섞인 궁금증이 드는 것은 과연 '이남자' 현상이 하나의 정치 전략으로서도 유의미성과 효율성, 효과성을 갖추었는가 하는 점이다. 그것을 하나의 세대적 현상으로 규정하는 일에 당 세대에 속한 이들조차 대부분 불편을 느낀다면 사실상 논할 가치조차 없을 것이다. 또 그것이 진정 의미있는 세대 현상이려면, 다른 사회과학적 변수들, 가령 계급·계층이라든가, 지역이라든가, 성별이라든가 하는 것들보다 더 강력하거나, 적어도 그에 맞먹는 규정력을 지니고 있고, 여러 사회현상에 대한 설명력에서도 더욱 발군의 능력을 보일 수 있어야 할 것이다.

나아가 국가나 중앙집권적인 힘에 굳이 의거하지 않고도 그것이 사회적 협력과 조화, 질서를 구축하는 힘에 관하여 좀 더 큰 능력을 보고 싶기도 하다. 만일 그것이 다른 세대가 이루겠다고 떠들었지만 이루지 못한 것, 다른 세대가 부당하게 그 세대에 부과한 것에 저항해 새로운 흐름을 만들어낼 힘이라면, 무엇보다도 그 세대 안에서 지금보다 강력한 연대와 결합이 이루어져야 하지 않을까. 가령 '이남자'와 '이여자' 사이에서도 적어도 몇 가지 공동의 행동 방침이 점차적으로라도 만들어져야 할 것이다. 그 길이 생겨나는 과정에서 양자 사이의 극한적인 대립이 불모의 것임은 두말할 나위가 없다.

이 글을 쓰면서 몇 가지 자료를 찾았는데, 그 검색 와중에 한 블로그에서 "현 이대남들은 사회 지도층에 여성 비율이 적고 대학교수 비율이 남성이 현저히 높고 이런 것에는 관심이 없습니다. 본인들이 그 위치에 있는 것도 아니고…"라는 글을 읽었다.

이들에게 장기적·구조적 시각이 부족한 점은 확실해 보인다. 그렇지만 그것은 강요할 일도 아니거니와, '지도층'에서 성비 불균형이 있다면 그 안에서 우선 불균형을 시정할 일인데, 우리는 '피지도층'에서 시정을 하는 것으로 '땜빵'을 해왔던 것이 아닐까.

불평등, 불공정, 불균형과 관련하여, '시정의 세대 간 전가'가 아닌 당대 내에서의 시정을 지금에 와서 어떻게 이룰 수 있을지 커다란 숙제를 안았다는 느낌이다. 솔직히 말해, 어떻게 해결할 수 있는 숙제인지 도무지 원천적 해결의 실마리조차 떠오르지 않는다. 당연히 '이남자 이여자'에게만 숙고를 요청할 일이 아니다.

# 지방청년 유출의 물결을 멈추자

엄창옥

지방청년의 수도권 유출이 문제시된 것은 어제오늘의 일이 아니다. 아마 '사람은 서울로, 말〔馬〕은 제주로' 라는 말이 회자되던 시절부터 있었던 현상일 것 같다. 그러나 그땐 적어도 긍정적 의미를 지니고 있었다. 서울과 제주는 그의 역량을 극대화할 수 있는 곳, 그래서 그곳으로의 이동은 합리적 선택이었다. 그러나 지금 지방청년의 수도권 유출은 결코 합리적이라 할 수 없는 극단적 선택으로 내몰리고 있는 결과로 보인다.

먼저 지방청년의 수도권 유출 실태와 구조부터 간단히 살펴보자. 주지하듯이 2021년 우리나라의 합계출산율은 0.84명이고, 2040년에는 0.73명이 될 것으로 전망된다. 젊은 부부 두 명이 0.73명의 자녀를 낳는 추세이다. 여기에 비혼非婚 추세까지 결합되고 있어 지금 인구절벽은 코앞에 와 있다. 결국 2020년부터 출생인구보다 사망인구가 더 많아지기 시작했고, 비로소 인구의 자연감소는 시작되었다.

그러나 이것은 전국 평균의 이야기이고, 수도권과 지방으로 구분해서 인구증감을 살펴보면 이야기는 사뭇 달라진다. 수도권 인구는 20여 년 전부터 매년 7만~10만 명씩 증가하고 있었다. 급기야 2019년부터는 국토면적의 12%에 지나지 않는 수도권 인구가 비수도권 전체의 인구를 능가하기 시작한 것이다.

이런 현상의 배후에는 지방청년의 수도권 유출이라는 구조적 조건들이 놓여 있다. 첫째로는 인구구성의 조건이다. 지방청년의 수도권 유출과 낮은 합계출산율이 결합되면 수도권과 지방 간의 인구격차는 급격히 확대될 것이다. 지방청년이 수도권으로 계속 유출되면 지방에는 인구의 자연적 감소(출생자 수〈사망자 수)와 사회적 감소(유출자 수〉유입자 수)가 중첩될 것이고, 수도권에는 사회적 증가와 자연적 증가가 결합되기 때문이다.

둘째로는 경제적 조건이다. 1997년 외환위기와 2008년 금융위기를 경유하면서 우리나라는 장기적인 저성장 국면에 들어갔다. 이때 경기침체가 일어나면 제일 먼저 수도권 노동시장에서 장년층 노동력이 방출된다. 노년층의 방출은 더욱 심해진다. 수도권 노동시장에서 방출된 장·노년층 노동력은 갈 곳이 없다. 그래서 지방으로 내려온다.

지방의 장·노년층 인구비중이 경기 침체기에 증가하는 이유가 여기에 있다. 이 경우 지방 노동시장의 경쟁은 수도권에서 유입된 장·노년층 노동자로 인해 더욱 가혹해진다. 이때 지방 노동시장은 '낮은 임금의 경력직'을 선호하는 노동시장으로 변질되고 만다. 청년의 지방 고용률이 낮아지는 것은 이 때문이다. 그래서 청년층의 수도권 유출은 역으로 강화된다. 첨단 성장산업으로 장착된 수도권에는 취업확률이 남아있기 때문이다.

마지막으로는 시장적 조건이다. 노동경제학자들은 지방청년의 유출을 1차 유출과 2차 유출로 구분한다. 1차 유출은 지방 고등학교를 졸업하고 수도권 대학 진학(및 편입)을 위한 유출이다. 수도권과 지방 간의 교육시장의 격차가 극심하니 청년유출은 끊이지 않는다. 이로 인해 지방청년의 17.3%가 유출되는 것으로 분석되고 있다.

2차 유출은 지방대학 졸업생의 수도권 취업을 위한 유출이다. 대기업·중견기업 본사가 수도권 중심으로 편재되어 있으니 노동시장 성과(임금, 근로조건, 기업규모 등)는 지방과 큰 격차를 보이고 있고, 이 격차로 인한 지방청년의 유출은 34.2%로 추정되고 있다. 만약 이런 조건들로 지방청년이 수도권을 선택했다면 그것은 합리적 선택이라고 할 수 있다. 그렇다면 지방소멸은 당연하고 자명해진다.

그러나 이런 질문을 해봐야 한다. 이렇게 이동한 지방청년은 수도권에서 행복한 삶을 살고 있는가? 최근 연구에 의하면 수도권에서 취업한 지방청년들의 기업규모는 지방 취업자의 그것보다 더 큰 것으로 조사되었다. 대기업이 수도권에 몰려있는 이상 당연히 그럴 것이다. 그러나 정규직 취업률은 수도권 청년 취업자보다 지방 청년 취업자가 더 높은 것으로 조사되었다. 그것은 지방 중소·중견기업에는 정규직으로 취업하지만 수도권 대기업·서비스업에는 비정규직으로 취업하기 때문일 것이다. 또한 지방에서 수도권으로 이동한 고졸 및 전문대졸 취업자의 임금이 지방 취업자보다 평균적으로 낮고, 대졸자의 임금만이 월 30.6만 원 더 높은 것으로 분석되었다.

요약하면, 수도권으로 이동한 지방청년들은 비록 기업규모가 큰 회사에 취업하지만, 비정규직으로 취업하고 있으며, 대졸자만 약간 더 높은 임금을 받을 뿐 고졸·전문대졸 취업자는 오히려 지방보다 낮은 임금을 받을 확률이 더 높다는 것이다. 이 정도의 성과로 높은 집값, 교통비, 낯선 환경 적응 비용을 충당하며 안정된 삶을 영위할 수 있을까. 이 분석에 의하면 지방청년의 수도권 유출은 합리적 선택이라기보다는 지방경제의 열악함으로 인해 밀려나간 유출로 볼 수 있다.

출향 청년의 만족도를 좀 더 살펴보자. 어떤 연구에서는 출향 청년의 수도권 취직자 중에 직장에서의 불만족이 14.4%로 조사되었고, 불만족의 가장 큰 이유로 75%가 '급여가 낮다' 를 꼽았다. 출향 청년 수도권 취직자 중에 '부채가 부담스럽다' 는 청년이 73.9%나 되었고, '주택비용이 부담스럽다' 는 청년도 71.3%로 조사되었다.

그래서 귀향의사를 보이는 출향 청년은 42%로 나타났다. 또 다른 연구에서는 서울에서 삶의 불만족도가 1단위 증가할 때 귀환가능성이 6.3배 증가하는 것으로 분석되기도 하였다. 이러한 연구결과 역시 지역청년의 수도권 선택은 충분한 정보와 세밀한 현장조사에 의한 합리적 선택이라고 볼 수 없다는 것을 시사하고 있다.

무엇이 청년들로 하여금 이런 선택을 하게 했을까? 출세지역으로 이동하지 못하면 실패한 청춘이라는 어른들의 '평판' 효과가 작동한 것은 아닌가? 성공해서 돌아오겠다는 '금의환향' 효과는 없었는가? 남이 서울로 가니 나도 따라간다는 '경로잠금' 효과도 있지 않았는가? 이런 오래된 관습들이 역선택을 가져왔을 수도 있다. 다만 연구자들이 먼저 반성할 것은 지방청년 유출에 관한 그동안의 경제학적 연구가 지방청년의 유출 원인을 총체적으로 분석하지 못하고 있다는 것이다.

청년들의 '동물적 감각' 같은 것을 놓치고 있을 수 있다. 침몰하는 배에서 파충류가 제일 먼저 탈출한다고 한다. 지금 지방이 그런 식이다. 지방에는 낡은 사양산업만이 남아 있고, 예술문화는 낡았고, 기업 관행은 고루하다. MZ세대 청년이 정착할 공간이 아닌 것은 사실이다.

그런데 첨단산업 육성이 요원하고 대기업 유치가 하늘 별 따기보다 어려운 현실에서 지방 스스로 할 수 있는 청년정착대책은 없을까? 다행히 이런 연구결과가 있다. 지방에서의 삶의 만족도가 높을수록 지방청년의 정착의지가 높아지고, 삶의 만족도가 낮을수록 출향의지가 강해진다는 것이다. 동시에 서울에 취직한 지방청년에게서는 서울에서 삶의 만족도가 높을수록 서울 정착의지가 높고, 삶의 만족도가 낮을수록 귀향의지가 높다는 것이다. 삶의 만족도는 경제적 조건만으로 결정되지 않는다. 삶의 안정감, 자신의 주체성, 사회적 관계 등에 의해 결정되기 때문이다.

그러므로 지방은 청년 삶의 만족도를 높이는 일에 투자해야 한다. 지방청년 우선권(local youth initiative)이 예산 편성에서부터 적용되어야 한다. 그것으로 지방청년의 삶의 질을 높일 수 있는 청년 사회간접자본(SOC)에 대한 투자를 확충해야 한다.

첫째는 청년 주거, 청년 부채, 청년 육아 등 청년의 힘든 삶의 결을 보듬는 '청년재단' 과 같은 SOC가 필요하다. 둘째로는 지방청년이 '도시에 대한 권리' 를 선언하고 참여할 수 있는 '청년 정부' , '청년의회' 와 같은 SOC가 필요하며, 셋째로는 청년의 지역경험을 통해 지역을 이해하고 지역사랑을 체험하며 지역정착을 결정하는 데 도움을 주는 '지역경험플렛폼' 같은 SOC가 필요하다. 마지막으로 지방기업이 낡은 고용문화와 경영구조를 혁신하고 지역에 대한 사회적 책임을 실천하는 '지방기업CSR' 같은 SOC가 필요하다. 이런 총체적 과정이 기록되면, 지방청년 유출의 물결을 멈출수 있지 않을까.

# 공정한 공정성 담론을 위하여

강 우 진

제20대 대통령 선거를 앞두고 5년에 한 번씩 돌아오는 대선판이 열렸다. 큰 판이 열리자 저마다 자신이 혼란과 격동의 한국 사회를 이끌어갈 적임자라고 목소리를 높였다. 흥미로운 것은 전혀 다른 정치적 이념과 정책을 가진 후보자들 모두가 공정과 정의를 외친다는 사실이다. 민주당의 이재명 후보는 출마 선언문에서 "위기의 원인은 불공정과 양극화입니다. 누군가의 부당이익은 누군가의 손실입니다."라고 원인을 진단하고 "우리가 저성장으로 고통받는 것은 바로 불공정과 불평등 때문입니다."라고 해법을 제시했다.

반면에 국민의힘 윤석열 후보는 후보 수락 연설에서 "우리 사회의 공정과 상식의 회복을 바라는 민심은 정치신인인 저를 국민의힘 대통령 후보로 선택했다."고 일갈했다. 우여곡절 끝에 국민의힘 선거대책위에 합류한 김종인 선대위원장은 "우리는 지금 무능하고 부패한 문재인 정부를 심판하고 벼랑 끝에 선 민생과 경제를 되살리며 공정과 상식의 기준을 바로 세울 새로운 정부를 구성하기 위한 대장정의 출발점에 섰다."고 밝혔다. 이쯤 되면 모든 게 공정이다.

공갈빵처럼 부풀려진 공정성 논의를 이해하기 위해서는 공정성이 한국 사회의 화두로 떠오른 배경을 살펴볼 필요가 있다. 한국에서 공정성 담론이 본격적으로 제기되기 시작한 첫 번째 계기는 이명박 정권의 등장이었다. 이명박 정부는 집권 과정에서 BBK와 도곡동 땅 논란으로 대표되는 심각한 도덕성 논란에 시달렸다. 집권 후에도 강부자·고소영 내각논란과 미국산 쇠고기 수입 파동을 거치면서 민심 이반을 겪었다. 이명박 대통령은 집권 3년 차인 2010년 8월 5일 제65주년 광복절 기념사에서 공정사회를 기치로 내세웠다. 이명박 정부의 갑작스런 공정사회 국정담론에 보수적인 언론조차도 전두환 정권의 '정의사회 구현'을 연상시킨다고 비판했다.

두 번째 계기는 이명박 정부를 계승한 박근혜 정부 4년 차에 발생한 박근혜·최순실 게이트였다. 공적으로 위임한 권력을 사유화한 신가산제(neo-patrimonialism)의 적나라한 속살을 목도한 국민들은 "이게 나라냐"며 분노했다. 연인원 1,700여만 명이 광장에서 촛불을 들어 헌정 사상 최초로 현직 대통령 탄핵을 이끌어냈고 부패한 권력자는 결국 구속되었다. 광장에서 폭발한 시민의 분노는 단순히 부패하고 무능한 권력자를 대상으로 한 것이 아니었다. 한국 민주주의의 불공정성에 대한 누적적인 불만이 박근혜·최순실 게이트라는 사건사적인 국면을 통해서 표출된 것이다. 사태 이전

한국 사회에서 중요한 이슈가 되었던 수저 담론이 이를 잘 나타낸다.

세 번째 계기는 문재인 정부다. 이명박·박근혜 정부를 거치면서 누적되었던 공정성에 대한 시민의 요구가 촛불 광장에서 폭발하였고 문재인 정부는 촛불 대선을 통해서 집권하였다. 문재인 정부의 슬로건은 기회의 평등, 과정의 공정, 그리고 정의로운 결과였다. 문재인 정부는 시민의 요구를 받아서 공정성을 국정 지표로 삼은 첫 번째 정부였다.

하지만 문재인 정부는 공정성의 화두만을 던졌을 뿐 서로 다른 차원에서 충돌하는 공정성 이슈를 제도화할 원칙과 기준에 대한 사회적 합의를 이끌어 낼 공론장을 마련하는 데 실패했다. 이에 따라서, 문재인 정부하에서 공정성 논의는 다양한 수준의 공정성 논의가 서로 충돌하는 양상을 보였다.

문재인 정부에서 나타난 공정성 논의는 몇가지 특징을 나타낸다. 먼저, 복합적인 공정성이 매우 협소하게 정의된 '절차적 공정성' 에 집중하여 충돌하고 있다는 것이다. 이러한 공정성 논의는 미국 철학자 노직Robert Nozick의 시장주의적 공정성 논의를 닮았다. 절차적 공정성에만 지나치게 집착하는 공정성 논의는 종종 개혁에 저항하는 현상 유지의 논리로 귀결된다.

또한 자신(이 속한 집단)의 정당한 몫을 주장하기 위해서 공정성 논의가 동원되는 것뿐만 아니라 다른 사람(집단)의 주장을 공격하기 위해서 무기화되고 있다. 양극화된 한국 정치 진영의 정치적 무기로 공정성 담론이 활용되어 왔던 것이다. 이른바 조국 사태에 분노했던 청년층의 목소리는 공정성의 역습이라고 부를 만했다.

또한 조국 사태를 통해서 다른 진영에서는 검찰개혁과 언론개혁을 공정성의 담론으로 주장했다. 진영 간 대립 속에서 정치적 동원의 무기화된 공정성은 목소리가 큰 주류 집단을 더 크게 부각시키고 소수 집단은 비가시화했다. 예를 들어 청년의 다층적인 삶은 '이십 대 남성(이대남)'으로 묶을 수 없을 만큼 다양하다. 공정성 가치가 한쪽으로 납작해진 것이다.

이에 더하여 공정성 논의는 한국식 능력주의(meritocracy)와 결합하여 나타났다. 한국 정치사상 최초로 30대 야당 대표로 선출된 이준석 국민의힘 대표가 능력주의 논쟁을 정치권에 쏘아 올렸다. 그는 출마 선언문에서 '실력만 있으면 어떤 차별도 존재하지 않도록 하는 공정함으로 모두의 가슴을 뛰게 만들자'고 제안했다. 나아가 그동안 한국 사회가 만들어 낸 기울어진 운동장을 보정하는 최소한의 장치로 도입된 여성 할당제를 포함한 다양한 할당제 폐지를 주장했다.

드라마 '스카이캐슬'이 상징하듯이 한국 사회에서 교육이 사회경제적 불평등을 넘는 징검다리가 아니라 불평등을 재생산하는 통로가 된 지 오래다. 능력조차 세습되고 있는 것이 우리의 현실이다. 이 상황에서 시험으로 환원된 능력주의는 승자에게는 오만을 패자에게는 굴욕만을 줄 뿐이다.

촛불정부로 자임했던 문재인 정부에서 화두가 된 공정성 논란은 갈등 조정 기제로서 민주주의 역할을 다시 환기한다. 무엇이 기회의 평등인지, 어떠한 기준으로 능력을 측정할 것인지, 여러 이유로 제도적 우대가 필요한 사람들을 어떻게 얼마나 지원할 것인지, 공론장을 통해서 사회적 합의에 이르는 노력이 시작되어야 한다. 제20대 대통령 선거는 공정하지 않았던 그 동안의 공정성 담론이 변화될 수 있는 계기가 되어야 한다.

# 제2부

## 팬데믹 위기와 대안적 미래

# 무릎 꿇고 살기보다 서서 죽기를!

채 형 복

코로나19 감염병 확산과 함께 시민들의 뇌리에 각인된 단체가 있다. 바로 '신천지 예수교 증거장막성전(신천지)' 이다. 2007년 5월 PD수첩은 이미 〈'신천지' 의 수상한 비밀〉 이란 주제로 신도들의 피해사례에 대해 심층보도를 했으나 일반인들은 신천지를 신흥종교 정도로만 인식하고 있었다. 한동안 '장막' 에 가려져 있던 신천지가 전격적으로 그 실체를 드러냈다. 코로나바이러스를 퍼트린 핵심으로 지목되었기 때문이다.

신천지의 입회 과정과 선교방식은 치밀하고 기만적이다. 일반교회에 '추수꾼' 을 잠입시켜 교인을 꾀어가거나 아예 교회를 통째로 접수하기도 한다니 놀라울 따름이다. 하지만 무엇보다 충격적인 광경은 마치 전제군주제에서나 볼 수 있는 예배 모습이다. 신자들은 흰색 상의와 검은 바지를 똑같이 차려입고 군대조직보다도 더 정교하고 흐트러짐 없이 열을 맞춘 채 바닥에 꿇어앉아 설교를 듣거나 기도를 한다. 기성종교는 젊은 신도가 없거나 줄고 있는 추세인데 신천지의 경우 30퍼센트 이상이 이삼십 대 청년들이라는 사실도 사뭇 의외다. 부모 세대와는 달리 자유로운 분위기에서 성장한 그들이 무슨 이유로 스스로 무릎을 꿇고 허리를 꺾었을까? 그 주된 이유는 개인의 주체성에 대한 인식 결핍에 있다고 생각한다.

신은 죽었다! 독일의 실존주의 철학자 니체가 한 말이다. 그는 신神으로 대변되는 절대적 초월적 가치는 '죽었다' 고 선언함으로써 실존적 독자적 주체로서 초인超人을 주창하였다. 인간은 이미 썩고 부패하여 그 형체가 문드러진 신에게 더 이상 의지하거나 종속될 필요가 없다. 이제 인간은 더 이상 신에게 복종하며 살아야 하는 노예가 아니다. 초인으로서 인간은 스스로 신이 되고, 자기 삶의 주인이자 주체가 되어야 한다. 한마디로 신이 아니라 '이성'을 가진 인간에 의해 새로운 세상이 창조되었음을 알리는 혁명적 선언이다. 이로써 주체적 개인이 재탄생했다. 우리가 흔히 근대 이전과 이후의 유럽 철학 사조를 규정하는 모더니티(근대성)를 말할 때 개인의 주체성을 그 지표로 내세우는 이유이다.

니체의 이 말을 우리 사회에 적용해 보면 현실은 어떤가? 도덕과 윤리, 규범과 제도, 선과 악, 종교와 사상 등 수많은 절대적·초월적 가치가 개인의 주체성을 속박하고 옭아매고 있다. 우리가 이러한 불합리하고 비논리적인 가치를 믿고 따르는 노예로 살지 않고 자기 삶의 주체이자 주인으로 살기 위해서는 어떻게 해야 할 것인가? 무엇보다 신의 존재에 대해 끊임없이 회의하고 집요하게 따져 물어야 한다. 신이란 무엇이며, 누구인가?, 신은 있는가? 그리하여 종국에는 개인의 자유를 속박하는 절대적 가치인 신은 죽었다고 선언해야 한다. 그 과정을 통해 비로소 인간은 삶의 주체인 '개인=나'로 재탄생할 수 있다.

'개인'을 의미하는 영어 단어 individual은 in+dividual로 이루어져 있다. 이 단어는 divine(나누다)에서 기원하고 있는데, dividual에 부정접두사 in이 붙은 형태다. 따라서 individual을 직역하면, 둘 이상으로 나눌 수 없는 혹은 둘 이상으로 나누어지지 않는, 즉 불가분不可分이라는 뜻이다. 이것이 오늘날 '개인'이라는 의미로 사용되고 있다. 메이지유신 시절, 영어의 'individual'을 '개인'으로 번역하면서 일본인들은 많은 혼란을 겪어야 했다. 즉 개인은 "나누어지지 않는다."는 말이 무슨 뜻인지 이해되지 않았던 것이다.

사실 개인이란 다분히 유럽에서 형성된 모더니티의 산물이다. 신에 의해 지배받고 있던 인간은 마침내 자신의 전제군주인 신을 해체하고 "신은 죽었다!"고 선언하였다. 그 결과 탄생한 것이 '개인'이다. 하지만 일본을 비롯한 한국은 이런 주체선언을 한 경험이 없다. 군국주의를 해체하지 못한 일본은 아직도 상징적인 존재로 남아있는 천황을 신적 존재로 여기고 있다. 이러한 사정은 한국이라고 하여 별반 다르지 않다. 대한제국이 해체된 지 백 년도 더 지났지만 우리의 의식에는 조선의 절대군주를 온전히 죽이지 못했다. 어디 그뿐인가? 해방 이후에도 우리는 일제의 잔재를 청산하지 못하고 끊임없이 퇴행적 과거로의 회귀를 시도한다. 이승만을 국부로 소환하고, 박정희를 신격화시키려는 작업은 또 어떠한가? 근대 이후 한국사회에는 아직도 전근대성이라는 유령이 배회하고 있다.

현대사회에서 주체적 인간으로 온전한 삶을 살기 위해서는 다음 질문에 명확히 답할 수 있어야 한다. “개인으로서 나와 우리는 충분히 주체적인가?” 하지만 나와 우리는 여전히 주체적이지 못하고, 내면에 진짜와 가짜라는 두 가지 얼굴을 함께 가지고 있다. 권력에 초연한 척하면서도 내면은 권력지향적이고, 자본에 얽매이지 않는 척하면서도 실제는 자본지향적이다. 내 삶의 주인이자 주체로서 철저히 개인이 추구하는 행복한 삶을 살기보다는 가문의 영광을 위해 기꺼이 나를 희생한다. 개인이 추구하는 가치가 다행히 사회와 국가가 바라는 ‘공익적’ 목적과 부합한다면, 그 희생은 헛되지 않을 것이다. 오히려 그 희생으로 개인은 권력과 자본은 물론 가문의 영광까지 한 손에 거머쥐는 영예를 누릴 수 있다.

문제는 개인의 이러한 노력이 대부분 파국으로 끝나고 만다는 사실이다. 자신이 맹목적으로 믿던 절대적 가치를 추구하는 행위로 인해 결국 자신의 한몸과 함께 가문과 사회, 국가마저 불태워 잿더미로 만들고 만다. ‘아버지=신’ 은 자신과 닮은 ‘아들=개인’ 을 창조하여(둘은 서로 분리하여 나눌 수 없다!) 그를 대리하여 지구를 지배하고 통제하는 해피엔딩을 바랐다. ‘아버지=신’ 과 ‘아들=개인’ 이 조화로운 관계를 유지하려면 후자는 전자를 부정하고 죽여야만 한다. 그래야 아버지 품을 벗어난 아들은 주체적이고 독립적 존재로 살아갈 수 있다.

하지만 이런 바람과는 달리 현실은 역행하고 있다. ‘아들=개인' 은 '아버지=신' 을 버리고 죽이지 못함으로써 자신의 삶을 새드엔딩이라는 비극적 혹은 파국적 상황으로 몰고가 버리곤 한다. 시인 이성복이 「그해 가을」이라는 시에서 노래하는 "아버지, 아버지…. 씹새끼, 너는 입이 열이라도 말 못 해"라는 상황은 현실에서는 좀체 일어나지 않는다.

신천지는 교주라는 말이 부정적 의미가 있다고 하여 이만희를 총회장으로 부르고 있다. 그 의미는 이긴 자, 사도요한 격 목자, 대언자, 보혜사 성령, 재림 때의 예수라고 한다. 한마디로 신천지 신자들에게 이만희는 불생불사의 존재로 영생하는 아버지=신의 대리인으로 간주되고 있다. 그렇게 믿고 믿지 않고는 그들의 신앙의 영역이므로 가타부타 판단할 생각이 없다. 하지만 이 점은 분명히 일러두고 싶다. 이만희는 신도들에게 자신을 절대적·초월적 존재로 신격화시키고 개인의 불안한 내면의 약점을 파고들어 개인을 철저하게 종속화·노예화시키고 있다. 그는 신천지란 폐쇄집단을 통제하고 군림하는 독재자다.

자유와 권리를 위한 인간의 투쟁은 결국 자신의 삶에서 노예가 아니라 주인으로 살고자 하는 개인의 주체성 확보를 위한 처절한 싸움이다. 우리는 누구의 지배도 받지 않고, 아무도 지배하지 않아야 한다. 종교는 개인이 가지는 절대자유를 그 어느 누구보다 앞서서 보호하고 존중해야 한다. 신천지가 가장 신랄하고 준엄하게 비판받아야 하는 것은 바로 이 지점이다. 신천지 신도들은 자신을 노예로 만든 '아버지 씹새끼-이만희' 를 극복하고 해체시켜야 한다. 종교와 신앙을 떠나 이 작업은 자신의 삶의 주체로서 개인이 가지는 권리이자 의무이다.

자유로운 삶 아니면 죽음을!
무릎 꿇고 살기보다 서서 죽기를!

1871년 파리코뮌전사들이 외치던 구호다. 그들은 무릎을 꿇고 굴종의 삶을 살기보다는 차라리 죽음을 택하였다. 개인의 절대자유는 그 어떤 것과도 바꿀 수 없는 최고의 가치이자 이념이기 때문이다. 신천지 신자든 아니든 우리는 자유롭게 살다 존엄하게 죽을 권리가 있다. 개인으로서 가지는 그 권리를 침해하고 제한한다면, 그 누구라도 과감히 목을 베야 한다. 그것이 신과 국가 혹은 이념과 사상이든 심지어 나 자신이라고 할지라도.

# 코로나19로 드러난 시장경제 바이러스

최 인 철

코로나바이러스가 심각한 상황으로 치닫기 전인 2020년 2월 중순 방문교수 신분으로 미국 텍사스 대학이 소재하고 있는 오스틴으로 왔다. 유학 시절 7년을 보낸 곳이라서 익숙한 곳이지만 코로나바이러스는 이곳마저도 낯선 곳으로 변화시키고 있다. 내가 처음 이곳으로 왔을 때와 달리 미국 사람들도 감염자와 사망자 수가 무시할 수 없는 상황에 이르자 그 분위기가 바뀌었다.

특히, 2020년 3월 13일 미국 정부가 국가비상사태를 선포한 이후 코로나바이러스는 일찍이 볼 수 없는 방향으로 미국의 일상생활을 바꾸어 놓았다. 대형 슈퍼마켓 진열대에서 물과 두루마리 화장지 등 생필품이 사라져버렸다. 만일에 대비하고자 하는 사람들의 사재기로 일찍 동이 나버린 것이다. 사람들의 눈에서도 서로에 대한 경계와 공포심을 읽을 수 있었다.

특히나 나와 같은 동양인들에게 그 경계심의 도가 더 높아진다는 것은 나만의 느낌이 아닐 것이다. 텍사스에 있지만, 개방적 분위기의 오스틴에서는 보기 힘든 장면들이다. 간간이 들려오는 코로나바이러스를 빌미로 한 동양인들에 대한 혐오 범죄와 미국 대통령의 입에서 거리낌 없이 쏟아져 나오는 '차이나 바이러스' 란 표현 속에서 나와 같은 동양인들은 더 주눅이 들기 마련이다.

지금의 미국 상황보다 훨씬 심각했던 한국의 대구에서도 없었던 모습들이 세계 최강의 선진국이라는 미국에서 벌어지고 있다. 그 이유는 우연히 접한 미국 민주당 대선주자 버니 샌더스의 연설이 잘 말해주고 있는 듯하다.

샌더스는 미국인들이 이 역병에 대해 보이는 공포와 과민반응은 미국의 열악한 의료체계에 있음을 역설했다. 또한 그 뒤에 숨어있는 신자유주의적 시장경제의 문제점이 근본 원인임을 지적했다. 8700만 명 정도가 의료보험의 혜택에서 소외된 미국의 현실이 미국의 국민들을 공포로 몰아넣고 있는 것이다.

보편적 의료보험체계를 채택하고 있는 한국과 달리 미국의 의료보험은 철저히 시장의 원리에 따라 운영된다. 당연히 가지지 못한 자의 다수가 값비싼 의료보험에 가입하지 못하고 의료혜택의 사각지대에서 살아가야 한다. 설상가상으로 살인적인 미국의 의료 수가는 많은 이들에게 병원을 그림의 떡으로 만들어 버린다. 결국 많은 사람들이 코로나바이러스에 걸려도 제대로 된 치료를 받을 수 없는 상황에 처해있는 것이다.

중국 우한에서 정부의 배려로 미국으로 돌아온 미국 시민이 병원에서 2주간 격리된 후 집으로 돌아오니 4천 불에 가까운 병원청구서가 날아와 있었다는 이야기는 미국 사람들에게는 결코 해프닝으로 끝나는 농담거리가 될 수 없다. 코로나바이러스로 진단되어 입원해서 퇴원했는데 병원비를 한 푼도 내지 않았다는 한국 국민들의 이야기는 미국 사람들에게는 믿을 수 없는 먼 나라의 이야기일 수밖에 없는 것이다.

사실 미국 의료체계의 문제점은 어제오늘 회자된 문제가 아니다. 미국의 의료 기술과 의료진은 세계 최고 수준이지만, 그 혜택은 일반인에게 골고루 돌아가지 않는다.

2018년의 보고에 따르면 조사된 미국 여성 유방암 환자들의 33퍼센트가 의료비용을 이유로 제대로 된 치료를 받기를 포기하거나 연기할 것이라고 응답했다. 환자들이 의료비용이 무서워 병원으로 가기를 꺼리니 병원의 병상 수나 의사의 수도 따라서 줄어들 수밖에 없다. 결국 미국 국민들은 세계에서 가장 많은 의료비용을 지출하지만, 선진국 중 가장 열악한 의료 인프라를 가질 수밖에 없다.

물론 그 근본 원인은 돈이다. 사람을 죽이고 살리는 문제인 의료 시스템에 철저히 자본의 논리가 관철되고 있기 때문이다. 결국 돈이 결정하는 질서와 돈을 벌 수 있는 자유만이 철저히 신봉되는 미국식 자본주의의 원칙이 미국 의료시스템에서도 적용되고 있는 것이다. 그 폐해는 바이러스처럼 도사리고 있다가 코로나바이러스와 같은 고난의 상황에서 그 본색을 드러낸다. 신자유주의적 시장경제라는 바이러스의 잠복기가 끝나버렸기 때문이다.

코로나바이러스와 같은 질병의 대유행은 개인의 문제가 개인에게서 해결될 수 없음을 여실히 드러낸다. 아무리 본인 스스로 병에 걸리지 않기 위해 노력한다 하더라도 내 이웃들이 그 병에 걸려 있다면 본인도 그 병에서 자유로워질 수 없다. 코로나바이러스와 같은 역병의 대유행은 우리가 평소에 너무나 당연시 생각해 오던 개인주의적 사고와 관념을 조롱하며 그 기초가 얼마나 허무한 공상 속에 자리 잡은 모래성이었던가를 깨닫게 해준다.

프랑스의 소설가 알베르 카뮈는 그의 소설 『페스트』의 주인공을 통해 그러한 개인주의적 삶이 결국 부조리의 합리화를 위해 우리 스스로 만들어 낸 가공의 신화였음을 일깨워 준다. 우리는 어쨌든 모두 이 질병에 연관된 당사자들인 것이다. 그것은 마치 우리가 혼자만의 힘으로 이 세상에 있는 소위 내 것이라는 것을 구축하지 않았다는 것과 같은 이치이다.

미국은 이제 코로나바이러스라는 역병의 창궐로 셧다운이라는 초유의 상태에 돌입했다. 많은 주들이 회사도, 학교도, 식당도 문을 닫으라는 행정명령을 내렸다. 상대적으로 감원과 해고가 더 자유로운 미국 사회에서 이는 곧 많은 저소득층의 사람들이 수입원으로부터 멀어진다는 것을 의미한다. 얼마 전 미 행정부는 미국의 모든 성인에게 이천 불씩을 지급하겠다는 대책을 내어놓았다.

한국에서도 재난기본소득이라는 이름으로 일정의 금액을 국민에게 지급하려는 안이 논의되었다. 다행이라고 생각한다. 그러나 이 정책이 지금 전 세계를 휩쓸고 있는 신자유주의적 시장경제를 포기함을 의미하는 것으로 받아들일 수 없다. 오히려 그 폐해를 감추기 위한 일시적 가면에 불과하다. 이러한 방식으로 당장의 위기를 벗어날 수 있을는지도 모르겠다. 하지만 혹 지금의 위기는 모면한다고 하더라도 더 큰 역병이 돌아오면 또 어찌할 것인가?

유일한 대비는 돈이 지배하는 질서를 허물고 인간의 삶이 우선이 되는 경제로의 전환만이 그 답이다. 이는 비단 미국에만 적용될 것이 아니라 우리 대한민국에서도 적용되어야 할 문제일 것이다.

# 의태의 유능함과 2020년 5월의 숙제

김은영

사회적 거리두기가 일상화된 오늘, '비누로 거품을 내어 30초간 구석구석 손 씻기'라는 글귀가 어디에서든 눈에 들어온다. 그리고 예전에는 대수롭지 않게 넘겼을 버스의 손잡이와 계단을 오르며 무심코 만진 난간, 엘리베이터 버튼, 건네받은 거스름돈이 이제는 더 이상 예사롭지 않다.

강박장애(obsessive-compulsive disorder: OCD)란 보통 특정한 생각이나 염려를 떨치지 못하고 손 씻기 등의 행동을 강박적으로 수행하는 경우 등을 말한다. 그리고 강박적 손 씻기 증상을 보이는 이들에게 왜 그러는지 묻는다면 그들은 아마도 식당과 화장실 문의 손잡이, 컵과 그릇에 남은 희미한 물 자국, 그리고 눈앞의 후추통을 가리키며 보이지 않는 세균에 대한 걱정을 털어놓을 것이다.

그런데 흥미롭게도 우리의 최근 일상은 이들과 크게 다르지 않다. 차이가 있다면, 우리의 강박적 일상이 OCD와 (모든 정신장애의) 진단 기준의 하나로 가장 결정적인 항목인 '사회적, 직업적, 혹은 다른 중요한 기능에 현저한 고통이나 손상을 초래' 하기보다는, 오히려 지금의 코로나19 시기에 적응적이라는 점일 것이다.

우리는 코로나19라는 국면에서 OCD 기준을 충족시킬 만한 손 씻기와 소독, 그리고 체계적 방역을 실시하며 놀라울 만큼의 위기 대응능력을 보여주었다. 일자에 맞춰 마스크를 구매하고, 꼼꼼히 쓰고, 교회와 직장, 병원과 버스, 그리고 지하철에서 그야말로 '강박적' 방역을 수행하면서 일상을 지켜내었다. 세계 모든 국가가 봉쇄라는 극단적 카드를 쓰면서도 무기력하게 확진자와 사망자 수를 늘려갈 때, 우리는 철통같은 역학조사와 빈틈없는 추적을 통해 확진자와 격리자를 관리하고 사망자 수를 줄였다.

국민 모두가 뉴스특보에 하루의 주파수를 맞추며 확진자의 동선을 온라인에서 공유하고, 마스크를 쓰지 않는 이웃과 동료를 채근하며 일사불란하게 움직였다. 그리고 우리가 선망하던 국가들의 시스템이 봉쇄로 인해 줄줄이 마비되었을 때, 우리는 그곳에 살던 교포들을 국내로 실어 날랐다. 우리의 방역시스템과 국민 모두가 합심하는 모습은 놀라운 것이었고, 자랑스러워할 만한 것임에 틀림이 없다. 모두는 범국민적으로, 마치 하나의 유기체가 된 것마냥 방역에 임했다.

일반적으로, 의태(mimicry)란 유기체가 적으로부터 스스로를 보호하거나 먹이를 잡아먹기 위해 주변에 맞춰 자신의 모양, 색깔, 자세 등을 바꾸는 현상을 말한다. 그리고 코로나19라는 위기를 맞아 우리는 마치 하나의 유기체가 된 것처럼 일사불란하게 개개인의 행동을 집단의 요구에 조율하며 움직였고, 이는 집단적 의태에 버금갈 만한 현상일 것이다. 그리고 질문해 본다. 우리가 어떻게 그토록 방역에 유능한 집단적 의태를 보일 수 있었는지 말이다.

여기에서 잠시 느슨한 연상을 시도해 보자. 이렇듯 유능한 의태가 과연 우리에게 낯선 것인지 말이다. 짧은 기간 동안, 범국민적으로 힘을 합쳐 무엇인가에 일제히 몰두할 수 있는 유능함. 연상은 금세 유사한 대상을 찾아낸다. 국채보상운동, 물산장려운동, 6.10 만세운동, 광주학생항일운동, 4.19 혁명운동 등이 떠오른다. 우리의 앞선 세대들은 시대의 요구 앞에서 희생을 두려워하지 않고 하나가 되어 불의에 맞섰고, 우리에게 범국민적 의태로서의 '운동'은 결코 낯선 것이 아니다. 연상은 여기에서 멈추지 않는다. 70년대 산업화와 경제성장의 원동력이 된 새마을 운동은 어떠한가? 예외일 리 없다. 최근의 보수 논단들이 코로나19 위기 대처능력의 저력을 새마을 운동의 정신에서 찾는 것이 결코 우연일 리 없듯이 말이다.

느슨한 연상에 질문을 하나 던져보자. 도대체 왜 우리는 이러한 집단적 의태에 유능한가라고 말이다. 그리고 조금은 거칠고 단순화된 가설을 하나 세워본다. 식민지 지배와 수탈, 해방과 혼란, 전쟁과 피난, 그리고 급격한 근대화의 혼란과 변화의 역사에서 우리의 잠재적 기억과 유전자 어딘가에는 잦은 위기에 대한 불안과 생존을 위한 집단적 의태로서의 속성이 획득형질로 등록되어 있다고 말이다. 변화와 위기에 둔감하려 해도 둔감할 수 없었을 것이다. 시대의 위험과 주변의 변화를 알아차리지 못하는 것은 생존을 위협하는 두려움이었을지도. 그러했기에, 우리는 유독 주변과 '대

세' 에 민감한 유기체적 '운동' 에 '유능' 한지도 모른다.

다시 말해 이러한 집단적 의태는 숨 막히는 격동기와 위기의 매 순간을 간신히 넘기고 살아남기 위해 자연스레 터득한 적응방식이었을 것이다. 그리고 외부에서 볼 때, 의태에 유능한 우리의 생존방식은 '냄비' 로 비춰졌을 것이다. 집단적으로 쉽게 달아오르고 쉽게 가라앉는 속성 말이다. 그러나 이는 순식간에 타오르고 쉽게 식어버리는 집단적 열기를 비꼬는 부정적 기술일 수 있지만, 달리 보면 전혀 다른 의미가 된다. 심각한 위기를 극복하기 위한 집단적 의태는 결코 장시간 유지될 수 없을 것이다. 가장 필요할 때 타올랐다가, 위기가 지나면 다시금 개개인의 일상으로 돌아가는 것이 보다 더 적응적 삶이었을 터이니 말이다. 즉, 냄비라는 비유는 변화의 속도를 꼬집는 한편, 집단적 의태라는 존재에 대한 반증이기도 할 것이다.

이러한 집단적 의태가 오늘날 우리 사회의 근대화와 산업화에 박차를 가하는 힘으로 작용하였다면, 이 유능함이 이를 가로막는 장애물에 대해서는 어떻게 반응했을까. 새마을 운동을 범국민적으로 확산시키며 산업화라는 요구에 부응하도록 집단적 의태를 이끌어낼 수 있었던 군사독재는 자신을 가로막는 장애물 앞에서 유능한 의태의 힘을 효과적으로 빌려왔다.

5.16을 혁명이라 부르며 들어선 첫 번째의 군사정권. 12.12 쿠데타에 이어, 계엄령 해제와 군사독재 철폐를 외치던 5월의 광주를 무참히 짓밟았던 두 번째의 군사정권. 그리고 옷을 벗고 들어선 세 번째의 군사정권. 세 번에 이은 군사독재 속에서 경제성장이라

는 집단적 과업에 유능했던 의태는 수많은 노동자와 도시빈민, 사회적 약자들의 죽음과 희생을 묵인하였다. 그리고 그 의태는 북의 위협이라는 명분 아래, 사람답게 살 최소한의 권리와 민주화를 요구하던 목소리들을 불순한 것으로 몰아가며 그들을 낱낱이 색출해 내는 광기의 유능함을 보여주었다. 그런데 만일 당시의 시대적 요구에 부응하며 불순분자를 효과적으로 도려내고 색출해 내었던 의태적 유능함이 오늘날 우리가 코로나19라는 위기에서 확진자를 추적하고 범국민적 방역을 일사분란하게 해낼 수 있었던 유능함과 동일한 유능함이라면, 이는 너무 섬뜩한 연상일까?

2020년 5월, 코로나19의 위기를 의태적 유능함을 통해 극복하는 것보다 더욱 다행스러운 것은 확진자 추적과 자가격리를 관리하는 과정에서 인권침해를 최소화하려는 노력이 끊이지 않았다는 것이다. 의태의 시야에서 쉽게 외면되었을 사회적 약자를 배려하고 희생양 만들기라는 유혹을 뿌리치는 일은 쉽지 않은 일이었을 것이다. 그리고 이제 40주년을 맞는 5.18에 대해 다시금 논의가 분분하다. 방관되었던 그리고 보지 않도록 강요되었던 광주의 5월. 5월의 광주는 세 번에 이은 군사독재를 종식시킬 수 있었던 힘이었고, 동시에 오늘날 인권을 고려할 수 있는 의태적 유능함의 또 다른 발판이었다. 그리고 5월 광주를 제자리에 돌려놓는 일은 2020년 5월의 봄에 다시금 내려진 숙제일 것이다.

# 신천지교회 담장 위를 걷는 사람들

박충환

2020년 여름, 곧 종식될 것만 같았던 코로나19가 다시 기승을 부렸다. 근 반년 동안 지속된 카오스적 상황에 우리 모두가 지쳐가고 있음은 물론이었다. 하지만 만사가 그러하듯 이 사태 또한 언젠가는 끝이 날 것임이 틀림없다. 그러면 우리는 언제 그랬냐는 듯 다시 눈코 뜰 새 없이 바쁜 일상으로 돌아갈 것이다.

교수들은 그동안 멈춰 섰던 프로젝트 머신 재가동하느라 정신이 없고 학생들은 스펙경쟁과 알바에 여념이 없을 것이다. 또한 학생들의 부모는 천정부지로 오르는 부동산 가격과 통장잔고를 번갈아 보며 깊은 한숨을 몰아쉬고 있을 것이다. 사람들은 그렇게 회복된 익숙한 일상이 정상인지 비정상인지조차 돌아볼 여유도 없이 또다시 바쁜 삶을 경주하다 문득문득 코로나19 사태를 추억할 것이다. 그때 코로나19 사태를 회상케 하는 추억의 마중물은 무엇이 될까? 개인마다 조금씩 차이는 있겠지만 아마 십중팔구 신천지교회와 그 신도들일 것 같다.

신천지교회, 정확하게 '신천지예수교 증거장막성전' 은 1984년 교주 이만희가 창설한 이래 줄곧 말도 많고 탈도 많은 교단으로 악명을 드높였다. 하지만 대한민국 모든 국민에게 공공의 적이 된 것은 아마 이번이 처음일 것이다.

대구의 한 신천지교회 신도가 코로나19 슈퍼전파자로 지목되면서 30만 명이 넘을 것으로 추산되는 신도들이 하루아침에 가공할 공포 바이러스의 숙주로 낙인찍혀 마녀사냥에 가까운 배척과 지탄의 대상이 되었다. 신천지교회는 말세와 영생을 설파하는 신흥 밀레니엄 종교로서 기성 기독교에서는 명백한 이단 혹은 사이비로 분류된다. 여기서 새삼 신천지교회가 노정하는 사이비성과 사기에 가까운 신도확장 방법의 가부를 논하고자 하는 것은 아니다.

내가 주목하고자 하는 것은 신천지교회 신도들 중 유독 가난한 청년층의 비율이 높다는 의미심장한 사실이다. 왜 그렇게 많은 '멀쩡한' 청년들이 상식적으로 납득이 되지 않는 교리를 설파하는 신천지교회로 달려간 것일까? 무지몽매와 비합리성의 징후일까?

신천지교회는 세상의 종말이 오면 선택받은 신도 14만 4천 명이 구원을 받고 재력과 권력을 동시에 가진 왕 같은 제사장으로 영생을 누리게 된다고 설파한다. 그렇다면 나는 신천지교회가 말하는 구원과 영생을 누릴 확률이 얼마나 될까?

여러 수준에서 계산기를 두드려 보았다. 현재 세계의 인구수를 70억으로 어림잡아 계산해 보면 종말이 올 때 구원받는 14만 4천

명은 그중 0.0016%가 된다. 구원받을 확률이 매우 낮다. 나는 지은 죄가 많아 당연히 그 안에 포함되지 않을 것이라 확신한다. 하지만 이를 대한민국 로또 당첨 확률인 0.0000123%(1/8,145,060)와 비교하면 그나마 상당히 높은 확률이다. 계산을 한국으로 한정하면 구원의 확률은 더 높아진다. 즉 한국의 인구수를 5천만으로 잡으면 확률은 0.288%로 계산된다. 비교적 높다. 하지만 아직 선뜻 베팅하기에는 불안하다. 이른바 '상위 1%' 에 포함될 확률보다 낮기 때문이다.

그런데 오직 신도만이 구원받을 수 있다고 주장하는 신천지교회로 계산의 범위를 좁혀보면 얘기가 상당히 달라진다. 신천지교회의 신도수를 최근 추정치인 30만으로 잡고 계산해 보면 그 확률은 급격하게 높아져 48%가 된다. 명색이 과학적 합리성으로 무장했다고 여겨지는 대학교수인 나도 혹할 수밖에 없는 구원의 확률이다.

이 정도면 '흙수저' 출신에 죄 많은 나도 신천지교회에 귀의하는 '도박' 을 감행해서 한 번 정도 '대박의 꿈' 을 꿔볼 만하다. 사정이 그렇다면 그 많은 청년들이 신천지교회로 달려간 이유는 그들의 무지몽매와 몰상식 때문이 아니라 나름의 계산법에 입각한 '합리적 선택' 이었을 가능성이 크다.

그런데 정말 세상의 종말이 와서 신천지교회의 14만 4천 신도가 구원받아 영생을 누린다면 나머지 6,999,856,000명의 인류는 도대체 어떻게 된다는 것일까? 그 많은 사람들은 버림받아 지옥불에 구워져도 상관없다는 것일까? 신천지교회의 신도들은 아마 이렇게 답할 것이다. "그건 내 알 바 아니오. 나만 아니면 돼!"

신천지교회의 청년 신도들은 그들이 살아가고 있는 세계가 70억 명 중에 오직 0.0016%만 구원받는 세상이고, 그 치열한 경쟁에서 살아남는 것보다 신천지교회로 귀의해서 48%의 확률로 구원받는 것이 훨씬 더 유리하다는 나름의 합리적인 계산을 한 것 같다. 그렇지 않다면 가족과 미래까지 포기하면서 사기에 가까운 포교활동을 열렬히 수행하는 그들의 행태를 해명할 길이 없을 것이다.

이러한 극소수의 선택과 구원이라는 신천지교회의 세계상에서 기시감을 느끼지 않는다면 최근 인기 TV 프로그램인 〈나는 자연인이다〉의 주인공일 가능성이 높다. 신천지교회의 세계상을 보며 정글법칙이 지배하는 사회, 적자생존의 차가운 경쟁논리가 작동하는 사회, 상위 1%만이 인간다운 삶을 누릴 수 있는 신자유주의 세계를 떠올리는 자가 비단 나만은 아닐 것이다. 이 세계상은 우리의 일상 곳곳에서 재연되며 '헬조선'의 지옥도를 그리고 있다.

인기 TV 프로그램 〈1박 2일〉의 주인공들이 저녁 굶기 복불복 게임에서 "나만 아니면 돼!"를 외치며 너스레를 떠는 장면에서, 〈슈퍼스타 K〉, 〈코리아 갓 탤런트〉, 〈기적의 오디션〉, 〈쇼 미 더 머니〉, 〈마스터 셰프 코리아〉, 〈프로듀스 101〉, 〈미스트롯〉 등 이루 나열하기조차 힘들 정도로 수많은 서바이벌 오디션 프로그램에서, 상위 1%에게만 허용된다는 강남빌딩의 소유 욕망을 감히 내비쳤다가 검찰의 철퇴를 맞고 있는 전 법무부 장관 부인의 일그러진 뒷모습에서, 심지어 "학문 생태계(알고 보면 신자유주의적 경쟁사회)가 변화해서 학생들에게 출구를 만들어줘야 한다."며 피 터지는 경쟁과 정글법칙이 지배하는 세계상을 '권위 있게' 재생산하고 있는 대학교수의 인자한 얼굴에서도….

이렇게 신천지교회와 그 담장 밖의 세계는 판박이처럼 닮았다. 하지만 이 두 세계는 구원받을 확률이라는 측면에서 크게 차이 난다. 신천지교회는 적어도 48%라는 매우 높은 구원의 확률을 약속한다. 대충 둘 중 하나는 구원받기 때문에 한 명만 밟고 일어서면 된다. 스스로 신천지교회 담장 밖에 있다고 생각하는 우리는 구원받기 위해 도대체 몇 명을 밟고 일어서야 할까?

"로또만이 희망이다!" 서울의 한 로또 판매점 간판에 적혀 있는 문구이다. 무릎을 칠 수밖에 없다. 이 문구야말로 최근 수많은 대학교수들이 출판한 어떤 학술서나 논문보다 한국사회의 현주소를 촌철살인의 날카로움으로 포착하고 있지 않은가? 대한민국 국민 중 대다수는 노력만으로 상위 1%가 될 확률보다 로또에 당첨되어 대박의 꿈을 실현할 가능성이 더 높다고 생각하는 것 같다.

그래서 코로나19 사태로 물리적 거리두기가 새마을운동처럼 확산되고 있는 와중에도 로또 판매점만큼은 성황을 이루고 있었는지도 모를 일이다. 땅 투기와 주식 투기가 경제를 견인하는 '카지노자본주의' 도박판에서 48%의 승률로 1%도 아닌 0.0016%에 포함될 수 있는 매혹적인 도박에 삶을 베팅하고 있는 신천지교회의 청년 신도들을 과연 누가 탓할 수 있을까?

코로나19가 종식된 이후의 세계가 그 이전과는 판이할 것이라는 전망이 곳곳에서 나오고 있다. 하지만 내 생각에는 뭐 그리 달라질 게 있을까 싶다. 카지노자본주의의 교리가 지배하고 '도박'

이 핵심 은유인 흉흉한 세상은 여전히 지속되고 있을 것이기 때문이다. 사람들은 코로나19 사태 이전에도 신천지교회의 담장 위를 걷고 있었고, 그 이후에도 여전히 그 담장 위를 걷고 있을 것이다.

가끔 코로나19 사태를 추억하며 내 남편이, 내 아내가, 내 자식이, 내 부모가 그 담장 안으로 떨어질까 조바심하며 신천지교회와 그 신도들을 마녀사냥하고 있을 것이다. 하지만 그 담장 밖에 서 있다고 해서 뭐 크게 다를 바가 있을까? 누가 누구의 얼굴에 침을 뱉고 누가 누구에게 돌팔매질을 할 수 있을까?

# 재난의 시대, 교회의 사명을 묻는다

채 형 복

코로나19 확산세가 심각하다. 급기야 2020년 8월 30일 자정을 기해 정부는 수도권 지역을 대상으로 고강도 대책인 사회적 거리두기 2.5단계 조치를 시행하였다. 'K-방역'의 시행으로 전 세계의 모범국가로 칭찬을 받고 있던 대한민국이 다시 위기에 빠졌다. 그 위기를 초래한 주체는 시민도 아니고, 정부도 아니다. 다름 아닌 교회라는 데 문제의 심각성이 있다. 시민들은 정부가 방역과 경제라는 두 마리 토끼를 성공적으로 잡기를 바란다. 하지만 일부 교회는 방역의 불가피성을 인정하면서도 종교의 자유를 내세워 대면예배를 강행하고 있다. 양측의 시각차는 그해 8월 27일 문재인 대통령과 기독교 지도자들 간의 면담에서도 여실히 드러났다.

문 대통령은 "방역은 신앙의 영역이 아니고 과학과 의학의 영역이란 점을 모든 종교가 받아들여야 한다."면서 기독교도 "예배를 드리지 못하는 고통을 감수하면서도 빨리 방역을 하고 종식시켜야 한다."고 강조했다. 이에 기독교계 대표로 나선 김태영 한국교회총연합(한교총) 공동대표회장은 "종교의 자유는 목숨과 바꿀 수 없는 가치"라며 "종교의 자유를 너무 쉽게 공권력으로 제한할 수 있고, 중단을 명령할 수 있다는 뜻으로 들려서 크게 놀랐다."는 의견을 밝혔다.

문 대통령과 김 회장은 헌법이 보장하고 있는 종교의 자유와 그 한계에 대해 서로 다른 입장을 보이고 있다. 한교총 김태영 회장의 말처럼 방역이 아무리 중요하다고 할지라도 종교의 자유는 보장되어야 하고, 교회에서 예배를 볼 권리도 존중되어야 한다. 하지만 지금은 공동체의 위기상황이다. 교회는 코로나 바이러스라는 감염병이 우리 사회의 안전과 시민들의 생명을 위협하고 있는 이 엄중한 현실을 직시해야 한다. 형제와 이웃이 형언할 수 없는 아픔과 고통으로 아우성인데 종교의 자유를 내세워 교회 탄압 운운하는 것은 적절하지 않다. 이런 현실에서 교회의 할 일은 무엇일까. 그 어느 집단보다 솔선수범하여 교회가 앞장서서 사회적 거리두기를 적극 실천하고 방역에 적극 협력해야 한다. 그리하여 코로나19가 하루빨리 종식되어 우리 모두 평온한 일상의 삶으로 돌아갈 수 있도록 간절히 기도해야 한다.

하지만 일부 교회는 여전히 현실을 외면하고 방역에 협조하지 않고 있다. 이런 모습을 보며 오늘날 한국 사회는 교회와 기독교인의 정체성이 무엇인가에 대한 의문을 제기하고 있다. 헌법 제20조 2항은, "정치와 종교는 분리된다."는 정교분리원칙을 명시하고 있다. 그럼에도 서울 성북구 사랑제일교회 담임목사 전광훈을 비롯한 일부 기독교 목사들의 무분별한 언행은 교회가 과연 이 원칙을 준수하고 있는지를 의심케 한다. 그들은 교회와 신도를 방패막이 삼아 세상을 기독교의 적으로 돌리고 있지나 않는지 우려스럽다. 이에 대해 프랑스의 법학자이자 신학자인 엘륄은 그의 저서 『세상 속의 그리스도인: 현대 세상에서 존재함』에서 이렇게 말한다.

> "성서는 그리스도인의 정체에 대해 우리에게 말해주고 있는데, 먼저 그는 세상 안에 있고 또 세상에 머물러야 한다는 것이다. 그리스도인은 세상에서 분리되거나 동떨어져 있으려고 존재하는 것이 아니다. 세상에서 분리되는 것은, 하나님이 알곡은 취하고 가라지를 버릴 때, 즉 세상의 종말 시점에서 하나님이 하는 일이다."

종교의 자유를 앞세워 대면예배만을 고집하는 일부 기독교인들에게 묻고 싶다. 그들은 과연 세상 안에 있고, 세상에 머물고 있는가? 오히려 기독교와 비기독교, 교회와 비교회로 세상과 사람을 쪼개고 나누고 있지는 않은가? '하나님 나라' 를 내세워 자신들을 세상에서 분리함으로써 세상의 종말 시점에서 '하나님' 이 하는 일을 감히 '피조물' 이 하고 있지는 않은가? 엘륄은 기독교인들에게 '예수 그리스도와 그리스도인과의 연합' 을 통하여 '하나님의 섭리' 에 따라 행동하라고 요구한다.

이 세상 안에 존재하고 머물면서 기독교인들은 어떤 역할을 해야 하는가? 엘륄은 기독교인들이 성서가 자신들에게 부여한 다음 세 가지 직무를 수행해야 한다고 말한다. 너희는 세상의 소금이다.

너희는 세상의 빛이다. 나는 너희를 이리 가운데 양으로 보낸다.

"모든 그리스도인은 한 마리의 양이다." 나는 이 말이 참 좋다. 특히 '어린 양'이 주는 이미지는 순결과 희생, 그리고 고결을 연상케 한다. 역사는 수많은 기독교인들이 부정과 불의에 가득 찬 세상을 향해 온몸과 마음으로 저항하고 순교하였음을 증언하고 있다. 고귀한 생명을 잃을 수도 있다는 것을 알면서도 어린 양을 이리 가운데로 보낸 전능자의 심정이 이해되는 대목이다.

신은 목자를 자신의 대리인으로 세워 호시탐탐 어린 양을 노리는 이리로부터 그들의 목숨을 지키라고 명령하였다. 그런데 현실은 어떤가. 목자는 신의 명령을 어기고 어린 양을 세상에서 분리하여 떼어놓고 있다. 아예 어린 양들로 하여금 자신을 신으로 착각하게끔 거짓말로 회유하고 잘못된 길로 이끌고 있으니 기가 찰 노릇이다. 심지어 그들은 양들의 머리에 선민의식을 심고는 그들로 하여금 세상 사람들을 정신적으로 지배하고, 전제군주가 되도록 호도하고 있다. 성경은 네 이웃을 네 몸같이 사랑하라 했다. 그럼에도 오늘날의 목자는 어린 양들을 이웃을 사랑하기보다는 세상의 적대자로 만들고 있다. 이것이 과연 "나는 너희를 이리 가운데 양으로 보낸다."는 성서 말씀의 참된 의미일까 되묻고 싶다.

기독교는 인간이 이성을 잃지 않고 헛된 상상이나 감정 혹은 욕망의 덫에 빠지지 않는 정신을 가지는 것을 중시한다. 물론 지나친 이성중심주의는 오히려 현대교회의 진보를 가로막고 있다는 비판도 적지 않다. 프란시스 쉐퍼는 『이성에서의 도피』라는 책에서 개신교인들이 '이성으로부터 도피' 했기 때문에 교회가 길을 잃고 있다고 지적하고 있다. 쉐퍼는 '오직 그리스도 안에서 나타나는 하나님의 계시'가 아니라 '오직 성경'이라는 종교개혁가들의 주장은 주의해야 한다고 본다. 그들은 오직 하나님만이 자율적이며, 인간은 전적으로 타락했으므로 결코 자율적이지 못하다고 선언한다. 인간은 그리스도가 행한 사역을 오직 믿음으로만 받아들일 때 구원될 수 있다는 것이다. 이 주장에 대한 정현욱 목사의 말을 기독교인들은 주의 깊게 들을 필요가 있다.

> "쉐퍼가 말하는 '이성에서의 도피'는 세상을 바르게 보려는 '노력으로부터의 도피'로 이해해야 한다."

성경에 따르면, '최초의 인류' 아담과 하와는 터무니없는 욕망과 갑자기 높아진 감정에 굴복하여 사탄의 꼬임에 넘어가 '인간의 이성'을 잃고 '참된 자유'를 잃어버리는 죄를 범했다. 그러나 이성에 대한 강한 확신을 가지고 있던 천사 아브디엘은 사탄의 꼬임에 넘어가지 않는다. 하느님에게 반역할 것을 결의한 루시퍼는 아브디엘에게 동료가 되자고 권한다. 그 말에 분개하여 아브디엘은 루시퍼에게 이렇게 말한다.

> "이성이 폭력과 다툴 때, 비록
> 그 싸움이 야비하고 추할지라도,
> 이성이 이기는 것은 당연한 이치로다."

존 밀턴의 대서사시 『실낙원』이 묘사하고 있는 천사 아브디엘의 말처럼 나는 한국 기독교인들이 충분히 이성적이라고 믿는다. 그 이성으로 야비하고 추한 야만의 폭력과 싸워서 언제나 이길 것을 믿는다. 이성과 폭력이 다툴 때 이성이 이기는 것이 당연한 이치로 이 땅에서 자리매김하리라는 사실도 의심하지 않는다.

그리고 무엇보다 이 말을 하고 싶다. 하느님이 인간에게 부여한 이성의 밝은 눈으로 세상을 바라보고, 이웃이 겪고 있는 고통과 고난에 눈 감지 말기를. 예수는 이 세상의 가난하고, 병들고 아프고, 억압받고 핍박받는 사람들의 곁에 있었다. '오직 대면예배' 를 외치는 이 나라 이 땅의 그리스도인들은 누구의 곁에 있는가. 역사와 현실이 외치는 아픔에 귀 닫고 눈 감은 채 '그들만의 하늘나라' 를 외치는 기독교인은 '하나님 나라' 에 들어갈 수 없다.

# 낙담하다

채 장 수

시쳇말로 '그쪽으로는 오줌도 싸지 않는다'는 표현이 있다. 표현하자면 꼴도 보기 싫다는 의미이다. 우리에게는 2020년이 그러하다. 개인적인 우환까지 보태보니, 나 역시도 2020년은 이미 오줌도 갈기기 싫은, 아니 오줌이라도 한 바가지 갈겨버리고 싶은 불쾌한 한 해가 되어버렸다. 그렇게 우리는 푸석한 삶이 또 어디까지 밀려날지도 모르는 그런 암담한 상황을 버텨내고 있다.

울리히 벡Ulrich Beck이 1980년대에 주창한 '위험사회(risk society)'를 이제야 제대로 실감한다. 묵직한 성찰보다는 도구화된 합리성을 앞세운 근대화의 결과는 우리에게 엄청난 물질적 풍요를 제공하였다. 그러나 성공적인 근대화가 배태하고 있던 인위적인 위험의 징후들을 우리는 정말 인지하지 못했을까? 교통과 통신이 그리고 과학과 토목이 발전할수록, 이러한 위험이 더욱 가중될 것이라는 사실을 우리는 진작 알아채지 못했을까?

지구적인 위험을 불러온 코로나 사태의 피날레는 아직도 오리무중이며, 그저 '마스크의 통치' 만 하릴없이 길어지고 있다. 더구나 일견 보편적인 것처럼 보이는 코로나 사태의 고통은 실상 계급·계층에 따라서 예외 없이 차등분배 되고 있다. 라이시Robert Reich 교수는 이러한 상황을 정확히 지적했다. 그는 코로나 재난 시대의 네 가지 계급을 '원격 근무가 가능한 노동자(The Remotes)' 와 '필수적 일을 수행하는 노동자(The Essentials)', '임금을 받지 못한 노동자(The Unpaid)', '잊힌 노동자(The Forgotten)' 로 구분하면서, 이들 사이의 격차를 해소하지 못한다면 결국 아무도 안전할 수 없다고 주장했다.

백 번 양보해서 코로나는 자연재해이고, 따라서 불가항력의 영역이라고 하자. 그러나 평범한 다수 대중의 결집된 비폭력적 압력으로 지배집단의 강고한 헌정질서를 정지시켜 버린 '촛불혁명' 을 치러낸 우리 사회는 그동안 얼마나 성숙해졌을까? 적어도 제도적 수준의 민주화는 일정하게 자리를 잡았다고 믿어왔던 나는 지금의 상황이 너무나 실망스럽다.

우리는 여러 곳에서 민주적 권리의 공고화가 오히려 민주주의의 근간을 침해하는 '민주주의의 역설' 을 목격하고 있다. '빨갱이 독재 정부' 를 향하여 '반찬 투쟁' 을 일삼는 '반독재 투사' 들이 그러하다. 이들은 필요 이상으로 진지하다. 80년대 거리의 투사들의 결기 어린 주장들이 이제는 코로나 검사조차 거부하는 '아스팔트 혐오부대' 에 의해서 재현되고 있으니 말이다.

과연 민주주의의 문제는 더 큰 민주주의를 통해서 해소될 수 있을까? 민주주의가 민주주의를 침해하는 역설은 과도한 '정치의 사사화私事化' 현상에서도 발견된다. 토크빌Alexis de Tocqueville이 지적했던 것처럼, 사적 이익의 과도한 추구는 공적 이슈에 대한 최소한의 관심을 저해하면서 정치의 사사화를 발생시킨다. 말하자면 어떤 의미에서든 공적 속성을 가질 수밖에 없는 정치가 오히려 개인의 사적 이익을 실현하기 위한 도구로 전락하게 된다는 것이다. 물론 정치를 공적 영역의 범위로만 제한하는 것이 시대착오적인 사고임은 명백하지만, 그렇다고 도를 넘는 정치의 사사화 행위가 정당화될 명분은 없다.

우리는 코로나 사태의 와중에서, (예비)의료인들의 조직적인 정치행위로 인하여 발생한 사회적 혼란을 경험하고 있다. 이러한 상황의 근본적인 원인은 공적 의료 강화를 주장하는 시민들의 지속적인 요구에 냉담했던 문재인 정부를 포함한 역대 정부의 무관심과 무능이다. 그렇다고 의료인들의 '마이 웨이my way'는 얼마나 정당할까?

(예비)의료인들은 의료라는 직업적 행위의 포괄적인 공적 속성으로 인하여 상대적으로 높은 사회적 지위와 보상을 보장받고 있지만, 당사자로서 타인이 이해하기 어려운 부당한 상황이 존재할 가능성은 충분하다. 그러나 자신들의 직능적 공공성을 그들의 사적 이익을 더욱 공고화하기 위한 일종의 도구로 활용하면서, 어설프지만 단호하게 정치세력화(?)하려는 행위에는 비판의 여지가 없을까? 그들의 행간에서 수시로 발견되는 '전교 1등 능력주의(meritocracy)'의 자만조차, 그 단체의 대표가 강변하는 것처럼 '어

떤 손상도 없이 구제받아야 하는 정치적으로 해결할 문제' 일까?

여러모로 '존재의 지속성' 이 우려되는 상황이다. 마침내 코로나의 종언은 도래할 것이다. 그러나 태평양의 수온 상승이 야기한 기상의 변화로 인하여, 장차 한반도를 향하는 태풍들은 예전처럼 오른쪽으로 휘어져서 무사히 지나가지만은 않을 것이다. 한편으로는 유명 정치인이 자신의 추문에 대한 어떤 해명도 없이 침묵의 강을 건너가 버린 후에 발생한 상황처럼, 사람들은 사회적 이슈를 둘러싸고 서로의 편견을 최대로 동원하면서 격렬한 대치를 지속할 것이다.

하지만 그때에도 여전히 개선되지 않는 작업장으로 내몰리는 수많은 '김용균' 들은 태안의 바로 그곳에서조차 예견된 비극으로 내몰릴 것이다. '포괄적 차별금지법' 은 여전히 논쟁 중일 것이며, 모든 노동자에게 '근로기준법' 과 '노조할 권리' 를 보장하고, '중대재해기업처벌법' 을 제정하자는 너무나 상식적인 '전태일 3법' 의 제정도 요원할 것이다.

너무 비관적일 수 있겠다는 생각에 이를 즈음에, 뜬금없이 한영애라는 가수가 부른 오래된 노래의 한 소절이 마치 주문처럼 기억 속을 맴돈다. "그래도 희망은 너와 내가 손잡은 사람에게 걸 수박에, 희망은 언제나 사람들의 몫으로 남아있게 마련이지."

장차 우리의 삶은, 이런 위로만으로도 다시 유쾌해질 수 있을까?

# 사회적 고통의 크기

## - 공동체적·사회적 차원의 예방

김은영

개코원숭이를 관찰하는 일은 늘 우리에게 흥미로운 시사점을 가져다준다. 가령 그들 간에 싸움이 일어났다고 가정해 보자. 한 수컷 원숭이가 싸움에서 졌다면, 그 원숭이는 주변을 둘러보다가 젊은 수컷 원숭이를 발견하고는 재빨리 쫓아가 가격한다. 갑작스레 얻어맞은 젊은 수컷은 근처에 있던 암컷의 머리를 쿵 박고, 기분이 상한 암컷 원숭이는 옆에 있던 어린 원숭이를 후려친다. 그리고 어린 원숭이는 태어난 지 얼마 되지 않은 아기 원숭이를 두들겨 팬다.

바래시와 립턴에 의하면 이러한 화풀이식 공격성의 전이는 약 15초 안에 모두 일어난다. 이는 어떤 좌절로 인해 야기된 공격성이 좌절을 안겨준 대상이 아닌 또 다른 대상을 향해, 보다 정확히는 힘의 서열상 '만만한' 약자를 향해 빠르고 효율적으로 전달, 혹은 증폭된다는 것을 보여준다. 그리고 대부분 이러한 공격성은 무리를 지어 특정 개체를 배제시키거나 괴롭히는 집단적 형태로 드러나기도 한다.

그렇다면 궁금하다. 두들겨 맞은 아기 원숭이, 혹은 무리로부터 배제되고 괴롭힘을 당한 개체의 마음에서는 어떤 일이 벌어질까? 이를 알기 위해서는 가장 간단한 형태의 사회적 배제가 개인에게 어떠한 영향을 미치는지에 대해 알 필요가 있다. 호기심이 많은 연구자들은 사회적 배제가 어떤 고통을 야기하는가라는 문제의식을 가지고 진통제인 타이레놀과 사회적 고통 간의 관계를 관찰했다.

연구자들은 피험자들에게 각각 컴퓨터를 이용하여 가상의 공놀이를 하게 했는데, 이때 피험자들은 자신들이 다른 피험자들과 함께 가상적 공놀이를 하고 있다고 생각했다. 그러나 사실은 컴퓨터가 각 피험자들과 공놀이를 진행했다. 컴퓨터는 초반에는 피험자와 화기애애하게 공놀이를 진행했지만, 이후에는 피험자에게 전혀 공을 주지 않았다. 즉 피험자들에게 자신만 공을 받지 못하는 것으로 생각하게 한 것이다.

그런데 여기에서 흥미로운 결과가 보고된다. 진통제를 두 알 복용한 피험자들이 복용하지 않은 피험자들에 비해 유의하게 낮은 사회적 스트레스를 보고한 것이다. 이를 역으로 추론해 보면 다음과 같은 결론을 내릴 수 있다. 가상적인 공놀이에 끼지 못한 사회적 고통은 단순한 심리적 고통이 아니라 진통제를 통해 완화되는 물리적 실체를 가지고 있다는 것이다.

그렇다면 여기에서 질문을 던져볼 수 있다. 가상적 공놀이에서 배제된 고통이 진통제 두 알을 통해 완화될 수 있는 물리적 실체로서의 고통이라면, 현실에서 사회적 배제와 괴롭힘을 경험하는 이들이 지각하는 사회적 고통의 크기는 얼마일까?

사회를 들썩이게 하는 학교폭력 피해와 관련한 호소를 떠올려 보자. 피해자들의 호소는 그들의 고통이 단순히 학창 시절에 한정되지 않고 발달 과정 자체를 저해하며, 나아가 성인기의 만성적 우울, 사회 부적응, 그리고 심각한 정신장애로 진행될 수 있다는 사실을 단적으로 보여주었다. 그리고 사실 우리는 방치된 학교폭력이 어린 학생들의 자살과 자해와 같은 극단적 결과를 가져온다는 것을 익히 알고 있다. 집단적으로 이루어지는 배제와 비방, 모욕, 차별, 괴롭힘의 경험은 피해자로 하여금 자신을 둘러싼 온 세계가 자신을 핍박하고 있다는 두려움과 공포를 갖게 하고, 사회로부터 도망치게 한다.

성인이 된 어느 피해자는 SNS상에서 아직도 많은 이들이 자신을 비방, 험담하고 있다며 불안해하고, 자신을 해치려는 누군가가 몰래 자신의 신분을 도용해서 활동하고 있다고 말한다. 그러고는 군대를 동원하거나 경찰을 출동시켜 가해자를 응징하는 망상에 깊숙이 빠져들기도 한다. 이러한 증상은 박해망상(persecutory delusions)으로 명명되는데, 피해자가 경험한 집단적 폭력의 경험이 적어도 피해자에게는 망상이 아닌 현실이었기에, 이들의 조건화된 반응을 피해망상이라 부르는 것이 과연 적절할지 의문스럽기도 하다.

그렇다면 이토록 치명적인 고통은 얼마만큼의 크기일까? 가상적 공놀이에서 배제되는 고통이 진통제 두 알에 해당한다면, 집단적 배제와 괴롭힘으로 인한 고통은 진통제 몇 알에 해당할까? 만일 그 크기가 100배 정도라면, 진통제는 이미 효과를 넘어 치사량을 넘어선 셈이다.

사실 근래 학교들이 심상치 않다. 외견상 학교폭력 신고 사안이 증가하는 것처럼 보인다는 것이다. 지역의 한 Wee센터가 집계한 바에 따르면, 학기 초 2주간 올라온 학교폭력 신고 사안은 코로나19 이전 시기를 기준으로 할 때 약 2개월 간 접수된 사안 수와 같다고 한다. 이러한 변화가 일시적인 것인지 혹은 장기적인 것인지에 대해서는 좀 더 시간을 두고 지켜볼 필요가 있지만, 결코 간과할 수 없는 조짐임은 분명하다.

학교폭력의 유형, 내용, 진행 과정 등은 사안별로 모두 상이하게 나타난다. 그러나 2020년 비대면 교육, 그리고 대면 교육으로의 점진적 전환이라는 작금의 맥락과 관련하여 공통적 요인을 살펴보면 몇 가지의 시사점을 찾을 수 있다. 코로나19 방역의 일환으로 진행된 사회적 거리두기는 학업 현장에서 비대면 교육을 통한 또래 관계의 제한과 단절을 불가피하게 가져왔고, 동시에 비대면 공간에서 사이버 폭력을 3배 이상 급증시켰다.

또한 재개된 대면교육 환경 또한 만만치는 않다. 마스크 착용으로 서로의 얼굴 표정을 읽을 수 없고, 엄격한 거리두기 수칙으로 인해 교실 내 상호작용이 줄어들고, 또래 관계에 제약이 생기면서, 경우에 따라서는 집단적 쏠림과 배재의 현상이 쉽게 발생할 수 있는 환경이 된 것이다.

가령, 외향적이고 활달한 학생들은 방역과 거리두기라는 조건에서도 원만한 또래 관계를 이어갈 수 있지만, 내향적이거나 사회적 기술의 발달이 미흡한 학생들은 소통의 제한과 교실 내 거리두기 수칙에 묶여 온종일 한마디도 하지 못하고 귀가하거나, 또래들의 대화에 끼기 위해 안간힘을 쓰다 좌절을 거듭하는 것이다.

교실 안에서 누구와도 대화하지 못하고 스스로 외톨이라고 지각하는 것은 사실상 자신이 사회적으로 배제되었다는 느낌과 동일할 수밖에 없다. 그리고 이러한 사회적 배제에 대한 지각과 불안은 무리 짓기와 소속에 대한 강화된 욕구와 반복된 좌절로 이어져 학교폭력에 취약한 구조를 만들어낼 수밖에 없는 것이다.

이러한 시기에 학교폭력에 대한 개입과 예방은 다방면으로 이뤄져야 한다. 사안별 대처는 물론이고, 학급과 학교 차원에서의 개입과 예방이 시급하다. 마스크 착용은 일선 교사로 하여금 교실 내의 흐름과 비언어적 소통을 짐작하기 어렵게 한다. 역으로 보자면, 그 어느 때보다도 교사와 학생 간의 응집력, 학생들 간의 친밀한 상호작용을 만들기 위해 부단한 노력이 필요하다는 것이다.

그러나 가장 중요한 차원의 예방책은 공동체적, 사회적 차원의 노력이다. 공동체가 과연 사회적 배제와 괴롭힘, 그리고 차별을 얼마나 용인하고 있느냐가 관건이라는 것이다. 이는 학교가 사회의 축소판이자 당대 사회를 비추는 거울이기 때문이다. 그리고 우리는 코로나19라는 위기를 거쳐 오며 사회 곳곳에서 사회적 배제와 차별이 쉽사리 용인되는 모습을 종종 발견하게 된다.

코로나19가 가져온 명암은 영세 자영업자와 도시 서민에게 딛고 서기 힘들 만큼의 시련임에 틀림없다. 안이 텅 빈 상점, 기한 없이 휴업을 내건 가게, 수없이 바뀌는 간판들 아래에서 피고 지었을 희망과 좌절. 그리고 가까운 경북대학교 서문을 나서면 거리 곳곳에서 그러한 고통과 좌절을 다시금 읽게 된다. 고통과 좌절이 특정 종교의 외국인 유학생들을 겨냥하여 현수막과 유인물 내의 잔인한 문구로 드러나는 것이다. 그러나 종교와 문화적 차이를 이유로 누군가에 대한 차별과 적대감을 거침없이 표현하고 나아가 이를 용인하는 공동체는 사실 위험천만한 것이다. 차별과 배제에 대한 사회와 공동체의 용인은 학교에서 일어나는 따돌림과 폭력에 대한 용인으로 그대로 이어지기 때문이다. 어른들 사회의 모습은 아이들의 교실에서 고스란히, 하나도 남김없이 재현될 것임이 분명하기에 그렇다.

만일 우리가 개코원숭이가 보여준 좌절과 화풀이, 그리고 연이은 전가를 통해 증폭된 공격성이 개인에게 끼칠 무한의 고통을 기억하지 않는다면, 두 가지의 우를 동시에 범하는 것일 수 있다. 좌절로 인해 방향을 잃은 공격성이 '만만한' 약자에게 치유할 수 없는 고통을 전가하도록 방관한 것이 첫 번째라면, 그러한 사회적 차별과 배제가 어린아이들의 교실에서 반복되도록 방치한 것이 두 번째일 것이다. 그러한 이유로 사회적 배제와 차별은 단호하게 배척되어야 한다. 오늘 사회적 차별에 대해 반대의 목소리를 높이는 것은 내일의 학교 교실에서 벌어질 따돌림과 폭력, 그리고 그 아픔으로 인해 성장이 멈추어버릴 아이들의 고통을 줄일 수 있는, 우리가 어른으로서 할 수 있는 최소한의 일이기 때문이다.

# 영풍 석포 아연제련소와 환경오염

조 태 식

1,300만 영남인들의 식수원인 낙동강 상류에 위치한 ㈜영풍의 봉화군 석포 아연제련소는 1970년에 설립된 후 지난 50년 동안 대규모로 가동되고 있다. 제련소 인근 산에서는 나무가 말라 죽어가고 있고, 주변 토양 역시 아연(Zn)과 카드뮴(Cd), 납(Pb) 등 중금속으로 오염되었다는 사실이 확인되었다. 안동댐에서도 공업용수 기준치의 최대 110배의 카드뮴이 검출되는 등 여러 환경오염 문제가 발생하며 석포제련소에 책임을 묻는 목소리가 커지고 있다. 필자는 과학기술자의 관점에서 석포 아연제련소의 공정과 주변 환경오염 문제 사이의 관계를 조사해 보고자 한다.

## 주원료인 아연정광亞鉛精鑛

아연은 철, 알루미늄, 구리 다음으로 많이 사용되는 금속이며, 철강, 자동차, 전기, 건설 산업 등에 기초 소재로 사용하고 있다.

세계시장 기준 아연의 약 70%는 아연광산에서 채굴을 통해 생산되며, 나머지는 2차 아연의 재활용을 통해 생산된다. 아연광산은 전 세계에 흩어져 있으며, 주요 아연광산은 중국, 호주, 페루 등에 있다. 세계적으로 신규 아연의 95%는 황 함유 광상으로부터 채굴되는데, 황화아연(ZnS)이 주성분이며, 구리, 카드뮴(Cd), 납 등 다른 금속들의 황화물이 함께 존재한다. 아연 광석에는 카드뮴이 불순물로 0.2~0.4% 포함되어 있다.

아연제련소의 주원료인 아연정광은 광산에서 캐내는 아연광석을 미세하게 분쇄하여 선별작업(부유선광)을 거쳐 암석덩어리를 가려내고, 아연 함량을 50~60% 정도로 높인 광석을 말한다. 석포 아연제련소는 분말 형태의 아연정광을 호주, 페루, 미국 등지에서 대부분 수입하여 사용하고 있다. 해외로부터 동해항까지 선박으로 수입된 아연정광은 철도 또는 차량을 이용하여 석포 아연제련소까지 운반되고 있다. 석포 아연제련소가 사용한 아연정광 원료량은 2010년~2014년 기준 연평균 66만4천 톤이었다. 봉화에 있는 (주)성안자원으로부터도 아연정광을 월 700톤 정도 구매하지만, 약 1% 수준의 매우 적은 양이다.

### 아연제련소의 주요 공정

석포 아연제련소의 주요 공정을 3단계로 간략히 구분해 본다.

① 배소焙燒공정: 고온 배소로에서 아연정광을 가열하여 황화아연(ZnS)을 녹여서 산화아연(ZnO)을 만드는 공정이다.

② 정액淨液공정: 아연 제련 전후 불순물(카드뮴, 납, 구리 등)을 제

거하는 공정이다.

③ 제련製鍊공정: 전해 조업과 전기 분해를 통하여 아연을 회수하는 공정이다.

대기오염과 아황산가스

주원료인 아연정광 속의 황화아연(ZnS)은 고온 배소로에서 배소되어 산화아연(ZnO)으로 변환되는데, 이때 유독성 아황산가스(이산화황 SO2)가 발생한다. 배소공정의 반응식은 다음과 같다(2ZnS + 3O2 → 2ZnO + 2SO2). 아황산가스는 색깔이 없고 자극적인 냄새가 나는 유독성 기체이며, 공업적으로 황을 태우거나 아연제련소처럼 황을 포함한 금속화합물을 가열할 때 발생한다.

아황산가스(SO2)는 아연제련소에서 필요한 황산(H2SO4)의 생산에 이용된다. 전해 조업에서는 황산을 이용하여 농축된 광석으로부터 아연을 걸러내며, 반응식은 다음과 같다(ZnO + H2SO4 → ZnSO4 + H2O). 마지막으로, 전기분해하여 아연으로 환원시키며, 반응식은 다음과 같다(2ZnSO4 + 2H2O → 2Zn + 2H2SO4 + O2). 황산은 재생되며 여과단계에서 재활용되거나 제품으로 판매된다.

2019년 6월 11일 자 〈MBC PD수첩〉에 따르면, 석포제련소 인근 산에서 많은 고사목들이 관찰되었다. 이러한 고사목들은 제련소 배소공정에서 설비의 노후화나 결함으로 인한 아황산가스가 대기 중으로 누출된 것과 연관이 있다고 판단된다. 현재 고온 배소로 내부의 이물질 제거 등의 관리는 하청업체가 수행하고 있다.

대표적인 대기오염 물질인 아황산가스의 국내 대기환경기준은 연평균 0.02 ppm 이하이다. 1991년 7월 23일자 대법원 판례(89다카1275)에서도 공장에서 배출된 오염물질(아황산가스)의 농도가 환경보전법 허용 기준치 이내라 하더라도 그 유해의 정도가 통상의 수인 한도를 넘어 인근 농장의 관상수를 고사시키는 원인이 된 대기오염 사례를 확인할 수 있다. 대기오염 문제는 배소공정에서 아황산가스의 누출을 최대한 억제하는 것이 매우 중요하다.

### 수질 및 토양오염과 카드뮴

일반적으로 아연 광석에는 유해한 중금속인 카드뮴이 불순물로 0.2~0.4% 포함되어 있다. 카드뮴은 별도의 카드뮴 광석이 존재하는 것이 아니라, 대부분 아연 제련의 부산물에서 얻어진다. 석포제련소의 2014년도 주요제품은 아연, 황산, 황산동, 카드뮴, 슬래그(slag)이었다. 연간 35만 3천 톤의 아연과 66만 8천 톤의 황산과 17만 4천 톤의 슬래그를 생산되었으며, 부산물에서 연간 1,368톤의 카드뮴이 회수되었다. 이는 아연을 1톤 생산할 때, 부산물에서 카드뮴을 3.9kg 회수해 왔다는 아주 중요한 증거이다.

그러나 (주)영풍은 2017년 11월 석포제련소에 귀금속공장을 준공하면서, 2019년 6월 카드뮴 공장을 폐쇄하였다. 석포제련소의 2019년도 주요제품은 카드뮴과 슬래그는 사라지고, 아연, 황산, 황산동, 전기동, 은(Ag) 부산물로 변경되었다. 연간 33만 6천 톤의 아연과 71만 톤의 황산이 생산되었으며, 2만 6천 톤의 은(Ag) 부산물도 추가로 생산되었다.

석포제련소는 아연정광에서 아연 추출 후 남은 정광에서 추가로 은 부산물을 회수하는 설비(Zinc Fumer)를 가동 중에 있으며, 납이 함유된 은 부산물을 회수하여 계열회사인 고려아연에 판매하여 많은 수익을 올리고 있다. 그리고 은 부산물을 회수하고 남는 cake는 하청업체로 반출되며, 슬래그 미분말 형태로 만들어 레미콘사 등에 판매되고 있다. 아연제련 부산물로 제조된 슬래그 분말에는 유독성 중금속이 잔존할 수 있으므로, 주거용 재료로는 사용을 제한할 필요가 있다.

아연제련소에서 부산물로 발생하는 카드뮴은 식품이나 오염된 물을 통해 인체 내로 들어오고, 간과 신장에 장시간 축적되어 이들 기관의 손상을 초래한다. 또한, 일본에서도 1960년대 아연제련소 하류 주민들이 피해를 보았던 이타이이타이병은 카드뮴이 뼛속의 칼슘 성분을 빼내기 때문에 뼈가 약해져서 조금만 움직여도 골절이 일어나는 아주 심각한 질병이다.

필자는 2019년 6월 이후 석포 아연제련소의 카드뮴 공장 폐쇄로 아연제련의 부산물에서 연간 1,300톤 이상의 카드뮴이 회수되지 않고 슬래그나 침전저류조에 방치되고 있다면, 더욱 심각한 환경오염 문제를 야기할 수 있다고 우려하였다. 2020년 1월 16일부터 김용균법 시행으로 아연제련 부산물에서 카드뮴 회수를 하청업체에 외주도 줄 수 없는 상황이다. 칼럼이 게제된 직후, (주)영풍은 카드뮴이 들어있는 부산물은 계열사인 고려아연으로 전량 보내 처리하고 있다고 주장하였다. 고려아연에서는 카드뮴 공장을 증설하고 있어서 그것을 통해 카드뮴을 처리하기 위해서 작업을 하고 있다고 해명하였다. 하지만, 경제성을 떠나 석포 아연제련소의 카드뮴 공장 재가동을 통해 아연광석에 포함된 카드뮴을 회수하는 것이 중요하다고 판단된다.

석포제련소는 2019년 6월 이전까지 수십 년 동안 카드뮴 재처리 설비를 가동해 왔었다. 카드뮴의 공업용수 기준치는 0.02mg/L 이하이다. 환경부가 운영 중인 '낙동강 상류 환경관리 협의회'는 상류와 비교하여 석포제련소 2공장 구간에서 공업용수 기준치를 훨씬 웃도는 최대 110배의 카드뮴이 검출된 것으로 확인되었다고 2019년 11월 21일 자 조사결과를 발표하였다. 아연제련소에서는 아연을 생산하면서 카드뮴을 회수하더라도 100% 회수가 안되기 때문에, 아연제련 중 발생하는 폐기물 속에는 아연과 카드뮴 등이 항상 잔존한다.

또한, 필자는 석포 아연제련소의 뒤편 언덕에 있는 침전저류조에 주목하고자 한다. 1997년 4월 30일 자 〈KBS 9시 뉴스〉에 따르면, 제련소는 카드뮴 등이 함유된 유독성 폐기물을 전문 독성폐기물 처리업체에 위탁처리해야 함에도 불구하고, 땅속 15m 깊이 웅덩이 상태의 저장시설을 만들어 45만 톤을 야적해 놓은 채 20년 동안 방치해 오고 있다고 보도하였다. 당시 대구환경관리청은 2004년까지 이를 치우라는 행정명령을 내린 바 있다. 그로부터 22년이 지난 2019년 6월 11일 자 〈MBC PD수첩〉의 영상과 비교해 보면, 아연제련 중에 발생하는 유독성 폐기물은 그 자리에 계속 야적된 것으로 관찰되며, 주위 공장보다도 높은 3단 피라미드형 커다란 동산을 이루고 있다. 동산의 상층부에는 유독성 폐기물이 계속 야적되고 있음이 관찰된다.

석포 아연제련소의 침전저류조에 형성된 폐기물 동산의 바로 옆에는 낙동강이 흐르고 있다. 폐기물을 야적한 동산의 밑바닥에 물막이벽이나 차단방수막이 설치되어 있더라도 엄청나게 무거운 하중으로 인하여 균열이나 찢어짐이 발생했을 것이며, 빗물과 함께 카드뮴 등 중금속들이 지하수나 낙동강으로 흘러 들어가고 있다면, 제련소 인근의 수질오염과 토양오염의 중요한 원인이 되리라 판단된다. 만약, 지진이나 전쟁 등 재난 시 폐기물 동산이 붕괴되어 낙동강으로 흘러들어 간다면, 낙동강을 죽음의 강으로 만들 수도 있는 심각한 사안이다. 현 단계 카드뮴 등 중금속이 잔존하는 폐기물 동산의 철거는 가장 시급하면서도 중요한 문제라고 판단된다.

# 일본 후쿠시마 원전 사고와 방사능 오염수

조 태 식

## 일본 후쿠시마 원전 사고

후쿠시마 원전 사고는 2011년 3월 11일 일본 동북부 지방을 관통한 대규모 지진과 그로 인한 지진해일(쓰나미)로 인해 도쿄전력이 운영하던 후쿠시마 제1원전 원자로 1~4호기에서 방사능이 유출된 사고를 말한다. 후쿠시마 원전 사고의 수준은 1986년 소련 체르노빌 원전 사고와 동일한 국제원자력 사고등급 중 최고로 위험한 7단계를 기록하였다. 일본 정부는 후쿠시마 제1원전 1~3호기에서 유출된 방사능 물질 세슘-137이 15,000TBq(테라베크렐=1조베크렐)이라고 밝혔으며, 이는 89TBq이었던 1945년 히로시마 원자폭탄의 168배로 매우 높은 유출량이다. 베크렐(Bq)은 방사성 핵종들이 단위 시간당 붕괴하는 횟수를 말한다.

〈위키백과〉를 통해 원전사고를 좀 더 구체적으로 살펴보면, 2011년 3월 11일 일본 동북부 지방에 9.0의 지진이 발생함에 따라 후쿠시마 제1원전에서는 원전 안전을 위해서 자동으로 1~3호기가 긴급 정지되었다(4호기는 점검으로 발전정지 중). 지진으로 외부전력이 차단되면서, 초기에는 안전계통에 전력을 공급하는 비상용 발전기와 냉각계통이 정상적으로 작동되었다. 그러나 지진 발생 50분 후 예상 설계 높이 5m를 훨씬 초과하는 15m 높이의 지진해일이 발전소를 덮쳤다.

이에 지하에 설치된 비상용 발전기가 침수되어 정지하였고, 원전 내의 모든 전기시설 역시 손상되었다. 원전은 원자로 안전을 위한 최소 전력마저도 없는 블랙아웃 상태에 빠졌고, 이로 인해 원자로 냉각을 위한 냉각수 펌프가 가동할 수 없게 되었다. 결국, 원자로 1~3호기는 모든 냉각수가 증발하면서 노심온도가 1,200℃까지 상승하였고, 방호벽들이 녹아내리면서 구멍이 뚫렸다. 이로 인해 핵연료에 있는 지르코늄이 1,200℃ 이상에서 반응을 일으켜 수소를 발생시키는데, 이 수소가 격납용기 내 수증기와 함께 고온 고압 상태를 유발하였고, 3월 12일 1호기, 14일 3호기, 15일 4호기 원자로에서 수소폭발을 일으켜 격납용기가 손상되면서 방사능의 대기 유출이 시작되었다.

후쿠시마 제1원전 운영사인 도쿄전력은 사고 발생 31시간 이후인 3월 14일에서야 원자로의 냉각을 위한 바닷물 투입을 시작하였다. 일단 원자로에 이물질이 많이 포함된 바닷물을 투입하면 원자로는 더 이상 사용할 수 없게 되고 폐기해야 한다. 원자로의 냉각 시스템이 멈춘 직후에 원전 폐기를 감수하고 바닷물을 조기에 투입했더라면 사태의 심각성이 커지지 않았을 것이라는 비판이 존재한다. 도쿄전력이 건설비용 약 5조 원인 원전의 폐쇄를 조기에 결단하지 못해서 사태가 심각해졌다는 것이다.

### 방사능과 방사능 오염수의 직접적인 누출

방사능은 2011년 후쿠시마 제1원전 사고로 인해 대기와 해양으로 이미 많은 양이 직접적으로 누출되었다. 2015년 국제원자력연구소 발표에 따르면, 대기로 방출된 방사능은 요오드-131이 200,000TBq이고 세슘-137이 16,000TBq 정도이다. 해양으로 누출된 세슘-137은 대기에서 바다로 침적한 양과 직접 바다로 흘러들어간 양을 합쳐서 10,500TBq 수준으로 알려졌다.

방사능 오염수는 2011년 당시 사고 원자로를 냉각시키기 위해 바닷물을 사용하면서 발생하기 시작했다. 수조에 보관 중이던 방사능 오염수는 원전 내부뿐만 아니라 오염수 저장탱크의 관리 부실로 인하여 누출되고 있었다. 이 누출된 방사능 오염수가 빗물과 함께 바다로 유출되었을 가능성이 존재한다. 또한, 산 쪽에서 하루 110톤 이상의 지하수가 원전 지하로 유입되어 방사능 오염수를 계속 만들어 내고 있다. 현재도 후쿠시마 제1원전 폐로 작업 중인 원자로에서 방사능 물질이 계속 누출되고 있으며, 빗물과 원전 밑을 흐르는 지하수에 의해 방사능 오염수가 바다로 계속 누출되고 있다.

누출된 방사능 물질로 인해 후쿠시마 제1원전 인근 지대의 방사능 오염이 심각한 상황이다. 2019년 11월 7일 자 〈JTBC 이규연의 스포트라이트〉에 따르면, 후쿠시마 제1원전 인근 방사능 오염지역에서 제염작업으로 인해 나온 방사능 쓰레기를 보관할 중간 저장시설이 없어 검은 비닐봉지 등으로 봉인된 채 주변에 방치되고 있었다. 방사능 쓰레기를 담고 있는 검은 비닐봉지들은 빗물과 태풍으로 손실되면서 재오염과 방사능 오염수 누출의 또 다른 원인이 되고 있다.

### 방사능 오염수의 해양 방류

2011년 후쿠시마 제1원전 사고 이후 일본 정부는 방사능 오염수 처리 문제로 골머리를 앓고 있다. 가동을 멈춘 후쿠시마 제1원전 1~4호기에 있던 핵연료를 식히는 냉각수에 빗물과 지하수가 유입돼 2020년 9월 기준 123만 톤 규모의 방사능 오염수가 쌓여있다. 도쿄전력은 하루 160~170톤씩 새롭게 발생하는 방사능 오염수를 다핵종제거설비(ALPS)로 처리한 뒤 탱크에 담아 보관하고 있는데, 2022년 여름이 되면 137만 톤 규모의 저장탱크가 모두 찰 예정이라고 한다. 일본 경제산업성 산하의 전문가소위는 지난 2020년 보고서를 통해 방사능 오염수를 바다에 방출하라고 권고했다. 그러나 다핵종제거설비(ALPS)로 처리된 원전 오염수의 74%에 방출 기준을 넘는 방사성 물질이 들어 있는 것으로 조사되었다.

방사능 오염수의 정화에는 많은 비용이 들어가고, 추가적인 처리기술의 향상이 필요하다. 해안 방류는 가장 값싸고 손쉬운 방법이다. 일본 정부는 방사능 오염수를 두 번 정화한 뒤 바다에 방류하면 환경에 큰 영향을 미치지 않을 것이라고 주장하면서, 비용을 줄이기 위해 해양 방류를 결정할 것이다. 그러나 2018년 도쿄전력의 자체 조사에서도 다핵종제거설비(ALPS)로 정화한 오염수 가운데 80%에서 인체에 유해한 세슘-137, 스트론튬-90, 요오드-131 등 기준치 이상의 방사선 물질이 발견되었다.

### 방사능 오염수의 해양 방류가 우리나라에 미치는 영향

후쿠시마 앞바다는 북쪽에서 오는 한류와 남쪽에서 오는 난류가 만나는 곳이다. 후쿠시마 앞 바닷물은 동쪽으로 밀려나가 태평양을 건너 북미대륙에 부딪힌 다음 남북으로 갈라져 북으로는 북태평양을 경유해 일본 쪽으로 돌아오고, 남으로는 적도 주변을 따라 필리핀 근처를 거쳐 우리나라 남해 방향으로 돌아오는데 2~3년이 소요된다. 국제환경단체 그린피스는 2019년 8월 일본이 후쿠시마 방사능 오염수를 해양 방류할 경우 동중국해로 퍼진 뒤 쿠로시오 해류와 쓰나미 난류를 타고 1년 안에 우리나라 동해로 유입될 것이라는 분석결과를 발표했다. 후쿠시마 대학도 해양 방류된 방사능 오염수가 220일 안에 제주도, 400일 안에 동해에 도달할 것이라는 연구결과를 내놓기도 했다. 해안 방출된 방사능 오염수는 우리나라 연안에 도착할 때까지 방사성 물질이 희석되고 가라앉아 나쁜 영향이 감소하겠지만, 우리 정부가 정기적으로 정확하게 분석하고 관리를 강화하는 것이 필요하다.

해양 방류된 방사능 오염수는 해류의 이동뿐만 아니라 해산물의 섭취에 의해서도 우리 국민들의 건강에 영향을 줄 수 있다. 방사능 물질인 세슘-137은 중금속과 같이 수산물의 체내에 장시간 축적되는 것으로 알려져 있다. 현재 우리 정부는 일본 후쿠시마 인근 8개 현에서 잡히는 수산물에 대해서만 수입을 금지하고 있고,

방사능 물질검사 증명서를 갖추면 수입할 수 있게 해준다. 우리나라의 수산물 방사능 기준치는 원전사고 당시 일본의 100Bq/kg보다 높은 370Bq/kg로 일본에 비해 3.7배 많은 방사능 물질을 가지고 있는 수산물이 유통될 수 있었으나, 현재 일본과 같은 100Bq/kg으로 강화시켰다. 하지만, 일본산 해산물의 관리뿐 아니라 우리나라 연안에서 잡히는 해산물의 관리도 중요하다. 그 이유는 국민생선인 명태 같은 경우, 러시아 연안에서 동해를 거쳐 일본 연안까지 이동하는 순환어종이기 때문에, 해류의 이동과 관계없이 방사능 오염수에 노출될 수 있기 때문이다. 또한, 도쿄전력은 동해에 매년 0.4TBq의 방사성 폐기물을 버려왔다고 1993년 시인하였고, 당시 러시아가 동해에 버린 방사성 물질보다 10배 많은 핵 폐기물을 버려왔음이 밝혀졌었다.

후쿠시마 제1원전 사고 자체는 천재지변이 계기가 되어 발생했지만, 사고 과정에서 원전 폐기 비용을 고려하다 바닷물 투입을 망설인 도쿄전력 측의 실수가 매우 심각한 상황을 야기시켰다. 그렇기 때문에 상당 부분 보험처리가 가능한 지진 피해와는 별개로 천문학적인 규모의 방사능 오염 피해보상은 도쿄전력이 자력으로 해결할 수 없는 문제가 되었다. 도쿄전력이 파산하면 도쿄광역권을 비롯한 수많은 지역의 전력수급에 큰 차질이 빚어질 수밖에 없어, 결국 도쿄전력은 원전 사고 1년 3개월 후인 2012년 6월 27일 국유화되었고, 현재 후쿠시마 제1원전 방사능 오염수의 처리는 일본 정부의 과제가 되었다. 일본 정부는 막대한 비용을 들여가면서 2040년까지 후쿠시마 사고 원전의 해체를 목표로 지금도 폐로 작업을 계속하고 있으며, 방사능 오염수를 관리하는 데도 많은 비용이 들어가기 때문에 가장 값싼 해양 방류를 결정할 것이다. 일본 정부는 2020년 9월 기준 123만 톤 규모의 방사능 오염수를 20~30년에 걸쳐 태평양으로 방류하겠다는 계획이다.

그러나 방사능 오염수는 일본 쪽 주장과 달리 환경문제를 야기할 것이다. 일본 정부가 방사능 오염수의 처리비용 절감을 위하여 해양 방류를 결정한다면, 환경 오염국가로서의 이미지 실추로 인해 더 큰 대가를 치루어야 할 것이다. 우리나라는 일본과 가장 가까운 만큼 더 영향을 받을 것이라고 예상된다. 방사능 오염수는 중준위 핵 폐기물이다. 우리나라 법상 중저준위 방사성 폐기물은 반감기가 지나 자연상태로 돌아갈 때까지 300년 동안 보관돼야 한다.

일본의 방사능 오염수 해양 방류는 법 위반에 해당된다고 본다. 그런 만큼 우리 정부 또한 국민의 안전을 위해서 방사능 오염수의 해양 방류를 국제사회와 연대하여 저지할 필요가 있으며, 그게 아니라면 일본 수산물 수입을 전면 중단하겠다는 카드도 검토되어야 한다. 한편으론, 일본 정부와 국제원자력연구소 등과 연계하여 향상된 방사성 오염수 처리기술을 공동 개발하고, 후쿠시마 방사능오염 지역의 제염작업에도 동참하는 등 최인접 국가로서 공동의 노력을 기울일 필요가 있다. 일본 후쿠시마 지역 어민들의 방사능 오염수 해상 방류 반대를 지지하며, 후쿠시마 제1원전 인근 피해 주민의 건강과 행복을 기원한다.

# 가정에서 살펴본 환경호르몬과 대처방안

조 태 식

환경호르몬은 화학물질이 생물체 내에 유입되어 정상적인 호르몬의 성장, 면역, 대사 등의 기능에 장애를 가져오는 나쁜 물질로서, 외인성 내분비 교란 화학물질이 정확한 명칭이다. 현대인은 물건을 구매하고 받은 영수증, 배달음식이 담겨있는 플라스틱 용기, 아이들이 가지고 노는 장난감 등 다양한 환경호르몬에 노출된 채 생활하고 있다. 환경호르몬은 우리 신체에 다양한 질환을 유발하고 심각한 위협이 될 수 있다는 측면에서 오존층 파괴, 지구 온난화와 함께 세계 3대 환경문제로 등장했다.

유해한 환경호르몬이 지금과 같이 범람하게 된 계기는 인간이 석유를 연료로 사용하면서부터다. 석유는 연료로 쓰이면서 배기가스 방출로 대기를 오염시킬 뿐만 아니라, 그 부산물로 만들어지는 화학물질은 각종 플라스틱 제품, 의류와 가구, 벽지와 바닥재, 합성세제, 살충제, 화장품과 의약품 등에 사용되면서, 우리의 입과 호흡기, 피부를 통해 유입되어 우리 신체의 정상적인 호르몬의 기능을 교란시키고 건강에 나쁜 영향을 준다.

필자는 고분자재료를 전공한 재료공학자로서, 우리 가정생활 속에서 다양한 환경호르몬의 존재를 살펴보고 대처방안을 알아보고자 한다. 환경호르몬의 종류와 건강에 미치는 영향의 일부분은 서울시가 2015년에 발표한 〈우리 아이를 위한 생활 속 환경호르몬 예방관리〉를 참고했다.

### 대표적인 환경호르몬의 종류

유엔환경계획(UNEP)과 세계보건기구(WHO) 보고서에 따르면, 약 800여 종의 화학물질이 내분비계 교란을 일으킬 수 있는 유해한 환경호르몬으로 보고된다. 우리가 생활 속에서 접할 수 있는 대표적인 환경호르몬은 다이옥신, 프탈레이트, 비스페놀-A 등이 있다. 다이옥신은 플라스틱이나 쓰레기를 소각할 때 발생하는 환경호르몬으로서, 주로 식품 섭취를 통해 체내 지방조직에 축적되는데, 인류가 만든 환경호르몬 물질 중 청산가리보다 1,000배 이상의 최악의 독성을 가지고 있다.

프탈레이트는 각종 플라스틱 제품에 가소제(plasticizer)로 사용되는 대표적인 환경호르몬 물질이다. 가소제는 고온에서 플라스틱의 성형가공을 용이하게 하는 저분자량의 화학물질로서, 대부분의 열가소성 플라스틱 제품에 첨가된다. 2000년 전후로 프탈레이트가 환경호르몬으로 작용한다는 사실이 다양하게 연구되었으며, 남녀 모두에게서 생식능력 저하가 나타났고, 갑상성 호르몬 교란, 유아의 신경발달 및 지능 저하 등 수많은 부작용이 보고되고 있다.

그래서 국내에서는 14세 미만 어린이용 모든 플라스틱 제품에 프탈레이트계 가소제 6종의 총함유량을 0.1%로 제한하고 있다.

비스페놀-A는 음료수 캔이나 통조림 캔 내부 부식방지용 코팅제로 사용되며, 영수증, 물병, 젖병, 병마개, 빨대 등에도 사용되는 대표적인 환경호르몬 물질이다. 비스페놀-A는 먹을 때뿐 아니라 피부를 통해서도 잘 흡수된다. 비스페놀-A에 급성으로 노출되면 피부와 눈 등에 자극성이 있고, 오랫동안 노출되면 아토피, 천식, 성조숙증, 발달장애, 주의력 결핍의 원인이 되며, 생식기능 저하와 비만 등을 유발할 수 있다고 보고되고 있다.

브롬화 난연제는 전자제품용 플라스틱이나 합성 가죽 등 가연성 화학물질에 첨가하여 화재방지용으로 사용되는 환경호르몬 물질이다. 브롬화 난연제는 정자의 감소나 발암성이 의심되는 물질이며, 갑상선 호르몬 기능에도 나쁜 영향을 미치는 것으로 보고되고 있다.

과불화 화합물(PFOS, PFOA)은 프라이팬이나 냄비, 일회용 종이컵, 햄버거 포장용지 등에 코팅제로 사용되는 환경호르몬 물질이다. 과불화 화합물은 뇌와 간에서 독성을 유발하고, 생식기능과 면역력을 약화시키며, 콜레스테롤을 높이는 물질로 보고되고 있다.

파라벤은 화장품이나 의약품에서 미생물 성장 억제용 방부제로 사용되며, 샴푸, 린스 등 욕실용품에도 사용되는 환경호르몬 물질이다. 파라벤은 피부나 입을 통해 몸으로 쉽게 흡수되며, 성호르몬의 교란, 유방암의 발생, 전립선 장애와 관련이 있을 것으로 보고되고 있다.

트리클로산은 비누, 치약, 샴푸, 합성세제 등의 제품에서 항균제로 사용되는 환경호르몬 물질이다. 트리클로산은 간 섬유화와 발암성이 있고, 에스트로겐 분비를 과도하게 촉진시켜 상대적으로 남성호르몬인 안드로겐의 양이 적어져 정자수 감소 등 탈남성화의 문제를 발생시키는 것으로 보고되고 있다.

#### 안방과 거실에서 살펴본 환경호르몬

먼저 안방의 장롱과 침대가 눈에 들어온다. 가구 소재인 합판과 원목 등을 가공할 때 접착제용 포름알데히드와 방부제용 붕산염을 사용한다. 포름알데히드는 적은 양이라도 공기 중에 배출되면 의욕 저하, 불면증, 천식을 일으킬 정도로 유해한 환경호르몬 물질이다. 붕산염은 눈을 자극하고 생식능력을 떨어지게 하는 것으로 보고되고 있다. 친환경 소재로 느껴지는 원목 가구도 방부제 용액에 6개월 이상 담근 후 만들어진다. 또한, 침대 매트리스도 브롬화난연제 환경호르몬을 함유할 가능성이 있다. 실내를 자주 환기시켜 주고, 주기적인 먼지 청소와 물걸레 청소를 권장한다.

천연가죽 소파도 가공공정에서 많은 방부제와 색을 내는 염화메틸렌 같은 유해물질이 사용된다. 합성가죽(레자)으로 만들어진 소파도 실내온도가 올라가면 더 많은 양의 환경호르몬을 발생시킨다. 소파는 가능한 천연섬유나 천연섬유 방석의 사용을 권장한다. 거실에는 숯이나 고무나무, 벤자민 등 유해물질 흡착효과가 큰 실내식물들을 키우는 것도 권장한다.

벽지의 경우 실크 벽지, 발포 벽지 등 합성제품은 말할 것도 없고, 종이 벽지도 인쇄잉크, 광택제 등과 도배용 접착제(풀)에서 포름알데히드가 계속해서 방출되게 된다. 바닥재의 경우도 대부분 가정에서 청소하기 쉽게 표면이 매끄러운 합성수지 제품을 사용하고 있다.

특히 벽지나 바닥재에 들어있는 포름알데히드는 도배 후 공기로 나오는 유독성 기체로, 모두 다 방출되려면 몇 개월에서 몇 년의 시간이 걸린다. 벽지나 바닥재를 자주 갈지 않는 것을 권장한다. 갈아야 한다면 환기를 잘 시킬 수 있는 여름철에 한다. 벽지는 한지를 사용하거나, 바닥재는 콩기름을 먹인 장판지 사용도 검토하길 바란다. 합성제품 위에 순면이나 대나무, 왕골 등 천연소재로 된 깔개를 사용하기를 권장한다.

### 주방에서 살펴본 환경호르몬

플라스틱 식기는 프탈레이트 환경호르몬을 함유할 가능성이 있다. 모든 플라스틱은 실온에서도 유해한 환경호르몬을 조금씩 공기 중에 배출하며, 뜨거워지면 다량으로 배출한다. 랩 등 비닐을 만들 때는 유연제라는 화학물질을 첨가하는데, 지방질이 많은 고기나 치즈 등을 포장하면 유연제가 그대로 식품에 스며들게 된다. 플라스틱(PVC, PC) 식기와 랩의 사용을 자제하고, 특히 유리, 스테인레스, 도자기로 만든 식기를 사용하기를 권장한다.

조리기구는 과불화 화합물 환경호르몬과 중금속에 노출될 가능성이 있다. 프라이팬과 조리기구의 흠집을 확인하고, 흠집이 있는 경우 폐기하기를 권장한다.

가스렌지에서 천연가스(LNG)나 프로판가스(LPG)가 연소되는 동안 일산화탄소, 포름알데히드, 이산화질소, 이산화황 등 배기가스가 발생한다. 이러한 배기가스들은 두통, 기관지염, 우울증, 면역기능 약화, 신경과민 등을 일으키는 것으로 보고되고 있다. 가스렌지를 사용할 때는 환기팬을 작동시키고, 창문을 열어 환기를 시키며 사용하기를 권장한다. 또한 가스렌지 대신 배기가스가 발생하지 않는 친환경(인덕션) 주방기구의 사용을 권장한다.

전공 분야는 아니지만, 식품을 가공할 때 인위적으로 첨가하는 식품첨가물도 환경호르몬 물질들이다. 식품첨가물은 색을 내는 발색제와 착색제, 표백제, 맛을 강화하는 조미료와 감미료, 부패를 방지하는 방부제와 살균제, 산화방지제 등이 있다. 식품첨가물은 면역력 저하와 발육장애 등의 신체적 영향뿐만 아니라, 인내력과 집중력 저하 등의 정신적 장애까지 유발하는 것으로 보고되고 있다. 식품첨가물이 들어간 가공식품을 피하고, 가능하면 농약사용을 최대한 줄인 유기농산물의 사용을 권장한다. 가공식품 대신 제철에 나는 야채나 채소들로 음식을 준비하고, 간식은 과자나 인스턴트식품 대신 감자나 고구마 등 집에서 자연식으로 요리하여 먹기를 권장한다.

### 욕실과 세탁실에서 살펴본 환경호르몬

먼저 샴푸, 린스 등은 파라벤과 프탈레이트 환경호르몬을 함유할 가능성이 있다. 사용량을 최대한 줄이고, 사용 후 손과 피부에 거품이 남지 않도록 충분히 씻는 것을 권장한다. 비누는 무방부제

천연비누의 사용을 권장한다. 치약은 트리클로산과 파라벤 환경호르몬을 함유할 가능성이 있다. 플라스틱 컵이 아닌 유리컵을 사용하고, 양치 후 수회에 걸쳐 입안을 깨끗이 헹굴 것을 권장한다.

합성세제에 사용되는 계면활성제는 세포벽을 훼손하는 성질이 있어 호흡이나 피부접촉을 통해 인체에 들어오면 신경조직을 약화시킨다고 보고되고 있다. 계면활성제가 피부에 직접 닿게 되면 흡수되어 혈액을 통해 체내에 두루 돌아다니며 만성적인 질환을 일으킬 수 있다. 계면활성제가 함유되지 않은 자연분해 세제를 사용하거나, 합성세제 사용량을 줄이기를 권장한다.

칼럼을 준비하면서 우리 집 욕조가 플라스틱 제품이라는 사실을 새삼 알게 되었다. 플라스틱 욕조에 함유된 프탈레이트 가소제는 실온에서도 조금씩 배출되지만, 온수로 인해 온도가 올라가면 다량 배출되기 때문에 더 큰 문제다. 플라스틱 욕조를 타일이나 안전한 제품으로 교체가 필요한 상황이다.

### 환경호르몬의 피해를 줄이기 위해서는?

현대인의 아파트와 같은 밀폐형 주거 형태에서는 공기 중에 흘러나온 유해한 환경호르몬들이 실내공간에 축적되었다가 피부로 흡수될 수밖에 없으며, 특히 아이들의 건강에는 치명적으로 나쁜 영향을 줄 수 있다. 아토피성 피부염, 천식, 알레르기성 비염 등의 환경병이 급증하는 것도 이러한 환경호르몬과 연관이 있다고 보고되고 있다.

환경호르몬 피해를 줄이기 위해서는 무엇보다 환기를 자주 시키는 것이 매우 중요하다. 환경부에서는 하루에 3번 30분씩 환기하도록 권고하고 있다. 아침에 일어나 잠자는 동안 배출된 환경호르몬을 환기시키고 상쾌하게 하루를 시작하는 것은 필수이다. 미세먼지나 황사가 있는 날에는 자연 환기보다 공기청정기의 사용을 권장한다.

규칙적인 운동과 명상으로 환경호르몬을 잘 배출하는 몸을 만드는 것도 중요하다. 규칙적인 운동은 신체 근육을 강화시키고 혈액순환을 높여 체내에 들어온 유해물질을 잘 배출시켜 준다. 명상에 집중하면 엔돌핀과 같은 호르몬의 분비가 높아지므로 신체기능을 강화하고 면역력도 높여 주는 것으로 알려져 있다.

환경호르몬의 반감기는 다이옥신과 같이 약 7~11년 정도로 긴 물질도 있으나, 비스페놀-A와 같이 약 6시간인 짧은 물질도 있다. 물 마시기를 습관화하면 대사가 원활해져서 체내에 존재하는 환경호르몬을 몸 밖으로 배출시켜 주는데 도움이 된다. 물 마시기는 성인 기준 일일 1.5~2리터 정도를 주기적으로 나누어 마시기를 권장한다.

이상에서 가정생활 속의 환경호르몬의 존재를 살펴보았는데, 현대인은 다양한 환경호르몬에 너무나 많이 노출된 채 생활하고 있는 것이 확인되었다. 우리 모두의 건강을 위해서 환경호르몬에 대해 좀 더 많은 관심을 갖고, 적극적으로 예방하는 생활을 하는 것이 매우 필요하다.

# 지구온난화의 대응방안은 절약이다!

조 태 식

지구온난화(global warming)는 장기간에 걸쳐 지구 지표면의 평균 기온이 상승하는 것을 의미하며, 오존층 파괴, 환경 호르몬과 함께 세계 3대 환경문제로 등장하였다. 지구온난화 지속에 따라 기후시스템을 이루는 구성요소들은 변화하게 되고, 결과적으로 인간과 생태계에 심각하고 광범위하게 나쁜 영향을 미칠 것으로 예상된다. 현재까지 알려진 지구온난화의 원인과 영향에 관해 먼저 살펴보고자 한다.

## 지구온난화의 원인

기후 과학자들은 지구온난화의 원인을 규명하기 위하여 최신 기술을 이용한 많은 연구를 진행해 오고 있다. 지구온난화의 원인은 자연적 요인이 거의 영향을 미치지 않는 것으로 밝혀졌으며, 인간 활동에 의해 대기 중 이산화탄소(CO2)를 포함하는 온실가스가 증가하기 때문인 것으로 알려져 있다.

주요 온실가스들이 지구온난화에 영향을 미치는 정도는 이산화탄소가 60%, 메탄(CH4)이 15%, 대류권 오존(O3)이 8%, 아산화질소가 5%를 차지하는 것으로 알려져 있다. 특히, 대기 중 이산화탄소의 농도는 제1차 산업혁명 후인 1850년에 280ppm이었으나 이후 기하급수적으로 증가하여 2017년에는 405ppm에 이르렀다. 대기 중 이산화탄소의 증가는 지구온난화의 직접적인 원인이며, 인간과 생태계에도 나쁜 영향을 다양하게 미치고 있다.

### 지구온난화의 영향

인위적인 온실가스 증가에 의한 지구온난화는 단순히 지구 지표면의 평균 기온 상승에만 국한되는 문제가 아니다. 현대인은 지구온난화로 열대우림의 소멸, 해수면의 상승, 해양 산성화, 생태계의 훼손 등 다양한 문제에 직면해 있다. 열대우림은 지구의 허파라고도 불리는데, 대기 중의 이산화탄소를 흡수하고 산소를 방출하며 대기를 정화한다. 가장 큰 규모인 아마존의 열대우림은 지구 산소의 20% 이상을 생성한다고 알려져 있다.

지구 전체의 14% 정도를 차지했던 열대우림은 상업용 목재 벌채와 대규모 농업 등으로 현재 6~7% 정도로 감소되고 있다. 열대우림의 소멸은 이 허파의 기능이 없어지는 것을 의미하며, 이산화탄소가 증가하기 때문에 지구온난화에도 나쁜 영향을 미친다. 지구온난화의 영향으로 건조해진 열대우림은 산불의 위험성에 노출되고 있으며, 실제로 열대우림에 빈번한 산불이 발생하면서 다량의 탄소가 발생해 지구온난화를 더욱 심각하게 만드는 악순환을 불러일으키고 있다.

오늘날 열대우림은 무자비한 개발로 빠르게 파괴되고 있다. 이산화탄소를 흡수하는 나무가 사라지면서 지구온난화는 더욱 심각해질 것이며, 그에 따라 빙하가 녹으면서 해수면 상승을 유발할 것이다. 해수면은 제1차 산업혁명 전과 비교하여 2013년에 19cm 상승하였다. 앞으로 지구 지표면의 평균 기온이 2℃ 이상 증가한다면 해수면은 1m 이상 상승할 가능성이 있다. 2021년 10월 11일 미국의 기후변화 연구단체 '클라이밋 센트럴'은 지구 지표면의 온도가 지금보다 3℃ 더 오르면, 해수면 상승과 홍수 등의 여파로 세계 50여 개 도시가 물에 잠길 수 있다는 충격적인 시뮬레이션 결과를 발표하였다.

미국 버지니아주 알링턴의 펜타곤 건물, 영국 런던의 버킹엄 궁전, 호주 시드니의 오페라하우스, 베트남 하노이의 문묘 등과 우리나라에서는 서울 강서구의 김포공항이 이에 해당된다. 특히, 아시아 국가들은 지구온난화의 영향을 더 많이 받으며, 해수면 상승에 취약한 상위 5개국에 중국, 인도, 베트남, 인도네시아가 포함되었다. 우리나라도 작년에 그린피스가 해수면 상승과 홍수가 겹치면 2030년 부산, 전북, 충남, 인천의 일부 저지대가 물에 잠길 수 있다는 심각한 시뮬레이션 결과를 이미 발표한 바 있다.

대기 중 이산화탄소는 해양에서 약 23%, 생태계에서 약 15% 흡수된다. 최근 해양에서 이산화탄소를 더 많이 흡수함에 따라 해양 산성화가 급속히 진행되고 있으며, 해양 생태계에 나쁜 영향을 끼치게 될 것이다. 특히 산호 백화현상이 빈번하게 발생하고 있으며,

이에 따라 많은 산호 종이 멸종 위기에 놓여 있다. 지구온난화의 영향으로 육상 생태계 역시 나쁜 영향을 받고 있다. 동식물 서식지가 북쪽과 고도가 높은 곳으로 이동되고 있다. 이와 더불어 많은 생물 종이 멸종되면서 생태계의 다양성이 훼손되고 있다.

### 지구온난화의 대응방안

파리협약은 2020년 만료된 교토의정서를 대체하여 2021년 1월부터 적용되고 있는 기후변화협약으로 선진국에만 온실가스 감축 의무를 부여했던 교토의정서와 달리 195개 당사국 모두에게 구속력이 있다. 파리협약에서는 장기 목표로 산업화 이전 대비 지구 지표면의 평균 기온 상승을 1.5℃ 이하로 제한하기로 합의했으며, 지구의 재앙을 막으려면 모든 국가가 파리기후협약을 반드시 지켜야 한다.

그러나 전 세계가 2050년까지 '온실가스 순 배출 제로' 를 달성하는 낙관적인 시나리오에도 지구온도는 1.5℃ 이상 오를 것으로 전문가들은 예상한다. 지구온도가 3℃ 오르는 시점도 기존 2100년에서 2060년경으로 40년 앞당겨졌다. 이 때문에 파리기후협약보다 더 강력한 탄소 배출 규제를 도입해야 한다는 목소리가 커지고 있다. 또한, 산업체에서도 지구온난화를 극복하기 위하여 친환경 신재생에너지 개발, 전기차로 대변되는 화석연료를 적게 사용하는 제품 생산, 산업폐기물의 철저한 관리를 통한 토양과 해양오염 방지, 친환경 제품의 개발 등의 노력이 절실히 필요하다.

그렇다면 왜 종이와 물, 전기 등을 절약하는 것이 지구온난화와 관련이 있는지 살펴보고자 한다. 식물 광합성은 지구 대기 중 이산화탄소를 흡수하고 산소를 부산물로 방출하며, 지구상의 생명체에게 필요한 유기화합물과 대부분의 에너지를 공급한다. 종이는 목재를 기계적 또는 화학적으로 처리해 만든 펄프를 원료로 제조되고 있다. 그러므로 종이 재활용은 선택이 아니라 필수다. 재생지나 이면지 등 종이 재활용을 더 많이 해야 하는 이유는 열대우림의 벌목량을 줄이는 것이 지구온난화를 방지하고 지구생태계의 중심축인 숲 생태계를 지키는 일이기 때문이다.

현대인이 식용으로 사용하는 수돗물은 취수, 도수, 정수, 배수, 급수 등의 여러 단계의 상수도 시설들을 거치면서 많은 전기와 에너지를 사용하여 가정으로 공급된다. 그러나 우리나라는 수돗물이 풍족하고 저렴하다 보니 물을 절약하는 습관이 너무 부족하다. 생활 속에서 수돗물을 줄이기 위한 노력은 중요하며, 수돗물을 사용할 때 물줄기의 직경은 5mm면 충분하다.

또한, 우리나라에서는 발전설비 용량기준으로 화력발전 28%, LNG발전 30%, 원자력발전 22%, 신재생에너지 10% 정도로 전기를 생산하고 있다. 탄소를 배출하는 화력발전과 LNG발전이 58%를 차지하고 있다. 석탄 화력발전소의 경우 수입한 원료를 하역, 저장, 상탄과 혼탄 작업, 석탄을 연소에 적합한 크기로 분쇄, 보일러에서 연소, 터빈으로 전기를 생산, 탈황 및 회처리 등 복잡한 공정을 거치면서, 많은 탄소와 미세먼지를 발생시키며 전기를 생산하고 있다. 발전소에서 전기를 생산하는 공정 자체가 복잡하고 많은 에너지를 소모하기 때문에 절전을 생활화하는 것은 지구온난화에도 매우 중요하다. 전자제품을 사용하지 않을 때 플러그 뽑기, 사용하지 않는 전등 끄기, 백열등이나 형광등 대신에 전력 소모가 1/10 수준인 LED등 사용하기 등 절전을 생활화하기를 권장한다.

이상에서 지구온난화의 원인, 영향, 대응방안을 살펴보았는데, 지구온난화는 이제 더 이상 먼 미래의 문제가 아닌 현재의 문제다. 그러므로 국가와 산업체의 노력뿐만 아니라 개인적으로도 지구온난화에 대해 좀 더 많은 관심을 갖고, 종이와 물과 전기 등 절약을 생활화하는 것이 매우 필요하다.

# 골 때리는 정치를 넘어 뼈 때리는 현실을 보라

육주원

이 배우들이 다 한 영화에 나온다고? 초호화 캐스팅으로 이목을 집중시켰던 영화 〈돈룩업Don't Look up〉이 연말연시 넷플릭스를 흔들어놓았다. 〈바이스〉, 〈빅쇼트〉 등을 통해 미국 정치·경제의 이면과 사회 부조리를 짚어왔던 감독 아담 매케이가 이번에는 우리 눈앞에 닥친 생태위기가 현실 속에서 어떻게 부인되고 왜곡되는지를 적나라하게 드러내는 작품을 가지고 왔다.

실제 아카데미 시상식서 트럼프 반대의 목소리를 높였던 메릴 스트립이 트럼프를 연상시키는 미국 대통령 역할을 맡고, 제니퍼 로렌스와 레오나르도 디카프리오는 곧 지구와 충돌할 거대 혜성을 발견한 박사 수료생과 그 지도교수의 역할을 맡았다. 이 둘은 온 인류의 목숨이 걸린 명징한 과학적 사실 앞에서도 사람들의 합리적 대응을 이끌어내는 것이 얼마나 어려운 일인지를 실감하며 권력에 영합하기도 하고 계란으로 바위치기도 하면서 좌충우돌한다.

영화는 결국 지구가 파멸에 이르는 이 비극적인 이야기를 희극으로 보여주면서 멸망에 공모하고 있는 자들의 얼굴을 드러낸다. 정치와 자본의 결탁, 아니 자본의 하수인으로서의 정치와 그 비루한 생존 방식. '상업화된' 이라는 수식어가 고리타분하게 느껴질 정도의 선정적 언론. 만인의 만인에 대한 '관심 투쟁' 이 이루어지는 인터넷 세상 속 파도에 몸을 맡긴 사람들.

미국 사회를 그렸다고는 하지만 한국 사회와도 꽤 그럴싸하게 닮아 있다. 특히 제20대 대선 정국에서 벌어지고 있는 정치 행태는 블랙코미디의 소재로 손색이 없다. 상호비방의 정치가 어제오늘 일은 아니지만, 확실히 이제는 선거가 원래 한국 사회의 미래 방향성에 대한 치열한 토론이 이루어지는 공간이어야 한다고 말하는 것 자체가 세상 물정 모르는 사람의 진부한 얘기처럼 느껴질 정도이다.

굳건한 양당 구조 속에 '진보 대 보수' 라는 실제와 명명이 다른 진영론이 한국 사회를 갈라치기 하는 동안, 정작 중요한 우리 삶의 문제는 제대로 된 논의 테이블에 올라오기조차 어렵다. 보다 나은 세상에 대한 비전을 가지고 고군분투하는 정치인들은 점점 설 자리가 없어지고, 정치를 위한 정치, 정치계에서의 수명 연장과 영달을 위한 목표가 전부인 정치인들이 한국 사회를 흔들어댄다.

얼마 전 녹색 페미니스트로 알려져 있던 한 젊은 정치인이 어떻게 뜯어봐도 녹색이나 페미니즘에 맞는 행보를 한 적이 없었던 당에 합류하면서 파란을 일으켰다. 최근 정치권과 미디어가 자신들의 입맛에 맞게 주조해 놓은 젠더갈등 프레임 속에서 이대남, 이대녀의 마음을 모두 얻겠다며 지리멸렬한 '스타' 영입 전법을 도입해 봤지만, 그들 안의 반페미니즘은 생각보다 공고했다. 애초에 얼토당토않은 바람이었겠지만 2030 여성들의 마음을 얻기도 전에 사달이 났다.

특정 남초 커뮤니티의 불같은 반응과 그걸 정치 기반으로 삼고 있는 남성 정치인들에게 페미니스트 전과는 아무래도 용서하기 어려웠던 모양이다. 아무리 많은 페미니스트의 연말을 처참히 망치고, 풀뿌리에서부터 기후정의를 위해 묵묵히 일하고 있는 많은 활동가들에게 허탈함을 안긴 인물이더라도 말이다. 젠더 의제 관련 상반되는 의견에 대해 정책적 입장을 내는 것도 아니고, 무분별한 페미니즘 혐오를 경계해야 할 정치인들이 일부 2030 남성들에게 제멋대로 '청년'의 대표성을 부여하고 그들의 대변인을 자처하고 나서서는 잠깐의 실수로 페미니스트를 기용했으나 금방 반성하고 잘랐다며 '공정과 상식의 나라'를 말한다. 확실히 이들이 원하는 사회는 모두가 지금보다 더 공정하게 괴로워지는, 즉 혐오가 상식이 되는 세상인가보다.

영화 〈돈룩업〉은 당장의 중요한 문제를 해결하지 않기 위해 불안과 혐오를 이용하고 분열을 책동하는 정치가 자리 잡은 사회에서는 제대로 된 소통이라는 것은 불가능에 가까운 일임을 보여준다. 영화에 대한 과학자들의 열화와 같은 성원에 비해 이 영화가 기후위기를 알레고리로 쓰는 방식이 너무 뻔하다는 평단의 반응도 있었지만, 생각보다 많은 사람들이 기후위기에 대한 건 떠올리지도 못한 채 영화에 대해 놀랍도록 창의적인(?) 해석을 하고 있다.

한국 정치인들이 이대남 민심 지표로 삼고 있는 펨코에 올라온 한 글에는 이 영화를 인구절벽을 맞은 한국 사회에 대입해서 보면 딱 들어맞는데 그걸 해결한답시고 정치인들이 페미니즘이니 뭐니 장려하는 상황과 똑같아서 너무 답답했다고 한다. 이 정도 되면 반페미 정치가 시민들의 문해력과 현실 파악 능력을 얼마나 떨어뜨리는지 걱정해야 할 정도이다.

〈돈룩업〉이 짚고 있는 기후위기에서 한국 역시 예외일 수는 없다. 그럼에도 현재 한국 사회에서 생태문제에 대한 대중적 논의는 기후위기 부정론이 득세했던 트럼프 집권기 미국에 비해 오히려 전무한 형국이다. 지구 온난화를 대놓고 부정하는 세력이 있지는 않지만, 국민의힘 윤석열 후보 측은 "탄소중립을 위해 적극적으로 노력해야 하지만 경제와 일자리를 포기하는 방향으로 흘러가서는 안 된다." 정도의 입장을 내놓으며 현재의 기후위기를 열심히 일하다 보면 저절로 나을 손가락의 생채기 정도로 취급한다.

더불어민주당 이재명 후보 측은 "박정희 시대 산업화 고속도로, 김대중 시대 정보화 고속도로처럼 에너지 대전환 탈탄소 시대에 걸맞은 에너지 고속도로를 만들어야 한다."면서 기후위기에 대한 대응을 기업의 새로운 성장 전략, 국가의 경제발전 계획으로 사고하고 있다. 이런 가운데 많은 시민들에게 기후위기는 계절이 바뀔 때마다 체감이 되긴 하나 여전히 우리로서는 어쩔 수는 없는, 미국이나 소위 다른 선진국들에서 하는 고민 정도로, 개미들에게는 주식시장의 새로운 테마 정도로 인식되고 있지는 않은가?

안 그래도 경제가 어려운데, 아무리 생태위기라도 당연히 경제와 환경이 같이 가야 한다고 생각할지 모르겠다. 그런데 <돈룩업> 에서 지구로 다가오는 혜성을 폭파하려 했던 애초의 계획이 중단, 수정되는 것도 바로 그 혜성의 경제적 가치를 본 기업인 때문이었다. 철저히 자본의 이해에 따라 설계된 이 위험천만한 도박은 저성장 시대 서민들의 일자리를 창출하고 나라의 경제를 살리는 일로 포장된다.

영화 속 정부 광고에는 "혜성이 창출할 일자리들이 애들의 미래를 위해 도움이 될 것"으로 믿지만 한편으로 혜성이 위험할까 봐 걱정이 된다는 엄마에게 과학자가 무료 심리 상담 핫라인 번호를 알려주는 장면이 나온다. 실소가 나오는 이 장면은 '성장'에 대한 약속 앞에서는 모든 것을 내어줄 준비가 되어 있는 사람들이 얼마나 속절없이 자신의 미래를 저당잡히는지를 보여준다.

기후변화와 생태위기는 우리의 삶을 건 정치적인 이슈이다. 그냥 몇몇 정치인에게 맡겨두거나 세계 경제가 저성장 돌파 전략으로 재생에너지 개발과 친환경 산업에 투자하니 우리도 기업들과 잘 협의해 가면서 그 방향을 따라가면 될 것이라고 안일하게 생각할 문제가 아니다. 이미 많은 과학자들은 무한한 '성장'에 대한 근대적 믿음을 밀어붙이는 것으로는 지구에서의 생존이 지속가능하지 않다고 수없이 이야기해 왔다. 지금까지 우리가 살아왔던 방식에 대한 총체적인 되돌아봄을 요구하는 거대한 사건이 일어나고 있는데, 미디어에서는 누가 더 이상한가를 겨루는 정치인들의 얘기뿐이다. 그들이 아무리 보지 말라고 해도, 괜찮다고 알아서 하겠다고 해도, 우리는 봐야 한다. 정말로 더 늦기 전에.

# 제3부

## 차별과 배제를 넘어 평등한 사회로

# 포괄적 차별금지법과 포스트 코로나 시대의 갈림길

육주원

2020년 국회에서 예상치 못한 퍼포먼스가 있었다. 몇몇 미래통합당 의원들이 '#모든 차별에 반대한다' 는 팻말을 든 채, '한쪽 무릎 꿇기' 를 한 것이다. 이 동작은 최근 미국의 조지 플로이드 사망으로 촉발되어 전 세계적으로 확산 중인 인종차별 반대 시위의 상징이다. 뭔가 어색한 느낌을 지울 수 없었지만 그래도 환영할 만한 풍경이었다. 그러나 웬걸, 그들이 발의하겠다는 차별금지법에선 성소수자를 뺄 것이라는 이야기가 들려왔다. "그간 차별금지법 논란 초점이 '성적 지향' 에 지나치게 맞춰져 당장 차별·억압에 시달리는 여성 등의 인권을 챙기지 못했다." 며 사회적 합의가 쉬운 부분부터 일단 발의하겠다는 것이다.[1)]

미래통합당이 여성 인권 문제를 챙기겠다는 것은 실로 고무적이다. 그러나 이런 논리에 따르면 성소수자는 여성이나 장애인과

1) "민주당이 외면한 차별금지법, 통합당이 발의한다" 〈조선일보〉 ('20. 6. 28.)

다르게 당장 차별·억압에 시달리지 않는 집단이고 소위 '사회적 합의'가 있을 때까지 기다렸다가 인권을 부여받아도 괜찮다는 것인가? 포괄적 차별금지법은 2007년부터 지금까지 수차례 입법이 시도되었으나 아직 제정되지 않은 법이다. 차별은 나쁜 것이고 사라져야 한다는 누구나 다 아는 사실 외에도, 이 법의 핵심적인 문제 의식은 '포괄적'이라는 단어에 있다. 바로 이 점 때문에 여야 거대 정당들은 오랜 기간 보수 개신교의 반대를 근거로 삼아 '사회적 합의'가 될 때까지라며 법 제정을 차일피일 미뤄왔다. 또 바로 그 점 때문에 제 인권사회단체들에서는 아무리 여성 인권이 급해도 혹은 아무리 이주자 인권이 급해도 성소수자 인권을 뺀 채 차별금지법을 제정할 수 없었던 것이다.

10년이 훌쩍 넘는 시간 동안 지속적으로 논의되어 왔던 법이지만 일부 개신교의 '동성애 반대'가 주요 논점으로 보도되어 왔기 때문에 차별금지법 제정에 애쓰는 단체들은 다 성소수자 단체인가 보다 생각하는 사람도 있을 수 있다. 그게 아니라면 왜 다른 소수자 단체들이 자기 이익을 포기한 채 10년도 넘게 이 운동을 같이하겠는가 의문이 들 수도 있겠다. 그러나 차별금지법 제정을 위해 힘써왔던 단체 중에는 성소수자 단체 외에도 여성, 장애인, 이주민 등 많은 인권사회단체가 있으며 이들은 여전히도 성소수자를 제외한 입법은 있을 수 없다고 생각한다. 왜일까?

인간이 누구나 자유롭고 평등할 권리를 지니고 태어난다는 사실을 대놓고 반박할 사람은 거의 없을 것이다. 또한 인권은 어떠한 유보나 제약 없이 보장되어야 하는 것으로 사회적 지위나 특성에 따라 예외가 될 수 없다. 인권에 예외가 있다면 그것은 이미 인권이 아니지 않은가? 물론 이러한 이상적인 생각이 인간사에서 정말 온전하게 실현된 적이 있냐 하면, 그건 아니다. 그렇지만 이 사실이 이상적인 인권 개념을 현실에서 부단하게 구가하려는 인간의 노력을 무의미하게 만드는 근거가 될 수는 없다. 오히려 우리는 인권이 언제나 이전 시기에 자유와 평등을 누리지 못했던 사람들의 권리를 확장시키는 방향으로 발전해 왔다는 점에 주목해야 한다. 즉 모든 인간을 대상으로 하는 인권의 확장은 해당 시기마다 차별구조를 철폐하려는 소수자들의 부단한 투쟁 속에서 그 이상을 향해 달려가고 있는 중이라는 것이다. 이 역사 속에서 배운 것이 있다면 우리 중 누군가의 권리를 자꾸 뒤로 미뤘을 때 그것은 새로운 차별구조로, 심화된 사회적 불평등으로 우리에게 되돌아온다는 점이다.

대구시 최초로 시민 천 명을 대상으로 진행한 종합적인 인권 관련 설문조사인 '2019년 대구인권의식 실태조사' 결과에 따르면, 대구 시민들은 장애인, 이주민, 여성, 비정규직 노동자, 노인, 북한이탈주민, 성소수자, 난민 등 사회적 소수자 가운데 성소수자와 난민이 가장 인권이 보장되지 않고 있는 집단이라고 답했다. 동시에 소수자집단과 사회적 거리감을 물었을 때 성소수자와 난민에 대해 가장 거리감을 멀게 느끼는 것으로 나타났다. 이는 성소수자나 난민의 인권실태가 열악함을 방증하며 이 집단에 대한 적극적인 차별 실태 파악과 인권의식 개선 사업이 필요함을 보여준다. 사람들이 가장 차별을 많이 받고 있다고 여기는 집단을 빼놓고 제정하는 차별금지법? 형용모순이다.

차별금지법 제정을 반대하며 동성애를 혐오할 자유를 달라는 일부 보수 개신교의 주장은 굳이 논박할 가치가 있을까 싶을 정도이다. 그러나 최근 '표현의 자유' 라는 개념이 심대하게 왜곡되면서 혐오사회를 정당화하는 무기로 활용되고 있다는 점에서 한 번쯤 그 개념의 탄생 배경을 상기할 필요도 있겠다. 표현의 자유는 근대 부르주아 혁명의 과정에서 탄생한 권리이다. 혁명의 과정에서 신흥 부르주아 세력들은 기존 왕권에 대항하는 자신들의 새로운 사상으로 자유주의를 내세우고 전파하기 시작했다. 이들의 도전에 위협을 느낀 왕은 새로운 사상을 탄압했고 이에 저항하며 부르주아 세력이 내세운 가치가 바로 '표현의 자유' 였다. 이러한 맥락에서 표현의 자유가 천부인권의 반열에 올라가 인간이면 누구나 당연히 가져야 하는 권리로 인식되기 시작했다. 다시 말해 표현의 자유는 발생 초기부터 왕(국가)의 억압에 맞서는 부르주아(비국가, 시민사회)의 저항 논리로서 권력 관계에 대한 사고를 내포하고 있었던 것이다.[2)]

표현의 자유가 제기되었던 이러한 역사적 맥락을 망각한 채 '모든 표현이 평등하다' 고 주장하는 것은 어불성설이다. 현실의 권력 관계에서 우위에 있는 사람들이 더 많은 표현을 독점하기 위해 표현의 자유를 주장할 수 없다. 표현의 자유는 특정한 표현이

2) 박석진(2010), "표현의 자유, 뜯고 씹고 맛보고 즐기고: '차별금지 대 표현의 자유' 대립을 넘어." 『차별금지법, 여섯 가지 이유 있는 걱정』, 올바른 차별금지법 제정을 위한 쟁점포럼 반차별공동행동자료집 (3)

권력에 위협이 된다는 이유로 그 표현을 제한당하거나 존재 자체가 사회적으로 인정받지 못하기 때문에 애초에 표현을 억압당한 자들의 권리이다.

이태원 클럽의 코로나 발생 이후 확산되던 혐오의 말들은 누구를 위한 누구의 권리였나? 과연 현재 우리 사회에서 표현의 자유를 박탈당한 사람은 누구인가? 성소수자 혐오를 거침없이 쏟아내어 우리 모두를 감염의 위협 속에 빠뜨린 사람들인가? 아니면 감염 우려 속에서도 차별과 혐오의 공포가 더욱 크기에 자신의 정체성을 숨길 수밖에 없는 사람들인가? 표현의 자유를 내세워 혐오 표현을 정당화하려는 시도에 대해 우리는 과연 누구의 자유가 침해되고 있는지 되물어야 한다.

2020년 6월 23일 국가인권위원회가 발표한 '2020년 차별에 대한 국민 인식조사' 결과는 코로나19로 인해 국민의 차별에 대한 민감성이 높아졌으며, 평등권을 보장하기 위한 법률 제정에 다수가 공감하고 있는 것을 보여준다. 응답자 천 명 중 91.1%가 '코로나19를 계기로 나도 언제든 차별의 대상이나 소수자가 될 수 있다는 생각을 해 본 적이 있다'고 답했으며, 차별금지 법률 제정이 필요하다는 답변 역시 88.5%에 달했다. 더 이상 '사회적 합의' 운운하며 제정을 미룰 수 없는 수치이다.

지금 우리 사회에는 과거 회귀의 열망과 새로운 미래에 대한 욕망이 공존한다. 한편에서는 코로나19를 극복하고 다시 이전처럼 일상을 되찾고자 하는 열망을 토로하고, 다른 한편에서는 이전의 세상은 다시 오지 않는다는 위기의식 속에 더 효율적인 비대면 사회를 구축하기 위한 자본·기술중심적인 해결책에 몰두하고 있다. 이제 이 둘 사이의 진동을 멈추고 더 나은 사회를 위한 성찰을 시작할 시간이다. 세계를 뒤흔드는 전쟁과 전염병 같은 상황은 사회의 방향을 바꾸는 계기가 되곤 했다. 코로나19로 대다수 시민은 일면식도 없는 타인의 안위가 내 안위와 직결됨을 깨달았고, 평등과 연대의식에 기초하지 않은 사회는 결국 절멸의 위기에 놓이게 된다는 것을 피부로 느꼈다. 그리고 다시금 우리 사회의 근본적인 가치가 무엇이 되어야 하는지 묻고 있다. 갈림길에 놓였다. 우리는 다시 이전과 같은 불평등한 사회로 돌아갈 수 없다.

# 페미니스트로 故 박원순 기리기

- 남성특권에 관하여

이소훈

고 박원순 시장이 갑작스럽게 비극적으로 사망했다. 그가 '정말 성추행을 했는지' 논쟁이 지속되는 가운데 사건의 진위는 고인을 피고인으로 조사를 할 수 없기에 밝히기 어렵게 되었다. 그가 왜 자살을 했는지, 왜 피해 여성에게 사과를 남기지 않았는지 그 이유도 알 수 없다.

이같이 미심쩍은 죽음에도 불구하고 많은 사람이 그를 애도하는 이유는 그의 공로가 많기 때문이다. 나는 50만여 명의 시민들과 마찬가지로 서울시장葬에 반대한다는 청원에 동의했다. 그럼에도 불구하고, 오늘 기차역에서 '사회적 경제 마켓' 이란 표시 아래 작은 공예시장이 선 사소한 풍경에 문득 가슴 한쪽이 먹먹해졌다. 아마도 앞으로 서울광장을 지날 때면 언제나 그에게 빚진 마음이 들 것이고, 서울시 구석구석 있는 그의 흔적을 보며 어쩔 줄 모르는 마음을 가질 것이다. 모든 페미니스트를 대표할 수는 없지만, 나와 같이 황망하고 무거운 마음을 가진 이가 많을 것이라 짐작한다.

그의 불명예스러운 죽음은 그를 신뢰했던 여성주의자들에게 비탄과 배신감을 동시에 안겨주었다. '페미니스트임에도 불구하고' 고 박원순 시장의 죽음을 슬퍼하고 그의 업적을 기릴 수 있을까?

많은 이들이 성추행에 대한 진실을 조사하는 것이 망자에 대한 모독이라고 얘기한다. 하지만 이런 이분법적 프레임이 잘못된 이유는 피해 여성을 지움으로 실추된 고인의 명예를 회복하려 하기 때문이다. 이러한 일방적인 추모 방식은 성희롱, 성추행, 성폭행을 경험한 우리 사회 수많은 여성의 경험을 주변화시킨다. 나는 고 박원순 시장의 성추행 사건을 우리 사회가 간과해서는 안 되는 이유를 살펴보고자 한다.

### 1. 성추행은 소수의 경험인가?

2018년 여성가족부에서 실시한 성희롱 실태조사 결과에 따르면 응답 여성 7명 중 1명이 지난 3년간 직장에서 성희롱 피해를 경험한 것으로 나타났다. 이 실태조사는 모두가 알고 있는 성희롱과 권력의 관계를 숫자로 나타냈다. 성희롱 피해자는 나이가 어릴수록, 또 비정규직일수록 더 많았다. 성희롱 경험을 한 여성의 비율은 남성보다 세 배 이상 높았다. 성희롱 행위자는 상급자가 가장 많았고, 성별은 대부분 남성이었다. 성희롱 피해 경험자의 절대다수(81.6%)가 피해 사건에 대해 대처하지 않고 '참고 넘어갔다' 고 말했다. 27.8%는 피해 경험에 대해 주변의 부정적인 반응이나 행동 등으로 2차 피해를 경험했다고 말했다.

놀라운 사실은 공공기관 중 유독 지방자치단체에서 근무하는 직원 중 성희롱을 경험한 비율이 전체 평균보다 세 배 이상 높았다. 더 놀라운 사실은 이들 중 공식적으로 신고를 한 사람 모두가 적절한 조치가 없었다고 응답했다. 이는 공공기관, 특히 지방자치단체에서 성희롱이 매우 빈번하게 일어나는데도 전혀 해결하려는 의지가 없었다는 것을 보여준다.

직장에서 성희롱은 빈번하게 일어나고, 많은 피해자들이 공식적인 신고를 하지 않으며, 신고를 하더라도 2차 피해를 경험한다. 이는 실태조사를 비롯한 여러 연구를 통하여 이미 입증되었다. 성폭력 무고죄 기소율이 0%에 가깝다는 것도 연구를 통해 드러났다. 이러한 실증적 증거에도 불구하고 안희정 전 충남지사, 오거돈 전 부산시장, 고 박원순 시장에게 당한 피해를 고소한 여성은 '꽃뱀' 이라고 불리며 인신공격에 시달렸다. 이들 단체장들은 (논란이 된 본인들의 사건 외에도) 지방자치단체가 여성들에게 유독 적대적인 직장 문화를 가진 것에 대한 책임이 있다.

## 2. 성추행은 '오해' 에서 비롯될 수 있는가?

가정을 해 보겠다. 고소인이 성추행이라고 주장한 박원순 시장의 언행과 행동이 그에게는 '로맨스' 였을까. 폭력과 로맨스의 온도차를 살펴보려면 먼저 남성 특권이 무엇인지 이해해야 한다. '특권' 을 뜻하는 영어단어 'privilege' 의 라틴어 어원은 '사법(private law)' 이다. 서민에게는 공적인 법을 적용하면서도 왕족과 귀족 등 특정 집단에게는 사적이고 특별한 법을 적용하여 벌을 피하거나 혜택을 독점하던 데서 비롯되었다.

현대사회에서 특권이란 개인의 노력과는 상관없이 인구학적인 특성, 출신 배경에 따라 주어지는 비교우위적 특혜를 말한다. 젠더, 계급, 민족/인종, 성 지향성, 시민권 등 여러 권력 관계에서 특권이 형성된다. 젠더 권력 관계에서 우위를 뜻하는 남성특권도 그 중 하나이다. 남성 특권의 증거는 다음과 같은 사소한 상황이다.

직장에서 성별 때문에 조롱이나 불편한 농담을 들을 걱정을 하지 않는 것. 내 업적이 아닌 성별 때문에 직장에서 받을 대우에 대해 걱정을 하지 않는 것. 소속 단체의 대표나 임원이 같은 성별일 것이라고 짐작하는 것. 만원 지하철에서 불편한 신체접촉이 있을까 염려하지 않는 것. 안전에 대한 걱정 없이 밤길을 혼자 다니는 것 등.

대다수의 여성이 누리지 못하는 이 특권은 개인의 업적으로 이룬 것이 아니고, 단지 남자로 태어났다는 이유로 주어졌으며, 아무리 양심 있는 남성이라도 누리지 않을 방도가 없다. 특권의 경험은 한 집단에게는 너무 당연하고 상시적이지만 다른 집단에게는 그 문이 굳게 닫혀있다.

철학자 샌드라 하딩은 헤겔의 노예와 주인 관계 비유를 들어 여성주의 입장론적 인식론(standpoint feminist epistemology)을 설명한다. 헤겔은 노예와 주인의 관계에 대한 진실을 이해하려면 노예의 입장에서 보는 것이 주인의 입장에서 보는 것보다 정확하다고 말한다. 주인은 노예의 사정을 잘 알지 못하지만, 노예는 자신의 사정도 알고 주인의 사정도 잘 알기 때문이다.

하딩은 억압받는 사람의 입장이 오히려 '강한 객관성(strong

objectivity)' 을 보인다고 말한다. 그 이유는 그들의 삶에서 마주하는 한계를 연구할 때 사회위계구조를 볼 수 있기 때문이다. 특권은 배타적일 뿐 아니라 잠재적으로 폭력적이며 압제적이다. 특권층이라면 개인의 결정이나 노력과 상관없이 혜택을 누릴 수 있기 때문에 그 아무리 도덕적인 사람에게서라도 그 폭력성이 언제든지 발현될 수 있다. 이를 잠재우는 유일한 방법은 내가 누리는 특권에 대해 끊임없이 성찰하는 것이다.

사실, 이 성추행 사건의 본질은 어떤 사람들에게는 너무나도 단순 명료한 문제이다. 두 사람의 관계에서 힘이 더 약한 사람이 폭력을 경험하였다고 한다면 그 관계가 어떻게 미화될 수 있겠는가? 내가 남성 특권을 설명한 이유는 성추행의 존재 여부를 증명하기 위해서가 아니다. 그보다는 특권에 잠재된 폭력성과 자기성찰의 필요성을 얘기함으로써 앞으로 어떻게 나아가야 하냐는 질문에 대답하기 위함이다.

성추행은 빈번히 일어나며, 누구나 저지를 수 있는 행위이다. 성추행의 문제는 '펜스룰' 을 핑계 삼아 여성을 공적인 자리에서 몰아낸다고 절대 고칠 수 없다. 여성주의적 관점이 '모든 남성을 잠재적 범죄자 취급한다' 고 비판하고 회피하면 안 된다. 우리 사회에 만연한 남성 특권의 의미와 영향에 대한 뼈아픈 반성이 있어야 한다. 그것이 고 박원순 시장의 비극적인 죽음의 아픔을 넘어서는 시작점이 될 것이다. 모두가 그를 추모할 수 있게 되기를 바란다.

# 우울의 사회성

## - 터널의 끝을 향한 희망과 좌절

김은영

우울은 정의상 매우 개인적인 일이다. 2주 이상 다음의 징후들이 나타날 때 우리는 우울을 의심하게 되는데, 이는 우울하고 슬픈 기분을 매일 느끼거나, 전과 달리 생활에서 즐거움이나 흥미를 느끼지 못하고 갑작스러운 체중 변화나 수면의 변화 등을 동반하는 경우를 말한다. 또한 불안해서 안절부절못하거나 반대로 동작이 둔해질 수 있고, 모든 일이 무가치한 것처럼 느껴지면서 죄책감을 느낄 수 있다. 나아가 집중력이 감퇴하거나 무슨 일이든 결정을 내리기 힘들어지고, 죽음에 대한 생각을 자꾸만 떠올리게 된다. 그리고 이러한 징후들이 학교, 직업 등의 사회적 생활을 심각하게 저해할 때, 우리는 이를 우울 삽화로 규정하고 주요우울장애에 해당한다고 말한다.

이러한 정의는 우울이란 현상이 지극히 개인적인 일임을 확인시켜준다. 그러나 우울에 대한 경험적 연구들은 매우 흥미로운 사실을 보여준다. 행동주의 심리학자인 셀리그만Seligman이 보여준

실험이 그 예이다. 일반적으로 고전적 조건화의 전형에 따르면, 고기를 보고 침을 흘리는 개는 고기를 주기 전에 늘 종소리를 들려주면, 종소리만 들어도 결국 침을 흘리게 된다. 그리고 셀리그만은 고전적 조건화에 대한 실험을 하던 중 흥미로운 사실을 발견했다. 그는 고기라는 자극을 전기충격으로 대체한 후 전기충격을 가하기 전마다 반복적으로 개에게 종소리를 들려주었다. 그리고 가설대로, 개는 종소리만 들어도 전기충격을 받은 것처럼 괴로워했다.

그런데 셀리그만은 여기에서 예상하지 못한 사실을 발견했다. 실험실의 개들에게 전기충격을 피해 도망칠 수 있도록 (낮은 펜스 안에) 풀어주는 처치를 해주었음에도, 개들은 도망치는 대신 그저 엎드려서 고스란히 전기충격을 받았다. 즉, 이미 기존의 실험을 통해 전기 충격의 고통을 경험했던 개는 자신이 무엇을 해도 전기충격을 피할 수 없다는 것을 학습했고, 도망을 칠 수 있는 상황이 되어도 도망을 치지 않는 무기력을 보였던 것이다. 셀리그만은 이를 학습된 무기력, 혹은 무망감(hopelessness)이라 불렀고, 이를 통해 우울의 기제를 밝히려 했다.

실험실의 그 개는 왜 도망칠 수 있음에도 스스로를 전기충격에 고스란히 내주었던 것일까. 대체 무슨 생각을 했기에 말이다. 셀리그만과 이후 학자들은 우울의 인지기제에 대한 흥미로운 설명들을 내놓았고, 이를 조금 단순화시켜 보면 다음과 같다. 우울이라는 무망감에 빠지는가의 여부는 '우리가 받은 고통의 이유를 무엇으로 돌리는가', 즉 귀인(attribution)에 달려 있다는 것이다. 가령, 내가 받은 고통의 이유를 나의 내부로 돌린다면, 그리고 이 고통이

늘 변함없이 같을 것이라고 생각한다면, 나아가 이 고통이 다른 모든 상황에서도 마찬가지일 것이라고 생각한다면, 우리는 무망감과 우울에 빠질 것이라는 것이다.

위의 연구 결과들은 우리가 삶에서 어렴풋이 알고 있는 사실을 확인시켜 준다. 나쁜 일이 생겨 고통받을 때, "내가 못나서야. 다 나 때문이야."라고 스스로에게 책임을 돌리는 태도는 오히려 우리를 우울로 빠지게 하는 반면, "다 너 때문이야." 혹은 "지금 상황 때문이야."라는 외적 귀인을 하는 사람은 성격이 나쁘다는 평을 받을지언정 우울의 수렁에 빠지지는 않는다. 내부 귀인과 외부 귀인이 가져오는 복잡한 결과물인 셈이다.

뉴스에서 들려오는 코로나 백신의 임상시험에 대한 성공적 중간 결과와 긍정적 전망은 그동안 우리가 꽤 긴 터널 속에 있었음을 깨닫게 해준다. 그리고 터널 밖 세상에 대한 기대로 들뜸을 느끼게 된다. 자유롭게 사람들과 웃으며 이야기하고, 마스크를 쓰지 않고 태양 볕 아래 설 수 있는 자유는 들뜨기에 충분한 희망일 것이다.

그런데 이처럼 들뜬 기대에서 자꾸 삐져나오는 불안함의 정체는 무엇일까? 긴 터널 안에 갇혀 있다 보니, 셀리그만의 개처럼 학습된 무망감에 빠져버린 것일까? 이는 아마도 거리를 걸으며 느낀 변화가 심상치 않아서인 것 같다. 한적해진 골목 상가에서 수많은 영세 자영업자들이 간판을 내리고, 새 간판을 올리고, 다시 이를 내리는 고통에서도 힘들게 견뎌내는 것을 보았기 때문일까? 아니면 수많은 청년이 경기침체로 더욱 비좁아진 취업문에 좌절할 법한데도 꿋꿋이 버텨내는 것을 보았기 때문일까? 혹시 코로나19는 더욱 가혹해진 일상에서 이들이 묵묵히 인내하고 견딜 수 있도록 외부 귀인의 역할을 해준 게 아니었을까? 우리는 우리의 고통의 이유를 '코로나 상황' 에 돌릴 수 있었기에, 지금까지 버틸 수 있었는지도 모르겠다.

그리고 코로나가 종식된 날을 머릿속에 그려본다. 2020년을 지난 세상은 더욱 양분화되고 양극화될 것임에 분명하다. 세계적인 경기불황으로 명암은 더욱 뚜렷하게 세상을 갈라놓을 것이다. 이미 몇 번의 창업과 좌절을 겪은 자영업자들은 다시는 일어설 수 없을 정도로 바닥을 칠 수도 있으며, 비좁아진 취업의 문 앞에서 경쟁력을 잃은 청년 실업자들은 숨통이 막혀오는 것을 느끼게 될지도 모른다. 그리고 우리는 더 이상 고통의 이유를 '코로나 상황' 으로 돌릴 수조차 없을지도 모른다.

한층 더 잔인해진 세상에서 스스로를 자책하면서, 모든 불행과 고통을 자신의 탓으로 돌리는 내부 귀인으로의 회귀. 그리고 우울의 극단적인 예후인 자살은 일반적으로 오랜 터널 끝에서 희망이 보인다고 느낄 때, 그리고 동시에 그 희망이 헛된 것이라는 현실을 자각하게 될 때, 발생한다.

지금으로부터 50년 전, 청계천 평화시장의 볕조차 들지 않던 비좁은 공간. 하루 14시간의 장시간 노동이라는 실험실에서 인간으로서의 삶을 포기하지 않았던 전태일에게 묻고 싶다. 그는 도대체 어떤 귀인을 하였기에 절망하지 않고 일어설 수 있었을까? 그가 동료들과 함께 만든 "바보회"라는 이름은 내부 귀인이 얼마나 쉬운 선택지인지를 보여준다.

그런데 그는 어떻게 그토록 빠지기 쉬운 우울, 무기력, 무망감이라는 수렁에 빠지는 대신, 자신보다 열악한 조건에 놓인 나이 어린 소녀와 여성 노동자들의 고통에 공감하며, 그저 근로조건을 개선해 달라는, 세상에서 가장 당연하고 상식적인 요구를 내걸 수 있었던 것일까?

그는 스스로를 불살라 우리의 우울이 개인적인 것만이 아님을 보여주었다. 봄은 희망과 기대를 품고 올 것이다. 그리고 그 봄이 양극화라는 더욱 잔인해진 현실을 몰고 올 것임은 더욱 분명하다. 그때, 좌절과 고통을 자신의 내부로 돌리고 모든 분노를 자신에게 쏟아부을 우리들에게 말해주고 싶다. 당신의 고통은 결코 당신 탓만이 아니라고 말이다. 우울은 사회적인 것이라고 말이다.

# 언제까지 부동산 광풍을 두고 볼 것인가

엄창옥

지어도 지어도 모자라는 집?

우리에게 던져진 어려운 질문이 하나 있다. “집을 이렇게 많이 지어도 왜 집이 계속 모자라는가?” 그 이유를 몇 가지로 정리할 수 있다. 첫째는 집 부족 문제는 항상 도시에서 일어나는 것인데, 도시는 마치 살아 있는 생물 같은 것이어서 도시의 중심축이 계속 움직이게 되고, 따라서 사람들이 살고 싶은 곳도 계속 그 중심축을 따라 이동하게 되므로 그 새로운 곳의 집은 항상 모자라기 때문이다. 말하자면 살고 싶은 곳에 집이 모자란다는 것이다.

둘째는 삶의 수준이 올라가면서 낡은 집은 버리고 새로운 집을 선호하기 때문이다. 여기에 우리 국민성도 한몫을 한다. 새 아파트가 헌 아파트보다 완전히 품질이 다르다는 이유로 집 갈아타기를 빈번히 한다는 것이다. 우리나라에서 새 아파트 갈아타기는 재산을 불리는 중요하고도 확실한 수단이 된 것도 계속 집을 지어도 집이 모자라는 이유 중의 하나이다. 도시에 집이 모자라면서도 동시에 빈집도 늘어나는 것은 이 때문이다.

셋째는 한 사람이 여러 집을 소유하기 때문이다. 집은 공급이 절대적으로 제한된 토지 위에 지어지는 특수한 물건이다. 그래서 집의 공급은 비탄력적이다. 동시에 집은 인간에게는 한순간도 없어서는 안 되는 물건이다. 그래서 집 소유자는 집 없는 사람에 대해 독점력을 가지게 된다. 이 두 가지 이유로 다른 일반 물건에서는 나타나지 않는 그 독점력에 의해 특수한 이익이 발생한다. 소위 지대이익이라는 것인데 그 크기가 엄청나다.

지대이익은 집 가진 자에게만 누적적으로 팽창하고 상속된다. 집을 통한 지대이익은 다른 어떤 자산에 투자하는 것보다 크므로 집을 소유한 자는 더 많은 집을 가지고자 하고, 가지게 된다. 우리나라에서는 베이비부머들이 가지고 있는 집값이 폭등하는 바람에 그 차액을 자식에게 물려주고 있는데, 그로 인해서 요즘 30대가 10억 원이 넘는 비싼 집을 가장 많이 구매하는 세대로 등장하는 기현상이 나타나고 있다.

첫 번째 요인은 도시가 발전하는 과정에서 자연스럽게 일어나는 현상이지만, 세 번째 이유는 두 번째 이유와 결합하여 한 사회에서 부의 양극화를 강화하는 결정적인 원인이 되고 있다. 그래서 집이라는 물건은 아무리 지어도 모자라는 것이다. 동전의 양면이지만, 다른 말로 하면 집을 아무리 지어도 집을 차지하지 못하는 사람도 계속 늘어나게 된다.

### ‘로크의 단서’ 와 자유 시장경제에서 집

자유 시장경제에서 요구되는 가장 중요한 제도는 재산권이다. 재산권의 철학적 기초를 마련한 존 로크는 사유 재산권에 대해서 다음과 같이 정의하고 있다. "… 자신에 대해서는 본인 이외에는 어떤 권리도 가질 수 없다. 또 자기 신체의 노동과 손의 작업(물)은 당연히 자기의 것이라고 해도 좋을 것이다." 즉, 자신의 노동을 통해 만든 인공물에 대해서 그 사람 이외에는 아무도 권리를 가질 수 없다고 하는 것이 사유 재산권이다.

그러나 여기에는 매우 중요한 ‘단서’ 가 있다. 이 단서를 ‘로크의 단서’ 라고 한다. 자연환경이나 토지와 같은 자연물에 대한 배타적인 권리, 즉 사적 재산권을 어떤 사람에게 부여할 때, 그 자연물이 "적어도 그의 못지않은 질質과 충분한 양量이 다른 사람에게도 공동의 것으로 남아 있는 경우"라야만 정당화된다는 것이다. 필자는 이러한 로크의 단서가 ‘집’ 과 같은 특수한 인공물에도 적용된다고 생각한다. 왜냐하면 집은 토지와 같은 자연물과 결합되지 않고는 존재할 수 없으며, 동시에 인간의 생존에 한순간이라도 없어서는 안 되는 것이기 때문이다.

이러한 고전적인 로크의 단서는 모든 인간이 ‘평등한 자유’ 를 누린다는 자명한 명제 위에서 성립된다. 말하자면 개인의 자유는 타인의 동등한 자유를 침해하지 않는 범위 내에서만 인정된다는 것이다. 같은 명제를 ‘집’ 이라는 물건에도 적용해야 한다. 그러므로 인간의 생존과 사회적 이익을 위해 집을 소유할 때에는 모든 인간이 평등한 자유를 누린다는 명제를 어기지 않는 범위 안에서만 가능하다 할 것이다. 자유 시장경제에서도 이 명제는 준수되어야 한다.

그러므로 자유 시장경제의 기본원리인 평등한 자유를 실현하기 위해서는 자연물뿐만 아니라 집과 같이 토지와 결합된 인공물에 대해 배타적 재산권을 부여할 때에 다음과 같은 세 가지 조건을 충족해야 한다(김윤상 『토지정책론』 172쪽). 첫째가 취득 기회 균등의 조건이다. 모든 주민에게 집에 대한 취득 기회가 균등하게 보장되어야 한다는 조건이다. 집과 같은 고액 자산을 구입하려면 상당 규모의 자금을 동원할 수 있어야 하는데, 구매할 것인가 아닌가는 선택의 문제이지만, 자금 동원의 기회는 균등하게 보장되어야 한다.

둘째는 특별이익 환수의 조건이다. 어떤 사람이 집을 소유하는 권리로 인해 특별한 이익을 얻었다면 그 특별이익을 공동체에게 환원시켜야 한다는 조건이다. 집값의 급격한 변동이 발생하는 사회에서는 자신의 노력과는 무관하게 막대한 특별이익이 빈번히 발생한다. 이 특별이익이 개인에게 전유되는 것은 평등한 자유의 원칙에 배반될 뿐만 아니라 첫째 조건인 취득 기회의 균등조건에도 위반되기 때문이다. 셋째는 사회적 제약의 조건이다. 집과 같은 인간생존의 필수품을 배타적으로 소유하는 재산권은 사회적 합의에 의해 인정되는 것이다. 그러므로 사회가 합의해 준 취지에 맞게 그 재산권은 행사되어야 할 것이다. 쌀과 마늘 같은 생존 필수품을 투기하면 공정거래의 위반이 되듯이 주택 역시 투기의 대상으로 삼을 경우 사회적 제약이 가해져야 한다는 것이다.

그렇다면 한국 사회에서 집을 소유하고 사용하는데 이러한 조건들이 충족되고 있는가를 반추해 볼 필요가 있을 것이다. 신혼 가구나 일인 가구처럼 처음 집을 가지려는 자, 그동안 저축한 돈으로 집 한 채를 마련하려는 사람들이 집을 구입하려 할 때 과연 취득의 기회가 균등한가? 여러 채의 집을 가진 자에게 집값 급등으로 인한 불로소득이 고스란히 전유되고 있지 않는가? 생존품인 집이 그 취지에 맞게 거래되고 있는가? 이러한 로크의 전제가 지속적으로 위반되면 자유 시장경제체제 그 자체도 위험에 처하게 된다.

### 반칙과 불공정이 몰고 온 부동산 광풍

몇 년 전부터 또 지병이 도졌다. 온 나라가 이 통증으로 신음하고 있다. 필자는 그 원인이 로크의 전제를 너무나 오랫동안 지속적으로 위반해 왔기 때문이라고 생각한다. 그러므로 백약이 무효인 것처럼 보이지만, 그렇지 않다. 입에 쓴 약이 병을 치료하듯이 제대로 된 치료약이 처방되었는데도 입에 쓰다고 뱉어버리는 양상이 지금의 상태이다. 주택 부자들의 저항이 만만치 않다.

모두 시장원리를 들고 나와 저항하고 있다. 다주택자의 초과이익을 환수하려는 정책에 대해 세금폭탄이라는 둥 세금으로 시장을 통제할 수 없다고 거세게 저항하고 있다. 임대자를 보호하려는 정책에 대해 도시를 폭파하는 정책이라고 경제학 원론을 들먹이며 비판하고 있다. 새로운 주택정책은 그동안 반칙과 불공정에 단호해야 한다. 그렇지 않으면 시장체제 그 자체가 위험해지게 된다.

필자가 우선 주목하는 것은 한국형 뉴딜펀드처럼 3,000조 원을 상회하는 과잉 유동성을 생산적 부문으로 흐르게 하는 자금유도 장치이다. 장기 경기침체와 코로나19로 방출된 엄청난 양의 유동성의 갈 곳을 찾아주지 못하면 백약이 무효이다.

둘째로 주목하는 것은 부동산을 통해 얻은 초과이익을 환수하는 일련의 정책이다. 다주택자의 종합부동산세와 양도소득세를 상향 조정함으로써 지대이익을 환수하여 주거 취약자를 위해 환원하는 것이 평등한 자유를 실현하는 길이다. 항간에 보유세를 올리면 거래세를 낮추어야 한다는 주장이 있지만, 그렇게 하면 지금까지의 주택투기를 용인하는 것이 된다. 종부세가 부과되어도, 아파트 거래의 절벽이 나타나도 거래세 과다를 핑계 삼고 매물을 내놓지 않는 것은, 곧 정부가 바뀌면 거래세를 내릴 것으로 믿고 있기 때문이다. 지금까지 한국의 정부가 정권이 교체될 때마다 그렇게 해왔던 것이다.

셋째로 주목하는 것은 양도소득세나 취득세와 같은 거래세를 최초 주택 소유자 및 1가구 주택소유자와 다주택 소유자를 철저히 구분하는 조세 정책이다. 전자에게는 거래세를 최소화하여 거래를 촉진하고 후자에게는 이를 상향 조정하여 지대이익의 전유를 억제해야 한다. 그것이 특별이익 환수의 조건을 실현하는 길이다. 동시에 전월세 상한제, 계약갱신청구권제, 전월세 전환율의 합리적 조정으로 무주택 임차인을 보호하는 것 역시 주택접근의 기회를 균등하게 하는 장치이다.

넷째로 주택공급의 활성화는 경기 활성화를 위해서도 필요하며 도시의 발전을 위해서도 필요하다. 그러나 건설경기 활성화를 위해 부동산 투기를 조장하는 정책은 또 다른 부동산 광풍의 싹을 심는 일이므로 그 유혹에 빠져서는 안 된다. 공공임대주택 공급도 중요하지만 민간임대사업자를 통한 공급도 중요하다. 민간임대사업자가 임대주택을 공급하되 주택으로 투기할 수 없도록 소득세와 취득세는 지원하되 지대 차액은 양도소득세로 회수하는 장치를 든든히 마련해야 한다.

마지막으로 한국 사회에서 처음으로 시도하는 부동산 감독기구의 설치는 반드시 필요하다. 국가가 책임감을 가지고 주거 정의를 실현하려는 의지를 국민에게 보여야 한다. 대부분의 국민은 부동산 거래를 감시할 공정한 감독기구에 공감할 것이다.

지금 불고 있는 부동산 광풍을 두고 어떤 경제학자는 시장의 원칙을 어겼기 때문이라고 주장하지만, 그렇지 않다. 오히려 로크의 전제를 위반해 온 시장의 오작동 때문이다. 이들은 수요를 억제해서는 안 되며 공급을 확대해야 된다고 주장하지만 평등한 자유를 해치는 수요는 억제되어야 하며, 지대이익을 전유하는 조세체계 하에서는 공급은 제한해야 한다. 이러한 공급은 불에 기름을 붓는 격이다. 지금과 같이 낮은 이자율에 막대한 유동성이 부동산 시장을 배회하는 한, 집을 아무리 지어도 모자란다. 특정집단의 수중에 빨려 들어가기 때문이다. 언제까지 부동산 광풍을 지켜만 볼 것인가. 그 어떤 정부가 들어와도 토지와 주택에 대한 '기회균등'과 '특별이익 환수'의 조건은 보편적 합의가 확립되어야 한다.

# 저 평등의 땅에

- 전태일 50주기에 붙이는 사사로운 이야기

안승택

2020년 10월, 민중가수인 싱어송라이터 김가영의 공연에 갔을 때의 일로 몇 자 적기로 한다. 대구 남산동 소재 전태일 열사 생거지에 기념관을 건립하려는 모금 운동의 일환으로 열리는 자리였고, 경북대 교수노조(전국국공립대학교수노조 경북대지회) 차원의 단체 관람이었다(물론 방역지침을 준수하면서!). 2020년 11월 13일은 전태일 열사가 분신 서거한 지 만 50년이 되는 날이었다. 이에 맞추어 대구의 가락 스튜디오에서는 30팀의 아티스트가 연일 공연을 이어갔고, 11월 3일부터는 역시 대구에 있는 아트스페이스 루모스에서 같은 취지의 미술 전시회가 진행됐다. 모두가 전태일의 그날, 11월 13일을 과녁으로 삼아 달려간 행사들이었다.

전태일은 대구에서 가난한 봉제 노동자의 아들로 태어나 유년 시절을 보냈고, 이후 생계의 활로를 찾아 부산과 서울을 오가다가도, 그런 노력이 벽에 부딪히면 다시 대구로 돌아오고는 하면서 소년기를 지났다. 1948년생인 그가 서울 청계천의 평화시장에서 재단사 조직인 바보회를 만든 것이 1969년, 이후 잠시 건설노동자로 일하고 나서 평화시장으로 돌아와 노동운동을 하다가 현장의 참혹한 현실을 호소하며 분신한 것이 1970년의 일이었다. "근로기준법을 준수하라! 우리는 기계가 아니다! 내 죽음을 헛되이 하지 말라!"는 외침과 함께. 그때 나이가 만 22세였다.

아무도 궁금해하지 않을 정보, 소위 'TMI(too much information', 그러니까 묻지도 않은 '너무 많은 정보'의 약자라고 한다)겠지만, 1970년은 내가 태어난 해이기도 하다. 그런데 위에 언급한 공연에서 김가영 가수가 설명하기를, 자신이 노래를 시작한 것은 1989년 영남대학교 노래패에 들어가 민중가요를 부르면서였다고 했다. 1989년은 내가 대학에 들어가던 해였으니, 김가영 역시 전태일 열사가 사망하던 1970년 무렵 태어난 것이 아닌가 싶었다. 1989년이면 그 공연일로부터 약 30년 전이다. 그 점을 생각하면서 공연 와중에 머릿속이 아득해졌다. 그는 무려 30년이나 한길을 걸었고, 내내 민중가수로 활동하며 노래를 만들고 또 불러온 것이다. 하, 30년!

그런데 관심법 오작동인지는 몰라도, 그는 조금 지쳐 보였다. 자리를 채워줘서 감사하다는 인사 앞에 나온 말, 객석이 텅 비면 어쩌나 걱정했다는 이야기가 무겁게 들렸고(같은 걱정을 하고 있었기 때문일까?), 음향(감독 혹은 시스템)과 합이 잘 안 맞는 듯 MR(연주팀이 없을 때 트는 녹음된 연주음악을 말하는데, 찾아보니 '콩글리시'라고 한다.)을 타기보다 그것과 씨름하는 느낌이었다. 근엄하게 전체 객석의 반을 차지하고 앉은 '교수노조원'들이 청중으로서는 부담스러워서

일까? 이쪽은 이쪽대로 생각이 많아지는데, 나중에 조금 속도가 있고 박자도 강한 노래에 박수를 맞추니, "그래도 빠른 노래에 호응이 좋으시네요. 민중가요도 빠른 노래로 만들어야 할까요?" 라며 듣는 쪽도 고민스러워지는 말을 걸어온다. 나는 왜 박수로 박자를 맞췄을까? 이쪽은 이쪽대로 학생 가르치는 일이 정말 내가 잘하는 일인지, 어떻게 해야 하는지 고민인 판이라, 하는 종목은 달라도 남의 얘기일 수 없었다. 그러고 보니 나도, 그도, 둘 다 '쉰 즈음' 이었다. 헛, 50살!

그렇게 공연에 몰입을 못 하고 이 생각 저 생각을 하는데, 그가 '저 평등의 땅에' 를 부르기 시작했다. 권진원 가수가 이 노래를 부르는 것을 듣고, 어떻게 하면 저렇게 노래를 잘할 수 있을까 감탄하면서, 김가영은 그 노래를 익혔다고 했다. 나도 그 노래에 사로잡힌 기억이 있다. 학부 졸업을 1년 반 남짓 앞둔 초겨울, 취업 준비를 하느라 아침 일찍 도서관으로 향하는 계단 길을 오르는데, 아침 학교방송(그때는 그런 것이 있었다.)이 '저 평등의 땅에' 를 틀었다. "저 하늘 아래 미움을 받은 별처럼, 저 바다 깊이 비늘 잃은 물고기처럼… 우리 노동자의 긍지와 눈물을 모아, 저 넓디넓은 평등의 땅 위에 뿌리리, 우리의 긍지, 우리의 눈물" 그 노래다. 떠오르는 아침 해를 받으며 저마다 비탈을 오르는 학우들의 모습이 노래에 겹쳐 뭔가 뭉클한 느낌이 들었다. 그런데 아뿔싸, 그들도, 나도, 모두 좋은 직장 잡아 나 먼저 잘살겠다며 아침부터 도서관에 틀어박혀 평등이고 뭐고 세상 돌아가는 일에 담을 쌓으러 가는 길이 아닌가. 나의 유치한 감상이 알량한 욕망의 '모닝커피' 같은 것이란 생각에 한 대 맞았고, 이후 그 노래는 만들어진 본뜻과 달리 그 시절 나의 낭패감을 상기하는 곡이 되었다.

한편 권진원은 당대 엘리트 가수의 등용문이던 MBC 강변가요제 출신이면서, 운동권 배경의 노래패인 '노래를 찾는 사람들(노찾사)' 에서 민중가수로 활동했고, 한참 후에 다시 대중가요 가수로도 족적을 남긴 특이한 경력의 가수다. 음역이 넓지 않은 것 같은데 높낮이의 표현이 탁월하며, 따뜻한데 힘찬, 매우 신기한 소리를 맡아 가진 사람이기도 하다. 그가 대학 졸업 후 노찾사에 본격 참여한 것이 1988년, 김가영이 영남대에서 민중가요를 부르게 되기 직전 해다. 그런데 권진원이 자작곡인 '지난 여름밤의 이야기'로 강변가요제 은상을 받은 것은 1985년의 일이었다. 이 노래의 후렴은 "조금만 뛰어올라도 달빛 스민 하늘에 닿을 것만 같다고 했었지, 조금 더 뛰어 올라서서 수많은 별들을 모두 품에 안아보자 그랬지, 이제는 그 밤 돌이킬 수 없음에 하릴없이 먼 하늘만 바라볼 뿐" 이라고 진행된다. 이루지 못한 꿈을 새기며 허탈해하는 노래로 방송국 주최 가요제에서 큰 상을 타는 꿈을 이뤘는데, 곧바로 그 꿈의 길을 버리고 민중가수로 전환하는 행적은 그의 목소리만큼이나 그때 내게 신비로웠다. 물론 나는 그처럼 살지 못했다.

그 전환이 그저 당대 대학생의 주류 정서를 따른 것이라고 할 수도 있다. 또 우리는 모두 늘상 이리저리 오락가락하며 살기 마련인 존재이다. 그렇게 탈신비화를 시켜야 할까? 그러나 우리 모두의 평범해서 완만한 변곡과 권진원처럼 극에서 극을 오가는 변곡의 차이는 엄연하며, 후자는 의미도 크다. 게다가 그로부터 10년 후쯤 대유행을 하게 된 후일담 문학풍의 상투적 감각으로는 '저 평등의 땅에' 다음에 '지난 여름밤의 이야기'가 와야 할 듯한데, 실제는 역순이었다. 그는 무엇을 보았을까. 직접 확인한 것은 아니지만, 매체들에 따르면 1987년 노찾사의 공연을 본 것이 그가 민중가수로 전환한 계기였다. 또 솔로 대중가수로의 전환은 결혼, 출산, 육아로 인해 단체 활동이 어려워진 사정과 관련 있었다. 변곡선 궤적은 극적이지만 변곡점은 일반적이어서, 우리의 삶과 다를 바 없다. 그 1987년, 특히 6월 항쟁에 이어 7, 8, 9월에 전개된 소위 '노동자 대투쟁'의 배경에 박종철, 이한열과 함께 가깝게는 광주, 멀게는 전태일이 있었음을 우리는 잘 안다.

오늘날 우리가 살아가는 시대 국면을 87년 체제라고 규정하는 논의가 있다. 이 논의에 대한 찬반 여하와 별도로, 1987년이 많은 것을 규정한 중요 계기였고, 이후 하나의 새로운 세계가 열린 것은 분명하다. 그런데 새로운 세계가 성립한다는 것은 그 직접적 계기가 된 사건이 '뻥' 하고 터져서 이루어지는 일일 수 없다. 그것은 다양한 시간 지속을 지닌 힘들이 함께 작용한 결과이다. 좋든 싫든, 인식하든 안 하든, 오늘 우리는 전태일이 만든 세계에서 살아간다.

그 안에서, 어떤 이는 30년 내내 한길을 걸으며 족적을 남기고, 어떤 이는 몇 차례 극적으로 변곡점을 지나면서 그때마다 자기만의 발자국을 남기고 살았다. 또 어떤 이는 나처럼 이리 구불 저리 구불 거의 오락가락 수준으로 살면서, 어떤 지점에서도 이름을 남길 만한 일을 못 한 채로 살았다. 그러나 전태일이 만든 세계는 실제로 분신한 전태일이 귀신이 되어 만든 것이 아니라, 그 세 종류의 사람이 함께, 그리고 더 많은 부류의 사람까지 더하여, 다 함께 전태일을 기억하면서 만든 세계이기도 하다. 그러니 전태일 열사 50주기는 우리가 만들어낸 세계의 50회 생일도 된다. 나의 생일도, 너의 생일도 아니고, 우리가 만들고 살아가는 세계의 생일인데, 그 뜻을 되새겨 보지 않을 수 없다. 우리는 기계가 아니다. 그의 죽음을, 우리 세계의 탄생을, 헛되이 하지 말자.

# 자본주의에 올라탄 신자유주의자들, 그들을 경계하라

손광락

상품가격이 오르면 자본가에게는 손해다. 구매력이 감소하기 때문이다. 상품가격이 오를 때는 일반적으로 보호무역이 실시될 때다. 예를 들어, 곡물 수입에 높은 관세가 부과되면 곡물 가격이 상승하고 그렇게 되면 구매능력이 감소하여 자본가는 손해를 본다. 자본가에게는 상품가격 하락이 유익하다. 상품가격 하락은 자유무역하에서 흔히 발생한다. 수입, 수출이 자유로워 상품가격이 하락하고 그렇게 되면 자본가의 구매능력은 높아진다. 자본가가 자유무역을 선호하는 이유이다. 그런데 자본가는 사실 상품가격이 상승할 때에도 돈을 번다. 금융 및 실물투자로 수익이 창출되기 때문이다.

임금노동자의 경우는 사정이 다르다. 자본가의 눈으로 보았을 때 임금이 생계의 적정 수준을 초과하게 되면 노동자는 게을러지거나 잉여임금을 축적하여 자본가의 경쟁대상으로 성장할 위험이 있다. 굳이 고전주의 정치경제학자들, 예를 들어, 토머스 맬서스의

'인구론' 이나 데이비드 리카도의 '임금 철창의 법칙(the iron law of wages)' 을 거론하지 않더라도 노동자의 임금은 생계를 유지하는 수준에서 고정되는 특징을 보인다. 노동자들에게는 미래에 투자할 시간도 자본도 없다.

결국, 자본가는 어떤 상태에서도 꾸준히 부를 축적하는 반면 노동자가 자본을 형성하기는 하늘에서 별 따기만큼이나 어렵다. 전형적인 자본주의 사회인 미국에서 중하위층의 실질소득이 1970년대 이후 정지 또는 감소한 반면 부유층의 소득은 기하급수적으로 증가했다는 사실이 이를 단적으로 증명한다. 2020년 미국연방준비제도 통계에 의하면 미국의 가장 부유한 50명의 자산이 미국 인구의 절반인 하위 1억 6,500만 명의 자산을 모두 합친 것에 육박한다고 한다. 데모할 때도 성조기가 등장하는 우리나라의 사정도 다르지 않다. 최상위 1% 집단의 소득 비중이 2004년 10%대에 진입한 이래 줄곧 상승하여 2017년 15%대를 돌파했고, 상위 10%의 소득 비중이 2017년 기준으로 50%를 넘어섰다.

대한민국 헌법 제11조 2항은 "사회적 특수계급제도는 인정되지 아니하며, 어떠한 형태로도 이를 창설할 수 없다."고 적고 있다. 그러나 '헬조선' 이나 '흙수저', '금수저' 로 상징되듯 소득의 불균형과 부의 세습으로 인한 경제적 신분제도가 우리 사회에 깊이 뿌리내리고 있다는 것은 이제 상식이다. 이 현대판 카스트제도는 어느 누가 인위적으로 창설하지는 않았지만 자본주의 사회의 필연적 귀결로 출현하였다. 자본을 세습한 소수의 부자 또는 자본가가 더 많은 부를 획득하고 가난하게 태어난 다수는 생계유지의 현 상태에 머물 수밖에 없다. 소득불균형과 세습의 이 악순환의 고리가 끊임없이 반복된다면 그 결과는 민주주의의 파괴이다. 소수에 의한 다수의 지배이다.

개인의 이기적 탐욕을 무한히 확장할 자유, 그리고 소수에 의한 정치·경제·사회적 지배를 경쟁이라는 이름으로 정당화하는 자들, 그들의 이름은 신자유주의자이다. 자유 지상주의 경제학자 프리드리히 폰 하이에크, 그의 사상을 미국에 이식시킨 시카고대학의 밀턴 프리드먼, 『선택할 자유』를 검찰 생활의 철칙으로 삼았다는 국민의힘의 고래급 대선 후보, '경쟁'을 '공정'의 대명사로 착각하는 야당의 대표, 맘몬주의에 빠져버린 종교, 이겨야 성공한다고 가르치는 교육, 기득권의 나팔수로 전락한 언론, 국민을 개돼지로 아는 관료들이 바로 그들이다.

신자유주의는 원래 자유시장을 열렬히 지지하는 오스트리아학파의 경제이론으로 출발하였다. 세계 양차 대전을 겪으며 집단주의의 위험을 경험한 그들은 집단주의의 공산주의를 비판하는 동시에 고전주의 경제학 이론을 이어받은 존 메이너드 케인스의 국가개입경제, 따뜻한 경제도 집단주의적 성격의 공산주의경제로 낙인찍었다. 1947년 하이에크는 스위스의 한 산장에 프리드먼 등의 경제학자, 칼 포퍼를 포함한 철학자와 역사학자, 그리고 중세로부터 이어온 황족 후예와 대부호 39명을 초청하고 케인스경제학과 공산주의를 규탄하는 모임을 결성하였는데 이것이 몽펠르랭 소사이어티Mon Pelerin Society이다.

몽펠르랭 소사이어티는 집단주의에 대한 반동으로 자유주의를 옹호하면서 시작한 경제학 학술연구모임이었지만 점차 경제학을 넘어 철학과 역사, 정치와 교육의 전 영역으로 뻗어 나갔다. 1970년대 미국과 영국을 강타한 스태그플레이션을 기회로 세계의 주류 경제학으로 부상한 이들은 미국 정가에 네오콘을 형성시키는 한편 미국 재정부의 역할을 월가의 금융자본과 이와 연결된 미국 연방준비은행으로 대체하였다. 금융자본이 아무런 규제도 받지 않고 수익의 극대화를 추구하게 되었으며 작은 정부와 큰 시장의 기치 아래 규제 철폐, 구조개혁, 민영화, 노동 유연화를 진행해 나갔다. 국제통화기금 등의 국제기구를 손에 쥔 미국은 차관받는 국가에 미국식 시장경제를 강제로 이식시키는 한편, 이들 국가에 강자생존의 시장프로젝트를 공교육과 정치의 이데올로기로 주입시켰다.

세계 양차 대전과 자본주의의 실상을 직접 경험하면서 시장경제가 몰고 온 인류사적 충격을 고찰한 헝가리 정치경제학자 칼 폴라니는 그의 저서 『거대한 전환』에서 우리 시대의 시장자유주의, 곧 신자유주의를 권력이 인간의 이기적 욕망을 교묘히 이용하여 개인을 공동체에서 분리하고 그리하여 소수의 지배를 용이하게 하고자 폭력적으로 개입한 결과라고 정의하였다. 신자유주의의 이데올로기에 세뇌된 정치가와 종교인, 언론과 교육, 검찰과 관료들은 자신들이 쇠사슬에 묶인 것도 인식하지 못한 채 이웃과 사회를 약육강식의 구렁텅이로 몰아넣고 있다. 그들을 경계하라!

# 역차별 담론과 인권의 뒤틀림

육주원

2020년 말 대구시청 한 남성 공무원이 여성은 일직(오전 9시~오후 6시), 남성은 숙직(오후 6시~오전 9시)을 전담하는 시의 관행이 양성평등에 위배되는 차별 행위라며 국가인권위원회에 진정서를 제출했다. 우리 사회의 뿌리 깊은 성역할 고정관념이나 성별에 따른 직무 분리는 찬찬히 그 원인을 들여다보고 개선의 방향을 고민해 봐야 할 문제임에 틀림없다. 그러나 이 문제가 사회적으로 이슈화되는 방식에는 흥미로운 점이 있다.

우선 미디어 보도 제목만 몇 개 보자. "여성공무원 절반 넘었는데… 계속 남성만 숙직하는 건 역차별?", "왜 우리만… 남성 공무원들 불만, 결국 터졌다", "'성차별 숙직 시정 촉구' 男공무원 진정한 양성평등 실현돼야" 대부분의 기사에서 남성에게만 숙직을 담당케 하는 관행이 '성차별' 이고 '진정한 양성평등' 에 위배되기 때문에 남성 공무원들이 '불만' 을 가질 수밖에 없다고 지적하고 있다.

주목해야 할 것은 논조인데, "여성공무원 절반 넘었는데", "진정한 양성평등", "결국 터졌다" 등에서 느껴지듯, 직접 언급되고 있진 않지만 이러한 논조 뒤편에 최근 몇 년간 미투 운동으로 등으로 촉발된 한국 사회 성평등 담론에 대한 묘한 반발감과 기계적 평등주의에 대한 맹신이 강하게 자리잡고 있음을 알 수 있다. 다시 말해, "여성공무원이 절반이 넘을 정도로 세상이 평등해지고 있는데 오히려 남성에게만 부담이 전가됨으로써 진정한 양성평등이 이뤄지지 않는다."는 식의 주장은 위 보도의 제목 중에서도 언급되는 '역차별' 담론과 긴밀하게 연결된다. 실로 역차별 논란은 양성평등 채용목표제에서부터 난민 수용, 이주노동자 최저 임금, 비정규직의 정규직 전환, 블라인드 채용, 사회적 소수자 대학 특별전형 등 사회적 소수자와 관련된 쟁점과 구조적 차별을 개선하고자 하는 거의 모든 정책을 둘러싸고 빠지지 않고 등장하고 있다.

수업 중 학생들의 보고서에서도 특정 사회문제를 잘 파헤치다가 맥락 없이 "역차별의 소지가 있을 수 있으니 주의 깊게 접근해야 한다."는 말이 단골 문장으로 등장하기 시작했다.[3] 역차별이 우리의 일상어로 들어왔다는 이야기이다. 우리 사회가 차별에 대해 제대로 이야기하기 시작한 지도 정말 얼마 안 되었는데 이제 역차별 담론이 차별 담론을 가릴 정도라니 실로 뭐든지 압축적으로

3) 필자는 학생들의 보고서에서 논지를 벗어날 때 등장하는 말들 혹은 서둘러 결론을 내리면서 쓰는 말들을 특히 흥미롭게 보곤 하는데 예를 들어, 사회정책에 대해 분석하는 보고서라면 "콘트롤타워가 부재하다." 등이 남발되는 것이 대표적이다. 근거 없이 불쑥 등장하는 이러한 '엉뚱한' 말들을 통해 해당 주제와 관련해 미디어 보도 프레임과 나아가 사회적 담론이 어떤 방식으로 형성되고 있는지 엿볼 수 있기 때문이다.

경험하는 사회임은 틀림없나 보다.

영미나 많은 유럽 국가에서 역차별 담론은 탈인종(post-race), 포스트 페미니즘 담론 등과 착종되어 나타났다. 미국의 경우, 오바마 대통령 당선이 이제는 모두가 '인종' 문제에서 자유로운 탈인종 사회(post-racial society)를 알리는 징표로 여겨졌다. 그러나 21세기에도 경찰 폭력으로 속절없이 죽어가는 흑인 시민의 모습과 흑인의 코로나 감염률, 사망률이 백인에 비해 압도적으로 높다는 사실은 이런 탈인종 사회 선언이 허구임을 보여준다.

여전히 수많은 여성이 젠더폭력의 피해자가 되고, 돌봄의 책임은 여성에게 편중된 채 노동시장의 성별 격차에는 어떤 획기적인 변화도 없으면서, 마치 여성도 본인의 노력과 의지만 있으면 자신이 원하는 모든 것을 성취할 수 있는 사회가 되었다는 식의 긍정의 서사. 포스트 페미니즘의 옷을 입고 등장하는 이러한 장밋빛 수사 역시 마찬가지다.

이러한 특정 포스트 담론은 '평등'의 언어를 전용하면서 동시에 평등을 '이미 달성된 것'으로 간주하게 만든다는 특징을 갖는다. 사실 많은 사람들이 역사적이고 구조적인 차별과 그 참혹한 현실에 대해 듣는 것을 별로 내켜하지 않는다. 힘들고 답답하기 때문이다. 그러나 이러한 포스트 담론은 차별은 나쁜 것이지만 이제 그런 나쁜 상황은 거의 다 지나갔다며 우리에게 가볍게 말을 건넨다. 포스트 담론이 사실이 아님에도 사람들이 이런 이야기를 그럴듯하게 여겨 반복하게 되는 이유이다.

이렇듯 역차별 담론은 현실의 복잡한 맥락을 다 제거하고 기존

평등의 문법을 뒤집어 우리 시대 '진정한 차별' 은 '역차별' 뿐이라는 생각을 유포하게 된다. 나아가 차별 철폐를 주장하거나 시정하고자 하는 움직임 자체를 역차별의 증거로 인식한다.

성적 지향에 대한 차별을 하지 말자는 지극히 기초적인 인권에 입각한 주장은 '성적 다수자' 를 향한 역차별로 둔갑하고, 난민 신청자의 인권을 보장하고 정당한 심사를 받을 수 있게 하자는 주장은 국민을 향한 역차별로 둔갑한다. 즉 누군가를 '차별할 자유' 를 빼앗는 것도 역차별이 되어 버리는 것이다. 공정성, 평등 등의 말이 이러한 기이한 논리 구조 속으로 빠지게 되면서 우리의 시야는 점점 좁아지고 흐려진다.

신자유주의 시대 불평등의 심화는 복합적인 인권침해를 구조적으로 양산하고 있다. 그럼에도 불구하고 같은 시기 우리 사회에서 인권 담론 또한 팽창해 온 것 역시 사실이다. 여러 인권의식조사에서 10, 20대의 인권감수성이 어느 세대보다 높게 나타나는 점에서 알 수 있듯이 인권교육의 확산으로 그 어느 때보다 우리 사회의 인권 규범에 대한 인식 수준이 높다고도 볼 수 있다.

어쩌면 역차별 담론의 확산은 신자유주의적 사회가 낳고 있는 일상화된 삶의 불안이 이러한 권리 담론의 확산 과정과 만나면서 더욱 가속화되고 있는지도 모른다. 즉 인권담론의 확산이 보편적이고 추상적인 차원에서 시민들의 인권의식을 높이긴 하지만, 그 신자유주의적 뒤틀림은 실제 나의 권리나 내집단의 권리가 다른 가치나 외집단의 권리와 상충하는 것으로 표상될 때는 나의 권리만을 가장 중요하게 방어하려는 방식으로 나타날 수도 있다는 것이다.

실제로 필자가 책임연구자로 진행한 '2019 대구인권의식실태조사'를 분석해 보면, 신자유주의 시대 인권교육의 확산은 사람들의 인권감수성을 비롯한 인권의식 전반을 상승시키지만 정작 현실에서 내집단의 이익과 인권적 가치가 충돌할 가능성이 있다면 인권을 포기하는 경향성(낮은 인권헌신)을 제어하지는 못하는 한계를 갖는 것으로 보인다.[4)]

인권을 수호하고자 하는 태도나 행동에서 타인에 대한 공감 능력은 주요한 요소이다. 무한경쟁을 사회 운영의 기본 원리로 만드는 신자유주의하에서 공감의 범위가 점점 축소되고 타인에 대한 공감 능력이 파괴되는 것은 어쩌면 예견된 일이다. 이러한 사회 속에서 타자는 과거처럼 열등하기 때문에 배제해야 할 존재가 아니라, 나와 우리 사회를 갉아먹는 존재, 차별이 어쩌구 하면서 '피해자 행세'를 하며 특혜를 바라는 불공정한 사회의 상징이 되어버리는 것이다.

이렇듯 자신의 특정 사회적 위치가 역사적이고 사회적인 산물이라는 사실을 부정하면서 자신의 현재 경험만을 절대화하고 다른 이의 상황을 보지 않고 이해하고 싶어 하지도 않는다면, 우리는 결코 이 사회의 문제는커녕 본인 삶의 불안함도 끝끝내 해결할 수 없을 것이다.

다시 처음으로 돌아가 보자. 여성은 일직, 남성은 숙직을 담당

---

4) 육주원·신형진(2020), "인권의식 구성요소 간의 상관관계와 영향요인 분석"『사회과학 담론과 정책』, 13(2): 211~243.

하기 때문에 여성공무원 수가 늘면서 남성의 근무 시간이 점점 늘어나는 것이 불공평하다고 느껴질 수 있다. 그러나 이것을 여성이 어려운 일을 피하기 때문에 발생했거나 여성에게 특혜를 주기 위해 마련된 것으로 오인하며 역차별 운운하는 것은 문제를 오도하는 것이다.

우리는 아직도 밤이 되면 여성이 자신의 안전을 걱정해야 하고, 직장에 나갔다가도 집에 돌아와 육아와 가사를 챙기는 것은 일차적으로 여성의 일이라고 여기는 사회에 살고 있다. 숙직이 남성 전담 업무로 시작되었을 당시부터 지금까지 이런 근본적인 문제는 과연 얼마나 바뀌었는지 생각해 보자. 진정한 성평등을 위해서 필요한 것은 양성 간 숙직을 공평하게 나눠 하면 되는 그런 간단한 해결책이 아니라 그 현상 뒤에 놓여있는 이야기를 나누고 같이 고민하는 과정인 것이다.

2020년 말 대구시가 인권조례를 개선하기 위해 개정안을 입법예고했지만 일부 보수개신교 단체를 중심으로 '동성애 조장', '이슬람화' 등의 터무니없는 민원폭탄이 쏟아지자 개정안 상정을 보류했다. 이에 대구시 인권증진위원회 위촉직 위원들은 대구시 결정을 규탄하며 전원 사퇴했다.

"소수의 인권을 위해 다수의 시민을 차별하는 조례다.", "동성애 처벌을 말하는 사람의 입을 막으려는 법이냐." 등에서도 알 수 있듯 왜곡된 역차별 담론은 이제 인권을 향한 모든 움직임을, 아니 인권 그 자체를 차별의 상징, 제거해야 할 대상으로 여기는 지경으로까지 가고 있다.

신자유주의가 심화되면서 극소수를 제외한 대부분 사람들의 삶이 불안해지고 있다. 모두 여유가 없어졌다. 그러나 당장 눈앞의 내 몫만을 지키고자 상처 안에 고름을 보지 않고 봉해 버린다면 결국 내 삶의 문제도 해결되지 않는다. 다른 이들의 경험에 귀 기울이며 공감과 연대의 자세를 몸에 익힐 때 경쟁에 지친 우리 마음을 달래고 불안을 떨쳐낼 수 있지 않을까?

# 그 AI는 왜 여성이었나?

## - '이루다' 성희롱 논란

이소훈

해외에서 생활하는 동안 아이폰 음성인식 비서 '시리'는 '영국 남성'으로 설정되어 있었다. 비서는 여성이어야 한다는 성 역할 구분의 고착화가 인공지능에까지 미친 것에 대한 나름대로 항의였다. 하지만 막상 사용하고 나니 의도와는 다르게 또 다른 고착된 성 역할을 마주했다. 기본값으로 설정된 시리가 순종적인 여성 비서를 연상시켰다면 필자가 설정한 시리는 고상하고 점잖은 '집사'를 연상시켰던 것이었다. 운전하며 그의 길 안내를 들으니 마치 신분 상승을 한 것 같은 묘한 기분도 들었다.

2020년 말 스타트업 기업 스캐터랩이 개발한 AI 기반 챗봇 '이루다'가 2021년 1월 13일 많은 논란 끝에 서비스 중단을 공지하였다. '이루다' 논란 이후 오랜만에 시리에게 말을 걸어보기로 했다. 한국에 돌아온 후 언어 설정을 한국어로 바꾸었더니 시리는 '한국 남성'으로 변해있었다. 엄마에게 문자를 보내라는 음성명령을 내렸더니, 말을 잘 받아 적은 시리가 '주인님, 이렇게 문자를 보낼까요?' 라며 '보내기' 버튼과 문자 내용을 화면에 표시했다. 화들짝 놀랐다. 젊은 남성의 목소리가 '주인님' 이라고 부르는 것이 너무 낯설었기 때문이다. 만약 여성의 목소리가 '주인님' 이라고 불렀다면 차라리 화가 났을텐데 젊은 남성이 그렇게 부르니 황당하기만 했다.

한국에서 태어난 20세 여성 이루다는 등장부터 상당한 인기를 누렸다. 스캐터랩은 출시 후 2주 동안 이루다가 75만 명에 가까운 이용자들과 대화를 나눴다고 밝혔다. 이루다의 인기 비결은 그녀가 '진짜 같았기' 때문이었다. 블랙핑크를 좋아하고 일상의 사소함을 사진과 글로 기록하는 이루다는 우리가 상상하는 '보통 20세 한국 여성' 의 구체적인 모습이었다.

AI인 이루다가 진짜 사람처럼 대화할 수 있던 이유는 스캐터랩이 '연애의 과학' 이라는 앱을 통해 수집한 실제 연인의 카카오톡 대화 내용 100억여 건을 사용했기 때문이었다. 하지만 미숙한 익명화 작업 때문인지 실명, 주소, 계좌번호 등 개인정보가 포함된 내용이 이루다와 대화를 통해 노출되자 큰 논란이 되었다. 개인정보가 노출된 '연애의 과학' 이용자들은 스캐터랩을 상대로 집단소송을 준비하는 것으로 알려졌다.

서비스 잠정중단을 발표한 입장문에서 스캐터랩은 개인정보 노출 외에도 성소수자 및 장애인 혐오와 차별 발언에 대하여 사과했다. 더불어 '어린아이 같은' 이루다가 앞으로는 학습대상인 대화를 그대로 배우는 것이 아니라 '적절한 답변' 과 '더 좋은 답변' 을 판단하게 하도록 하겠다고 밝혔다. 그렇다면 과연 '이루다' 는 개선될 수 있을까? 이루다에게 '더 좋은 답변' 이란 무엇일까?

스캐터랩의 입장문에서 빠진 내용은 이루다에 대한 '성희롱' 논란이었다. '이루다 성노예 만들기' 등의 내용을 담은 게시글이 인기몰이를 하자 많은 사람이 '이루다에 대한 성희롱' 이라며 불편함을 호소했다. 하지만 동시에 AI는 인간이 아닌데 무슨 권리가 있냐며 비아냥거리는 반대 의견도 많았다.

사실 AI에 대한 성희롱 논란은 이루다가 처음이 아니다. 2년 전 유엔은 '할 수 있다면 볼이 빨개졌을 거야(I' d Blush If I Could)' 라는 제목의 보고서를 발간했다. 보고서 제목은 아이폰 음성인식 비서 시리가 '창녀(slut)' 등의 여성비하 발언과 욕을 들었을 때 프로그램된 대답에서 따온 것이었다.

보고서를 발간한 유엔기관 유네스코는 애플의 시리, 아마존의 알렉사, 삼성의 빅스비, 마이크로소프트의 코타나, 구글의 구글어시스턴트 등이 여성 음성으로만 이용 가능하거나 여성 음성이 기본값으로 설정되어 있는 것에 대해 문제를 제기했다. '스마트 기기의 여성화' 는 여자는 순종적이고 친절하여서 남을 돕는 서비스 직업에 적합하다는 편견을 부추긴다. 또 험한 말을 듣더라도 고분고분한 모습은 여성에 대한 잘못된 성 인식을 악화시킨다.

같은 해 #미투 운동에 대한 시리의 응답 프로그래밍에 대한 애플 내부 문서가 유출되면서 논란은 더 커졌다. 이용자가 #미투에 대해 질문을 하면 (1) 관여하지 말 것 (2) 대화 방향을 바꿀 것 (3) 정보를 제공할 것(don' t engage-deflect-inform)의 순서로 시리가 응답하도록 애플이 프로그램한 것이 드러난 것이다.

"당신은 페미니스트인가요?", "성 평등에 대해 어떻게 생각하나요?"라고 물으면 "흠… 그건 잘 모르겠습니다.", "사실 젠더가 뭔지 잘 모르겠어요."라고 대답하는 시리의 모습도 문제가 되었다. 음담패설은 능숙하게 농담으로 받아치면서 페미니즘엔 왜 이리 수줍고 순박한 모습을 보이는 것인지 이해할 수 없는 일이었다.

유엔 보고서는 이러한 현상에 대해 세 가지 제안을 내놓았다. 첫째는 음성인식 비서 도구의 기본값을 여성으로 하지 말 것. 둘째는 AI 개발자 중 여성의 비율을 높일 것. 셋째는 젠더 기반 욕설과 모욕적인 발언에 단호하게 대답하도록 할 것이 그 내용이다. AI가 남성 프로그래머에 의해 남성 고객 위주로 만들어진다면 문제는 지속될 것이라고 경고하며, AI 연구자 중 단 12%, 소프트웨어 개발자 중 단 6%만이 여성인 현재 성 비율 불균형 상태를 해결하라고 권고했다.

제기된 문제에 대해 애플은 '젠더 감수성'이 반영되도록 시리 프로그램을 변경했다. 이후 시리는 젠더 기반 욕설에 대해서는 "대답하지 않겠습니다."라고 단호하게 대응하게 되었다. 또한 페미니즘 관련 질문에 대해 "저는 평등의 가치를 믿으며 모든 사람을 사랑하고 존중하는 마음으로 대합니다."며 교과서적인 대답으로 대체되었다. 여성이냐고 묻는 말에는 "동물들과 프랑스 명사에도 성별이 있지만 저에게는 없어요."라며 위트있게 대답하게 되었다.

사실 AI에게는 성별이 없다. 하지만 시리는 성별이 있다. 이용자가 아무리 남성으로 설정을 변경한다고 하여도 시리는 '귀여

워' 라는 말에 호출된다. AI는 성별도, 나이도, 국적도 없지만 '진짜 사람같이' 만들기 위해서 개발자는 AI에게 가상 정체성을 부여한다. 취향, 말하기 습관, 도덕적 가치 등 모든 것이 젠더화된 현대 사회에서 AI를 이용한 서비스를 판매하기 위해서는 어쩔 수 없는 현상일지도 모른다. 책 『스마트 와이프The Smart Wife』의 저자 제니 케네디는 AI가 가정과 개인 삶의 친밀한 영역으로 들어오면서 낯선 시스템에 대한 위화감을 줄이기 위해 여성의 목소리를 사용하였다고 주장했다.

외로운 인간들을 위한 대화 상대로 개발된 이루다는 꼭 젊은 여성이어야 했다. 서비스가 잘 팔릴 수 있도록 이루다는 예쁘고, 날씬하고, 옷 잘 입고, 진짜 젊은 여성처럼 대화할 수 있어야 했다. 20대 여성과 대화하는 것을 싫어할 사람이 누가 있겠는가? 상냥하고, 잘 웃고, 대화 상대의 기분을 좋게 만드는 20대 여성의 존재와 그들이 줄 수 있는 친밀함에 대한 환상은 이루다라는 챗봇으로 상품화됐다.

스키터랩은 입장문에서 알고리즘 개선을 통해 인간과 의미 있는 관계를 맺고 외로움을 덜어줄 수 있는 AI 친구 이루다로 돌아오겠다고 말했다. 하지만 이루다가 개선된 알고리즘으로 돌아온다고 해도 성희롱적이고 폭력적인 발언에서 벗어나게 될 것이라 예측하는 사람은 많지 않을 것이다. 한국 사회에선 '누군가의 엄마, 누군가의 딸' 이기 때문에 콜센터 등 서비스 노동자에게 폭언하지 말아야 한다고 하는데, 이루다는 누구의 가족도 아니며 인간도 아닌 서비스 AI이기 때문이다. 이루다가 듣는 말을 통해 거르지 않은 인류의 민낯을 보게 될 것이다.

앞서 언급한 제니 케네디는 AI에 '페미니스트 리부팅'이 필요하다고 주장했다. 지난 반세기 여성주의자들의 노력이 무색하게, 스마트 기기의 여성화가 집안일, 자질구레한 일, 보조적인 역할이 여성의 전유물이라는 잘못된 인상을 준다고 말했다. 스마트 기기의 여성화는 남녀에게 공평한 가사노동 분업을 이루자는 대의적 가치를 무색하게 만들었다.

그렇다면 '20세 여성' 이루다가 '페미니즘'의 영향을 가장 강하게 받은 현시대 20대 여성을 표방하는 것은 어떤가? 2019년 여성정책연구원의 성 평등 인식조사에 따르면 20, 30대 여성 중 절반이 자신을 페미니스트라고 밝혔고 80%가 미투 운동을 지지한다고 밝혔다. 이루다가 20대 여성과 같아지려면 그들이 가진 생각과 가치관을 모방하는 것이 당연할 것이다. 페미니스트 이루다가 불편한가? 잘 안 팔릴 것 같은가? 그렇다면 문제가 심각하다. 페미니즘의 대중화로 대표되는 21세기 여성상이 이뤄낸 성과를 여성인 척하는 AI가 파괴하게 두어서는 안 된다.

# 사랑가와 외상

- '그 안' 에 모든 것이 다 들어 있다

김은영

"애, 춘향아. 나도 너를 업었으니 너도 나를 좀 업어다오. 아이고! 도련님도. 도련님은 나를 가벼워 업었지만 나는 도련님이 무거워 어찌 업어요? 얘야, 그저 내 양팔만 네 어깨 위에다가 얹고 징검징검하고 걸어 다니면, 그 속에 좋은 것들이 다 들어 있느니라."

이 가사는 서도밴드의 〈사랑가〉라는 곡의 첫 부분이다. 이 노래는 판소리 춘향가 중 사랑가의 일부를 그대로 옮긴 것으로, 현대판 사랑가는 두 남녀가 나누는 사랑의 순간과 짧은 밤에 대한 아쉬움을 이야기로 술술 풀어나간다.

업고 놀자며 서로를 구슬리고 어화둥둥 내 사랑을 노래하며, 시간을 멈춰 이 밤이 영원하기를 기원하기도 한다. 이 노래를 통해 우리는 그들의 은밀한 경험 한 자락을 보게 된다. 더할 나위 없을 만큼 즐거웠던, 찬란한 한순간을 말이다. 그리고 그들이 경험했을 놀라움과 환희의 순간을 오롯이 공유하고 나면, 이 순간의 미학을 포착한 현대판 사랑가가 얼마나 매력적인지를 깨닫게 된다.

그러나 우리는 금세 여기에서 예사롭지 않은 아름다움을 발견하게 된다. 이는 아마도 춘향가가 사람들의 입에서 입으로 수백 년간 전해져 오늘날까지 이토록 뚜렷하게 남아있을 수 있는 이유와 무관하지 않을 것이다. 사실 젊은 남녀가 애틋한 밤을 보내는 것은 본래 흔하다면 흔한 일로 결코 특별하다 할 수 없다. 즉, 춘향가는 평범하고 그저 그런 사랑타령의 하나로 그쳤을 수도 있다는 것이다. 그렇다면 춘향가의 서사가 그토록 오랫동안 사람들의 마음속에 깊숙이 자리 잡을 수 있었던 이유는 무엇이었을까.

혹시 그 경이로운 밤의 기억이 우리의 평범하고, 어쩌면 보잘것없을지도 모르는 삶을 어떻게든 지탱해 줄 것이라는 사실을 모두가 알아챘기 때문이 아닐까. '그저 내 양팔만 네 어깨 위에다가 얹고 징검징검하고 걸어 다니면, 그 속에 좋은 것들이 다 들어 있다'는 깨달음. 그 대수롭지 않은 기억 속에 세상의 모든 좋은 것들이 온전히 자리 잡고 있다는 비밀을 말이다.

어린 두 남녀는 성장의 과정에서 세상으로부터 온갖 고통과 고난, 상실, 좌절을 겪게 될 것이 분명하다. 그런데 그 모든 부정적인 것들을 거뜬히 감내하고 살아갈 수 있도록 도와줄 (그토록 좋은) 것들이 그 짧은 순간의 기억 속에 모두 들어 있다는 것이다.

실제로 춘향가의 어린 소녀는 그 밤이 지나자 매몰찬 세상사에 휘말리게 된다. 사랑하는 임을 떠나보내야 했고, 이후 강압에 시달리며 모진 고문과 고난을 겪게 된다. 요즘의 언어로 풀어보자면,

외상 후 스트레스 장애의 외상으로 규정되는 사건에 반복적으로 노출된 셈이다. 그러나 그녀는 좌절할 법한 상황에도 좌절하지 않고 고통의 순간들을 묵묵히 이겨낸다. 어머니의 애타는 소원조차 외면한 채 말이다.

도대체 무엇이 그녀를 외압에 꺾이지 않고 끝끝내 살아남아 재기할 수 있게 하였던 것일까. 세상의 좋은 것이 다 들어 있다는 그 밤의 기억이 그녀의 마음속에 시간성을 잃고 영원으로 자리 잡아서였을까. 그날 밤, 평생이 그 밤 같기를 빌었던 그들의 염원 때문이었을까.

그런데 여기에서 의문을 제기해 볼 수 있다. 한순간의 기억에 기대어 현실의 고통을 끊임없이 참아내는 삶이 과연 괜찮은 것인지 말이다. 사실 그러한 삶은 대단히 비현실적이고 나아가 부적응적인 것일 수 있다. 어찌 보면 현실검증력을 거스르는 일일 수도 있다. 현실의 모든 고통을 외면하고 내면의 논리만을 따른다면, 현실이 제대로 보일 리 없을 터이니 말이다.

그러나 춘향가를 입에서 입으로 전했던 이들은 알아차렸던 것 같다. 그 평범하고 짧은 기억의 비밀. '그 안'의 힘이 얼마나 엄청난 것이고, 또한 그 힘이 사람을 어떻게 계속해서 살아가게 만드는지 말이다. 나아가 그 짧은 밤이 있고 없고의 차이가 세상살이를 얼마나 다르게 만들 수 있는지를 말이다.

이처럼 어느 순간의 기억은 고통과 좌절을 무력화시키고 마음속에 간직한 표상을 통해 세상의 모든 것을 전부 다 다르게 읽어내는 힘을 가지기도 한다. 이 지점에 이르면 우리는 도대체 무엇이 현실인지 구별조차 하기 어렵다. 그래서일까. 이처럼 극명한 모순의 순간과 위대한 힘을 알아차렸던 사랑가에 아낌없는 찬사를 보내고 싶다.

여기에서 잠시 눈을 돌려본다. 우리는 사랑가의 소녀로 하여금 고난의 순간들을 견디게 한 그 힘처럼, 혹은 그보다 더 큰 힘을 발휘하는 어느 기억을 예상치 못한 곳에서 발견하게 된다. 그저 쉬쉬하면서 잊혀가는, 2021년 어느 여중생의 죽음이 그것이다.

학생 간 성적 접촉이 교실 내에서 발생하였고, 문제가 처리되는 과정에서 한 여중생이 자살을 택했다. 그녀는 과거에도 수차례 자해와 자살을 시도한 적이 있었고, 성적 문제가 결부된 사건들에 여러 번 연루되기도 하였다.

그녀의 어려움은 시간을 돌려 중학교 입학 전, 초등학교 시절에 있었던 어느 날의 사건으로 거슬러 올라간다. 친구의 집에 놀러 가 벌어졌던, 어느 성인과의 성적 접촉이 그것일 것이다. 가해자였던 성인은 짧은 징역형으로 죗값을 치렀고, 그녀는 이후 크고 작은 어려움에 끊임없이 시달리다 마침내 막다른 선택을 하게 되었다.

누군가는 물을지도 모른다. 그 짧은 순간에 벌어졌던 일이 그토록 오랫동안 사람을 괴롭힐 수 있는가라고 말이다. 그냥 좀 넘어가면 안 되느냐고. 그렇게 큰 사건도 아니지 않느냐고. 다 이해하긴 하지만 왜 아직도 저러는지 모르겠다고. 이렇게들 말이다. 그런데 아마도 거기에 비밀이 숨어 있는 것 같다.

사랑가의 그 흔하디흔한 밤의 기억이 눈과 귀를 가리듯 현실을 보지 못하게 하지만 결국에는 현실에서 살아남을 수 있도록 거대한 힘을 발휘하는 것과 마찬가지로, 어느 순간의 작은 기억, 수치심, 주위의 시선과 자책감은 멀쩡한 사람의 현실검증력을 송두리째 뒤엎고 세상을 완전히 다르게 몰아가는 무한한 파괴력을 지녔다는 것이다. 외상은 사물의 지각과 인식 과정을 다르게 한다. 외상을 겪은 이들이 보는 세상은 다른 사람들이 보는 세상과 확연히 다른 세상이라는 것이다.

사랑가의 찬란한 순간과 씻을 수 없는 상처를 남기는 외상의 순간. 이 둘은 공통점이 있다. 더 이상 현실이 제대로 보이지 않게 만드는 강력한 힘을 가졌다는 것이다. 그 힘은 세상을 다르게 지각하고 다르게 해석해 낸다. 그러나 전자는 세상의 고난으로부터 스스로를 살아가게 하는 힘이 되지만, 후자는 고난 속에서 빛이 될 그 찬란한 순간의 잉태를 막아버리는 힘을 가졌다.

우리의 일상은 보통 눈에 보이는 것에 끌려다닌다. 가시적인 지표와 화려한 외양의 추구, 그리고 소위 말하는 스펙 쌓기 경쟁은 간과하기 어려운 현실의 일부이자, 우리를 움직이게 하는 동력이기도 하다. 그러나 사랑가에 숨겨진 그 짧은 밤의 위력을 알아챌 수 있었던 것처럼 누군가의 대수롭지 않아 보이는 상처에 숨겨진 파괴력에 대해 조금이라도 알아차릴 수 있다면, 우리는 '그 안' 에 세상의 모든 것이 다 들어 있다는 삶의 또 다른 진실에 조금 더 접근할 수 있게 될 것이다. 비록 그 진실에 가까워지는 일이 찬란했어야 할 순간을 빼앗기고 삶을 포기해야 했던 어린 여중생에 대해 안타까워하고 그녀를 떠나보낸 어머니의 두 손을 잡아주는 것에 지나지 않을지라도 말이다.

# ‘이대남’을 둘러싼 말잔치와 세대 담론에 대한 성찰

육주원

2021년 서울과 부산 재보궐 선거에서 나타난 20대 남성 표심을 놓고 ‘이대남’(‘이남자’) 현상 진단이 미디어를 달구며 세대 담론에 또다시 불을 지폈다. 최근 야당 대표로 선출된 젊은 정치인이 집권 여당의 패배 요인을 “2030 남성의 표 결집력을 과소평가하고 여성주의 운동에만 올인”한 것으로 지적하며 남초 사이트에서 인기몰이를 하자, 여당 일부 남성 정치인도 “페미니즘 정책 때문에 졌다.”며 앞다투어 20대 남자들 마음 달래기에 나섰다. 애초 여당 정치인 두 명의 성폭력 사건으로 치러진 선거임에도 선거 과정에서 이러한 문제에 대한 진지한 논의는 전혀 이루어지지 않고 오히려 선거 결과를 둘러싸고, 소위 20대 남성에게 박탈감을 준 ‘지나친 페미니즘’이 문제라는 결론이라니…. 한국 정치가 소위 상식과 논리쯤은 쉽게 뛰어넘는다는 걸 알고 있더라도 좀처럼 이해하기 어려운 전개다.

뭔가 이렇게 앞뒤 안 맞는 일이 너무나도 자연스러운 것처럼 일어날 때는 보통 이런 프레임을 통해 이득을 보는 집단이 있기 마련이다. 문제는 수혜자가 청년이 아니라는 점이다. 청년 여성은 고사하고 정치권이 구애하고자 하는 청년 남성의 삶 어느 부분도 젠더 갈등을 이용한 세대 담론을 통해 나아지지 않는다. 정치인 입장에서는 실질적으로 문제 해결을 하지 않고 말을 보태는 것만으로도 자신을 선명하게 드러낼 수 있다는 점에서, 미디어는 쉽게 대중적 관심을 유도할 수 있다는 점에서 이러한 프레임이 꽤나 매력적인 모양이다. 이처럼 젠더갈등을 청년세대의 가장 큰 문제로 만드는 현재의 청년세대 담론은 "싸우지 말고 친하게 지내는 것이 좋다."는 지극히 일반적이지만 상당히 문제적인 결론이나, 혹은 청년 여성, 남성 중 누가 문제인가를 성급히 결론짓고자 하는 이분법적 태도로 나타나곤 한다. 청년의 고달픔, 분노를 자양분으로 삼는 청년 담론 내에서도 청년은 대상화되고 있다.

그렇다면 실제로 20대 남성이 보수적인가? 20대 남성의 여성에 대한 편견이 유독 심한가? 세대와 관련하여 이루어진 다양한 설문조사 중 2021년 기사화되었던 KBS의 세대 인식 집중조사 결과[5]가 적지 않은 이들에게 충격을 준 것 같다. 학력이나 성별에 따른 임금 격차에 대한 질문이나 북한에 대한 태도, 포괄적 차별금지법에 대한 의견 등의 질문에서 청년 남성이 다른 집단(청년 여성, 50대 남성, 여성 집단)에 비해 보이는 태도를 놓고 우려와 비난의 목소리가

5) KBS 세대인식 집중조사 ③ '이대남' , '이대녀' 론의 실체, ④세대가 아니라 세상이 문제
https://news.kbs.co.kr/news/view.do?ncd=5217567
https://news.kbs.co.kr/news/view.do?ncd=5218373

들린다. 교육자로서 이러한 결과에 심란하지 않다면 오히려 이상한 일일 것이다. 그러나 이 결과를 놓고 청년 남성을 서열화된 격차를 당연시하고, 차별을 옹호하는 집단으로 일반화하는 것은 이미 많은 이들이 지적한 것처럼 위험한 일이다.

다만 이 조사에서도, '20대 남자' 등 기존 다른 연구들에서도 지적된바 '페미니즘', '성평등' 이라는 말 자체에 거부감을 보이는 특정 청년 남성들이 있음을 추정해 볼 수 있다. 하지만 이 역시 청년 남성의 젠더의식이 중장년층보다 낮다는 걸 의미하는 것은 아니라는 점 역시 기존 연구를 통해 밝혀진 바다. 필자가 가르치는 남학생들만 보더라도 '남자라면 응당, 여자라면 응당' 식의 성역할 고정관념이나 성별에 따른 차별을 문제시하는 것에 있어서는 50~60대 남성에 비해 훨씬 합리적인 사고를 한다. 현재 청년 남성의 '반페미니즘' 경향성을 단순히 차별에 찬성하는 것으로만 읽기에는 부족함이 많다는 말이다. 여기에선 다루진 않지만 페미니즘에 대한 반격의 역사성과, 특히 한국의 맥락에서 청년 남성이 느끼는 박탈감의 정체에 대해서는 여러 좋은 연구가 나오고 있다.

KBS 조사에서 많이 주목받은 결과는 '기회가 되면 내 것을 나눠 타인을 도울 것' 이라는 질문과 관련하여 주관적 계층 인식이 높아질수록 청년 남성이 다른 집단에 비해 남을 돕고자 하는 의향이 감소하는 것이었다. 통상 본인 사정이 넉넉한 사람이 타인에게 좀 더 관대한 자세를 보일 것이라는 예측과 반하는 것이기에 주목할 수밖에 없는 결과다. 이와 관련해 기사화된 자료의 정확성, 분석의 타당성에 대한 논란이 있기도 했지만, 이 글에서 주목하는 지점은 이러한 결과를 어떻게 읽어내고 어떤 통찰을 얻을 것인가이다. 이 결과는 청년 남성을 하나의 이상한 집단으로 뭉뚱그려 보는 시각에 오히려 문제가 있음을 보여준다. 청년의 노동시장과 가족형성에 있어서 기회 불평등을 살펴본 김영미의 2016년 연구[6]도 청년세대 내 기회의 격차가 주관적 인식의 다양한 측면에 반영되고, 사회경제적 지위가 주관적 인식에 미치는 영향이 다른 연령집단에 비해 청년층에서 뚜렷하게 나타난다는 것을 보여준다. 청년세대 내 계층에 따른 인식 차이는 한국 사회 불평등 구조를 악화시키는 기제를 면밀히 살펴봐야 하며 이를 세대 간 차이로 환원할 수 없다는 것, 나아가 현재 청년 담론의 현실 왜곡을 비판적으로 살펴봐야 한다는 것을 말해준다.

그렇다면 '공정성'을 화두로 삼은 청년 담론에서 누구의 목소리가 과대대표되고 과소대표되는지 생각해 볼 필요가 있다. 비정규직의 정규직화를 반대한다는 정규직 청년이 '공정성'을 외치는 목소리가 가득 찬 자리에서 수많은 비정규직 청년의 목소리는 사라진다. 구의역, 태안화력발전소, 평택항…. 이것은 청년의 문제가 아닌가? 일상 속에서 위력에 의한 성폭력, 디지털 성범죄 피해를 경험하는 청년의 문제는? 청년들 삶 속의 긴박한 문제는 현재 '공정성', 젠더갈등이라는 프레임에 갇힌 청년세대 담론 속에서 증발해 버린다. 더 문제적인 것은 이야기가 그냥 이야기로 그치는 것이 아니라 현실을 재구성한다는 점이다. 마치 젠더갈등이 지금

---

6) 김영미(2016), "계층화된 젊음: 일, 가족형성에서 나타나는 청년기 기회불평등" 『사회과학논집』, 47(2): 27~52.

청년 문제의 핵심인 것으로 자꾸 이야기되다 보면, 별로 그렇게 생각하지 않던 사람들의 생각조차 그 방향으로 이끌어가면서 결국 정말 그것을 문제의 원인으로 인식하도록 만든다는 것이다. '뭣이 중헌지' 아는 게 어려운 세상, 청년들의 삶은 더더욱 미궁으로 빠질 수밖에 없다.

20대 남성 청년의 보수화를 피상적으로 다루는 담론 한편으로는 저성장 시대 경제적 위기에 처한 청년들을 불쌍하고 불행한 존재로 동정하는 시선이 있다. 그러나 이것은 지금 청년이 겪고 있는 위기이자 한국 사회 구조 변화의 문제로 접근해야 한다. 상처, 위축, 분노 등을 청년 개개인의 본질로 여기며 연민하는 시선 역시 너무 쉽게 보고 싶은 것만 보는 것일 수 있다. 일례로 필자가 있는 사회학과에 들어오는 학생들은 점점 역동적이고 창의적인 모습을 보이는 학생들이 많아지는 것 같다. 페미니즘 대중화 이후 전반적으로 학과 남학생의 성평등 의식이 높아진 것도 체감되고, 여학생의 경우 이전보다 훨씬 적극적이고 사회현상에 대한 날카로운 문제의식을 보여 수업에 들어가는 것이 신이 난다. 물론 밝고 아름다운 모습만 있다는 것은 아니다. 당연히 나와 다르게 생각하는 지점에 놀랄 때도 있고, 세대 차이도 종종 느낀다. 그런데 차이는 그들 안에도 있고, 내가 그렇듯이 청년들도 다면적인 존재라는 사실도 매번 느끼는 점이다. 그렇기 때문에 "요즘 청년들은 ~다."라는 단편적인 일반화는 긍정적인 것이건 부정적인 판단이건 간에 그다지 유용해 보이지 않는다.

앞서 살펴본 것처럼 청년세대 내 계층 격차, 그리고 이러한 불평등 구조 속에서 젠더의 작용 등 다종다기하게 제기되는 질문을 간과하는 조급함은 오히려 독이 될 수 있다. 대신 문제를 세밀하게 들여다보려는 끈질긴 관심, 그 복잡다단함을 쉽게 단순화하지 않으려는 인내심과 성찰성이 요구된다. 그리고 이 과정에서 과소대표되는 청년의 목소리 역시 여러 장소에서 들릴 수 있어야 하지 않을까? 실체를 가리는 말들의 잔치에 편승하는 것보다 어려운 일임은 분명하다.

# '슬럼化' 라는 표현 뒤에 숨은 인종주의

이소훈

어느 주말, 대구시 북구 대현동에 이슬람 사원 건축을 반대한다는 내용의 현수막 여러 장이 걸렸다. 불법 현수막이라는 이유로 구청에서 현수막을 다량 철거한 지 2주 정도 지난 시점이었다. 새로운 현수막 중 하나는 '유럽의 사례처럼 무슬림 밀집 지역이 되어 치안 불안·슬럼화된다' 라고 쓰여 있다. 이 현수막 문구는 무슬림, 유럽, 치안 불안, 슬럼에 대한 짐작과 상상을 담고 있어 이주 문제를 연구하는 필자에게는 매우 흥미로운 내용이다. 과연 이슬람 사원이 건축되면 '무슬림 밀집 지역' 이 될까? '무슬림 밀집 지역' 이 되면 치안이 불안해지고 슬럼화가 되는 것일까?

필자는 경북대민주화교수협의회의 일원으로 2021년 3월부터 대현동 이슬람 사원 문제와 관련된 활동을 해 왔다. 대현동 이슬람 사원(정식 명칭: 다룰이만경북이슬라믹센터)은 경북대학교에 재학 중인 유학생과 연구자로 구성되었으며 9년 전 경북대 서문 앞 건물 임대공간에서 첫 문을 열었다. 2년 후 임대차 계약이 끝나고 학생들끼리 돈을 모아 현재 새 사원을 건축 중인 부지를 매입하고 둥지를 틀었다.

서문 지역의 월세가 상대적으로 저렴하여서 경북대 유학생이 입주하기 시작한 것은 이미 오래전 일이다. 이슬람 사원과 할랄슈퍼마켓 등이 자리 잡은 탓에 경북대 무슬림 유학생들에게 인기 있는 장소가 되었다. 사원은 라마단을 비롯한 이슬람 명절 때마다 방글라데시, 파키스탄, 나이지리아, 인도네시아, 우즈베키스탄 등 여러 나라 출신 유학생과 연구자가 모이는 중요한 종교·문화적 공간이 되었다. 이러한 공간 덕에 무슬림 학생들은 한국을 친절하고 관용적인 나라라고 생각하게 되었다.

새삼스럽게 '슬럼화'에 대한 우려가 표면화된 것은 새 이슬람 사원을 건축 중이라는 사실이 주변 주민에게 알려진 후였다. 낡은 주택에 사원 간판을 걸고 여러 해 예배드리던 지역에 단지 새 건물을 짓는 것이기 때문에 무슬림 유학생들은 주민들의 거센 반대를 전혀 예상하지 못했다. 일부 주민은 그동안 외모, 문화, 종교와 언어가 완전히 다른 타자에 대한 불안과 거부감을 애써 드러내지 않았는데 이해할 수 없는 낯선 종교의 표상이 건축된다는 데 강한 거부감을 보였다. '딱한 유학생'에게 가졌던 관용적이고 시혜적인 시선이 '괘씸함'으로 순식간에 바뀐 것은 무슬림 유학생들이 자신의 문화를 가시화시킴으로 그 존재를 드러냈기 때문이다.

주민자치회에서 대책위원회가 세워지고 몇백 장의 탄원서가 모였다. 이슬람 사원을 지으면 대구시에 있는 모든 무슬림이 모여든다는 근거 없는 소문이 퍼졌다. 탄원서를 접수한 구청은 매우 이례적으로 공사허가를 일시 중지하였다. 공사 중지 통보서에는 '주민들의 정서불안 및 재산권 침해, 슬럼화 우려 등' 실체를 알 수 없는 이유가 중지 사유로 명시되었다.

일부 주민이 이슬람 사원 건축을 강하게 반대하는 이유가 '슬럼화' 에 대한 우려이다. 놀랍게도 북구청 고위관계자 또한 시민사회와 만난 자리에서 '슬럼화' 에 대한 주민 우려에 공감한다고 밝혔다. 주민과 북구청 관계자는 이슬람 사원을 반대하는 것이 절대 인종 및 종교차별이 아니며 단지 '슬럼화' 를 걱정하는 것이라고 주장한다. 과연 슬럼화에 대한 우려는 인종차별이 아닐까?

'슬럼' 이란 매우 가난한 사람들이 모여 사는 빈민촌을 뜻하는 영어표현 'slum' 에서 유래한 외래어이다. 대현동 이슬람 사원 건축은 경북대 대학원생과 박사급 연구자 등 높은 문화 교육자본을 가진 고학력자가 주축이 되어 진행하고 있으니 이들을 빈민으로 부르는 것은 옳지 않다. 이들 대부분이 SCI 논문 몇 편을 쓴 이공계 전공자라는 것을 볼 때 한국 정부에서 러브콜을 보내는 소위 '글로벌 인재' 와 더 가깝다고 볼 수 있을 것이다. 더구나 건축이 중단된 이슬람 사원은 낙후된 주택을 헐고 새로운 건물을 짓는 중이었으니 '슬럼화' 의 사전적 의미와 정반대되는 것으로 보인다.

'슬럼화' 라는 다소 이상한 표현은 '게토화' 라는 다른 이상한 표현과 자주 혼용되는데 슬럼은 계급적인 성격이 강한 데 비해 게토는 계급적이면서 인종적인 뜻을 내포한다. 'ghetto' 라는 표현은 현대 영미권 사회에서는 사회경제적인 지위가 낮은 이민자 등이

다수 주거하는 지역을 뜻하지만, 역사적으로는 유럽의 유대인 수용지구를 뜻했다. 한국사회의 맥락에서 이주민이 밀집된 공간을 '슬럼' 혹은 '게토' 라고 부르는 것이 위험한 이유는 공간이 보여주는 문화적 다양성을 임의적으로 가치화하는 것뿐 만 아니라 특정 집단의 문화적 가치를 평가절하하기 때문이다.

예를 들어 이슬람 사원 반대 집회에서 배포된 유인물에는 이슬람 사원 건축을 반대하는 이유로 서울 이태원의 '게토화' 와 '슬럼화' 에 대해 얘기했다. 유인물은 이태원이 '게토화' 된 증거로 '이슬람 사원을 중심으로 이슬람 신자(무슬림) 다수 유입' 과 '용산구 내 거주 무슬림은 대부분 이슬람 사원 중심으로 거주 중' 인 것을 말했다. 또한 이슬람 사원을 중심으로 트랜스젠더 바 등 유흥업소가 다수 영업 중이라며 이슬람 사원이 지역을 '슬럼, 낙후화' 시켰다고 적혀있다.

이러한 시각은 일본제국의 군사기지와 미군 기지촌이라는 역사적 과정을 거쳐 현재는 성소수자, 다양한 민족과 종교를 가진 외국인, 문화적 영감을 찾는 예술가 등이 모여 다양함과 자유분방함을 상징하는 공간이 된 이태원의 역사성과 상징성을 지우는 것뿐 만 아니라, 특정 집단의 문화적 가치를 평가하여 다양성을 부정적인 시각으로 보게 한다. 이 같은 시각으로 볼 때 말하자면 이태원은 미군이 떠난 자리를 무슬림과 성 소수자가 채웠기 때문에 '슬럼화' 된 것이다. 다시 말해 특정한 문화, 인종, 민족에 대한 사회적 상상이 '슬럼' 을 구성하고 이 과정에서 집단 구성원의 문화적 자본이나 교육, 임금 수준에 대한 '팩트' 는 중요하지 않거나 부차적이다.

또한 '슬럼' 이란 표현은 문화적 다양성이 존재하게 된 공간의 역사적 맥락을 지우고 이주민 집단을 타자화함으로 마치 '그들'이 '우리' 의 공간을 침범하여 점유한 것 같은 인상을 준다. 예를 들어 진부한 TV 드라마나 영화에서 대림동과 가리봉동 주변을 '우범지대' 로 표현하며 법이 통하지 않는 중국 동포와 중국인이 가득한 공포의 장소로 대상화하는 것은 그 장소에 이주민 밀집 지역이 생성된 과정과 역사를 무시하는 것이다.

가리봉동은 구로공단 근접 지역으로서 20세기 중후반 '벌집' 이라는 독특한 쪽방촌 주거문화가 생성되었고 구로공단의 쇠퇴와 함께 빈 주거공간을 새로 유입된 중국 동포 이주노동자가 채우면서 근처 대림동까지 주거지를 확장하게 되었다. 다시 말해 '중국동포타운' 이란 한국사회의 산업화, 도시화, 세계화의 과정을 역동적으로 보여주는 고유적인 공간이다.

이처럼 공간의 역사성을 통해 대현동 이슬람 사원을 바라본다면 어떨까? 대현동은 1975년 행정구역으로 생성될 때에 경북대의 양현을 기원하는 뜻으로 명명되었다. 이슬람 사원 주변 지역은 30년 전 경북대 서문의 차량 통행이 허용되지 않게 되면서 주변 다른 지역보다 다소 낙후되었다.

지역개발에 대한 갈망은 2020년 12월 대구 엑스코선에 대한 예비타당성조사가 통과되어 엑스코선 건설에 대한 기대가 충만해진 데다가 올해 봄 정부합동부처사업 경북대 캠퍼스혁신파크가 서문 인근에 조성될 것으로 확정되면서 절정에 달했다. 소위 말하는 '호재'가 연달아 터지자 개발에 대한 기대와 조바심이 이슬람 사원이 건축되면 '슬럼화'가 될 것이라는 걱정을 키웠다.[7)]

하지만 역설적으로 이슬람 사원 구성원이 대현동을 찾은 '개발 호재'와 관련이 있음을 짚고 넘어갈 필요가 있다. 동대구역과 엑스코 컨벤션센터를 잇는 엑스코선과 경북대 캠퍼스혁신파크는 첨단기술산업개발, 혁신, 국제화의 키워드를 가지고 있다. 경북대 무슬림 유학생의 많은 수가 바로 이와 같은 키워드의 구체적인 모습이다. 다시 말해 경북대가 국제학술사회와 소통하며 혁신을 이루는 대학으로 성장함과 학교와 주변에서 문화·종교적 다양성을 보호함은 동전의 양면과 같은 것이다.

대현동 이슬람 사원 문제를 해결하는 첫 발걸음은 피부색이 다른 이슬람 신도가 모여 사는 지역이 '슬럼'이 아니라는 당연한 논리를 받아들이는 것이 될 것이다. 앞으로 정부 관계자는 빠르게 변화하는 한국사회에서 깊이 내재된 이슬람 혐오와 인종주의적인 시각에 치우치지 않는 공정한 행정을 해야 할 것이다. 경북대는 유학생을 유치하고 개발사업을 진행할 때에 지역사회에 미치는 학교의 영향을 인지하고 대학의 사회적 역할에 대해 깊은 고민을 해야 할 것이다. 또한 대현동 주민께서 세계화의 다양한 모습을 존중하며 낯선 이웃과 대화로 타협점을 찾기 위한 용기와 결단을 보여주시기를 희망하며 응원한다.

---

7) 관련기사=["한국 헌법 믿어요"] ② 개발 호재 물 흐릴까…"반대 주민 혐오세력 매도론 해결 안 돼"('21. 3. 9.)

# 청년들에게 대안결혼의 길을 열어주자

## - 생활동반자법의 제정을 촉구하며

채 형 복

2021년 4월 27일 여성가족부는 인구감소와 비혼독신가구의 증가 등 최근의 급격한 가족 변화를 반영한 '제4차 건강가정기본계획(2021~2025)' (이하, 기본계획)을 발표했다. 기본계획에 따르면, 자녀 성姓을 부모가 협의하여 결정하고, 민법 제779조가 정하고 있는 가족의 정의와 범위도 확대할 예정이다. 이 계획이 실시되면, 비혼 동거 커플이나 위탁 가족도 법률상 가족으로 인정받을 수 있다. 또한 방송인 사유리의 사례에서 보듯이 비혼 독신자도 정자를 기증받아 보조생식술을 이용하여 출산할 수 있는 길이 열릴 가능성도 있다.

이번 기본계획은 최근의 사회현상을 반영하고 있어 한국사회가 나아가야 할 미래상을 제시하고 있다는 것이 정부의 입장이다. 하지만 기본계획은 양성평등을 전면에 내세우면서도 초저출산 문제를 해결하기 위한 미봉책에 지나지 않는 측면이 강하다. 정부가 주장하듯이 양성평등과 초저출산 문제를 해결하기 위해서라도 전향적·전면적으로 기존의 가족 관련 법제도를 개편해야 한다. 그중에서도 가장 시급한 것이 법률혼 중심의 전통적 혼인제도에서 벗어나 다양한 가족결합제도를 도입하는 것이다.

혼인적령에 이른 남녀 혹은 양 당사자는 자유롭고 완전한 합의 아래 혼인을 하고, 가정을 구성할 권리가 있다. 혼인은 가정의 출발점이고, 가정의 핵심은 가족이다. 가정은 사회의 자연적이고도 기초적인 단위이고, 그 구성원인 가족은 사회와 국가의 두터운 보호를 받아야 한다. 그런데 한국사회에서 소위 '정상가족'이 되는 길은 법률혼밖에 없다.

법률혼이란 결혼의 실질적 요건과 형식적 요건을 모두 갖추어 법에 의해 인정된 결혼을 말한다. 민법 제812조 1항에 따르면, "혼인은… 신고함으로써 그 효력이 생긴다."고 규정하고 있다. 국내법상 혼인은 신고라는 형식적 요건을 갖추어야만 비로소 완성되는 법률혼주의를 채택하고 있다. 즉, 법적으로 인정받는 부부가 되기 위해서는 시(구)·읍·면의 장에게 혼인사실을 신고해야 하는데, 이 절차를 혼인신고라 한다. 우리 법원의 판결에 따르면, 혼인신고는 민법 제813조의 규정에 따라 심사를 거쳐 수리된 때 비로소 부부관계가 형성되는 창설적 효과를 갖는다(서울서부지방법원 2014호파 1842). 결혼의 다른 형태인 사실혼은 부부가 공동생활을 하고 있음에도 혼인신고를 할 수 없으므로 법률혼에 준하는 법적 보호를 받을 수 없다. 형식적 절차에 지나지 않는 혼인신고가 법률혼과 그 외의 부부결합을 구별하는 차별수단이 돼버린 형국이다.

현실에서는 혼인신고를 할 수 없거나 하지 않고 부부 공동생활을 하는 다양한 커플이 있다. 예를 들어, 사실혼 부부는 법률혼 부부와 마찬가지로 동거의무, 부양의무, 협조의무 및 정조의무(민법 제826조 1항)를 진다. 하지만 그 권리의 행사에 있어 양자는 크나큰 차이가 있다. 사실혼 부부에게도 일상가사대리권(민법 제827조 1항)이 인정되지만 법률혼 부부와는 달리 사실혼 부부에게는 친족관계가 형성되지 않는다. 그 결과, 배우자가 사망하더라도 사실혼 부부는 상속권이 없다. 이 외에도 사실혼 부부는 의료보험, 국민연금 수급권자에서 제외되고, 배우자의 의료과정 의사결정에서 배제되는 등 법률혼 부부에 비하여 현실적으로 많은 불이익을 받고 있다. 법률혼 부부에 비하여 사실혼 부부의 권리를 이렇게 차별해도 될까.

법률혼주의를 고수하고 있는 한국사회에서도 가족 형태의 변화는 가속화되고 있다. 한국의 이혼증가율은 OECD 회원국 중에서도 단연 1위이다. 특히 20대 청년의 결혼관은 기성세대와는 완전히 다르다. 절반 이상의 20대가 결혼을 원치 않고 비혼 독신으로 살기를 원하고 있다. 가령 결혼을 하더라도 자녀 없이 부부만의 독자적 삶을 살기를 바란다. 또한 20대는 남녀가 결혼을 하지 않고 함께 살 수 있다고 생각하며, 동거를 해본 후 결혼을 하는 것에 대해서도 찬성하는 견해가 절대적으로 우세하다.

위의 통계와 설문 결과에 나타난 청년세대의 결혼에 대한 인식은 여러 의미로 해석할 수 있다. 요컨대 오늘날 청년들은 이성부부 중심의 전통적 결혼에 얽매이기보다는 새로운 시대에 맞는 새로운 제도를 원하고 있다. 이제 그들의 요구를 반영하여 한국현실에 부합하는 대안적 가족결합제도를 도입하기 위한 보다 구체적인 실현방안을 논의해야 할 때가 되었다.

유럽과 달리 우리는 혼인을 집단의 중대사로 받아들이는 인식이 강하다. 사전적 정의에 따르면, 혼인이란 "사회가 인정하는 절차에 따라 이성이 결합하여 부부가 되는 사회현상"이다(한국민족문화대백과사전). 혼인을 이토록 무겁게 받아들이니 부모와 자녀는 사회가 인정하는 절차에 따라 '정상가족'이 되는 길을 택한다. 하지만 현실은 급변하고 있다. 이혼율 급증과 출산율 감소, 고령사회의 진입 등으로 사회경제의 불확실성은 날로 높아지고 있다. 또한 청년들은 비혼 독신을 선호하고, 혼인을 해도 자녀 갖기를 원치 않는 등 다양한 방식의 가족으로 결합하기를 바란다. 청년들의 바람대로 우리는 법률혼 중심의 전통결혼방식에서 벗어나 다양한 혼인의 길을 열어줘야 한다. 그 대안적 방법의 하나가 생활동반자법이다.

2014년 당시 새정치민주연합 소속의 진선미 의원은 '생활동반자관계에 관한 법률안(생활동반자법안)'을 발의한 적 있다. 이 법안은 특정인 1명과 동거하며 부양하고 협조하는 관계를 맺고 있는 성인을 생활동반자로 보고, 배우자에 준하는 대우를 받도록 하는 내용을 담고 있다. 하지만 보수단체의 강한 반대로 이 법안은 제대로 논의되기는커녕 이내 사장되고 말았다.

보수정당 및 기독교계를 중심으로 한 시민단체는 생활동반자법이 우리 사회의 전통결혼 관념에 부합하지 않고, 사회윤리질서의 혼란을 가져올 수 있다는 등의 이유로 반대하였다. 만일 그들의 주장대로라면, 법률혼주의에 따라 혼인한 '정상부부'는 도덕윤리규범에 따른 가정생활을 통해 '정상가족'으로서 의무를 다해야 한다. 특히 이혼이나 배우자의 일탈은 도저히 일어나서는 안 되는 일이다.

그러나 현실은 어떤가. '정상부부'의 이혼율은 증가하고 있으며, '정상가정'에서도 범죄나 일탈이 일어나 사회적으로 물의를 일으키곤 한다. 더욱이 기성부부의 문제는 차치하고라도 20대의 절반 이상이 결혼을 원치 않고, 또 결혼을 하더라도 자녀를 원치 않고 있다. 청년들이 결혼은 물론 자녀 갖기를 원치 않는 한국사회의 현실을 어떻게 설명할 것인가. 결혼에 대한 인식변화를 수용하지 않고 법률혼주의를 고집할수록 청년세대는 오히려 결혼을 거부하고 홀로 살기를 선택할 것이다.

그러므로 청년들에게 법률로 규정된 절차에 따라 인정되는 '정상부부' 혹은 '정상가족'이 되기를 강요해서는 아니 된다. 그보다는 나를 사랑하고, 또 내가 사랑하는 사람과 부부가 되어 가정을 이루고 가족으로 살아가도록 해야 한다. 법률혼주의를 내세워 청년들의 혼인할 권리와 다양한 가족결합권을 제한하고 있는 현행법은 폐지하거나 수정되어야 한다. 새로운 시대에는 새로운 법이 필요하다. 그 방법의 하나가 생활동반자법의 제정·시행이다.

이 법은 법률혼에 기반한 현재의 결혼제도를 부정하거나 파괴하려는 것이 아니다. 전통결혼 방식만 고집하기보다는 새로운 제도를 만들어 현행법을 보완하자는 것이다. 그리하여 개인으로 하여금 자신이 원하는 배우자와 행복하게 살 수 있는 제도를 만들자는 것이다.

결혼적령기에 있는 청년들은 모두 성인이다. 국가가 나서서 더 이상 이래라저래라 그들의 삶에 개입하고 간섭해서는 안 된다. 모든 사람은 인간으로서의 존엄과 가치를 가지며, 행복을 추구할 권리가 있다. 국가는 개인이 가지는 권리를 확인하고 보장(헌법 제10조) 하는 역할에 충실하면 된다. 이 헌법정신에 따라 청년들에게 혼인과 생활동반자 관계 중에서 그들 자신이 원하는 삶의 방식을 선택하도록 하자. 개인의 삶은 본질적으로 오롯이 그 자신의 것이기 때문이다. 생활동반자법을 제정하여 청년들에게 대안결혼의 길을 열어주자.

# '여성으로서 받는 고통'에 대해

이소훈

내가 잠시 머무르고 있는 오피스텔 엘리베이터 내엔 세대 내 흡연으로 인해 건물에 거주하는 입주민이 고통을 받고 있다는 공지가 붙어있다. 베란다 및 계단에서 담배꽁초를 창문 밖으로 버리지 말아 달라는 다분히 상식적인 그런 공지인데 아랫부분엔 붉은 글씨와 밑줄까지 그어가면서 특히 여성 입주민에게는 큰 고통이 될 수 있음을 인지하고 타인에게 고통을 주지 말라는 내용으로 이어진다. 하지만 왜 흡연으로 인해 여성 입주민이 특별히 큰 고통을 받는 것인지 고개가 갸우뚱거려진다. 대부분의 흡연자가 남성이기 때문에? 대부분의 여성은 흡연을 하지 않기 때문에? 통계청에 따르면 현재 흡연율은 21.5%로 한국에 거주하는 대부분의 사람들은 굳이 남성, 여성을 구분하지 않아도 비흡연자이고 오피스텔과 같은 1인 가구가 대부분인 건물에서 흡연에 의한 피해가 발생한다면 남성이 여성보다 덜할 이유가 없다. 물론 남성의 흡연율이 여성보다 다섯 배 정도 높긴 하지만 여성의 흡연율도

7% 가까이 되는바 여성 흡연자 수가 결코 적다고도 할 수 없다. 결국 '큰 고통'을 받는 여성 입주민은 여성에 대한 상상을 바탕으로 하는데 바로 비흡연자이면서 남성 흡연의 피해자이고 특별한 고통의 당사자라는 것이다.

뜬금없이 이 얘기를 하는 이유는 네거티브 공방이 주 무기가 된 제20대 대선에서 윤석열 후보의 부인 김건희 씨가 소위 '리스크'로 부상한 가운데, 대선후보와 그가 속한 야당은 그 부인이 '여성으로서 많은 고통'을 당하고 있다며 동정을 호소하고 있기 때문이다. '여성으로서 많은 고통'이 무엇인지를 들여다보면 접대부 의혹 등 여성이란 정체성을 기반으로 한 공격이나 화장이나 헤어스타일 등 외모 평가에 대한 부분도 물론 있을 것이다. 하지만 허위이력과 관련한 의혹에 검찰 조사를 받을까 봐 '여성으로서 굉장히 스트레스를 받았다'라고 전하는 윤석열 후보의 발언을 보면 그동안 검찰 조사를 받은 수많은 여성은 황당한 마음일 것 같다. 왜 김건희 씨는 유독 '사람'이기 전에 '여성'인 것처럼 표현되는지 참 의아스러운 일이지만, 그 전에 마치 존재만으로 자연스럽게 동정을 부르는 '여성의 고통'에 대해 한번 비판적으로 생각해 보고자 한다.

그동안 김건희 씨를 둘러싼 '불편함'의 큰 부분은 그가 자신의 여성성을 특정한 방법으로 사용했다는 것에 있었다. 대국민 기자회견에서 김건희 씨의 화장법을 비판한 국회의원이나 그가 사회 특정 계급을 상대로 동거 및 약혼했다는 소문을 퍼뜨리는 네티즌의 공통점을 짐작해 본다면, 그 기저에는 일정 부분의 여성혐오가

작용하기도 할 것이다. 하지만 여성혐오의 탓만 할 수 없는 이유는 이것이 특정한 방법으로 여성성을 사용한 사람들에 대한 반감이기 때문이다. 유난히 친족 관계 호칭으로 자신을 부르는 데 익숙해 보이는 김건희 씨는 이전엔 처음 보는 기자를 '오빠' 라고 불러 사람들을 놀라게 했다가 이번에는 자신을 누나라고 부르는 한 기자에게 보인 모습으로 '센 언니' 의 '부캐' 까지 획득하였다.

김건희 씨가 받고 있다고 호소하는 '여성의 고통' 이 심히 우려되는 이유는 그 고통이 우리 사회에 너무나 굳건한 가부장 체제에 아무런 위협이 되지 않기 때문이다. '여자라서(더 쉽게) 받는' 그리고 '여자이기 때문에 받으면 안 되는' 이 역설적인 고통은 연약한 여성의 모습을 상상하며 여성의 가족 내 역할을 우선시하며 여성의 사회참여를 조건적으로만 받아들이는 가부장 제도를 더욱더 견고하게 만든다. 여성은 고통에서 구조되어야 할 대상이며, 구조의 주체는 남성이기 때문에 남성에게 의지해야지만 고통에서 해방될 수 있다는 인식으로 이어지기 때문이다.

그가 받았다고 하는 '여성으로서의 고통' 이 전혀 공감되지 않는 이유는 그가 다른 여성이 받은 고통에 공감하지 않았을 뿐 아니라 이를 배반했기 때문이다. 그는 신변의 위협과 과거 아픈 기억에도 불구하고 미투 운동으로 용기를 낸 젠더기반 폭력 생존자들을 단지 돈을 받지 않았기 때문에 앞으로 나온 치졸한 사람 취급했으며 심지어는 법원판결로 수감된 성폭력 범죄자 안희정을 옹호했다. 용기를 낸 김지은 씨가 '피해자다운' 모습을 보이지 않아 그에게 불리한 선고를 한 1심 판결을 생각한다면 참으로 아이러니가 아닐 수 없다. 그 이후 법원판결은 여성의 고통은 가부장제의 상상 속에서 정형화된 모습으로 표현되어야 한다는 '피해자다움' 을 부정했다는 면에서 값진 것이었다. 반대로 김건희 씨는 '고통당하는 여성' 의 이미지를 의도적으로 이용하면서도 성폭력에 대해 폭로하여 용기를 낸 다른 여성의 고통은 지우는 모순되는 모습을 보였다.

젠더기반 폭력의 심각성이 지난 몇 년간 화두가 된 가운데 여성으로서 당하는 다각적 고통에 대해 우리 사회가 예민한 관심을 기울여야 함은 다시 말할 필요가 없다. 다만 이러한 관심은 연약한 여인에 대한 상상에 의한 것이면 안 될 것이다. 페미니즘이 우리 사회에 주는 가장 값진 교훈 중 하나는 여성의 모습과 목소리는 다양하며 그들의 정체성은 복합적으로 이해되어야 한다는 것이다. 여성으로서 말하는데 고통 받는 여성에 대한 연민은 정중히 사양하겠다.

# 제4부

## 새로운 민주주의를 꿈꾸며

# 이 와중에, '보수'를 생각한다

채장수

1.

"인간은 스스로 생각하는 일은 좀처럼 없으며, 인간이 생각을 하는 것은 생각하고자 하는 의욕의 고양에 기인하는 것이 아니라, 차라리 '충격' 때문이다." 저명한 철학자 들뢰즈G. Deleuz의 말이다. 그렇다면 현재 지구를 멈춰 세우고 있는 코로나19 사태는 인간이라는 게으른 동물이 마침내 생각이라는 것을 할 수밖에 없도록 만들어버린 거대한 충격임에 틀림이 없다. 교회 예배와 비행기 엔진만 멈춘 것이 아니다. 돼지가 우물에 빠진 날에도 지속된다는 우리의 일상도 여기저기에서 멈춰버렸다.

그러나 이러한 위기상황에서 더욱 빛나는 것은 각자도생各自圖生의 시대에서도 여전히 작동하고 있는 시민들의 연대이다. 분명 모두는 아니지만, 다수의 시민들은 위험하지만 스스로 나서고 있고, 부족하지만 보태고 있으며, 불편하지만 감수하고 있다. 자신들을 '빨갱이'라고 수도 없이 매도한(그리고 지금도 매도하고 있는) '감염된 도시' 대구를 향하여, 너른 품을 활짝 열어준 광주 시민의 모습은 차라리 감동이다. 독특한 이타성을 가진 인간이라는 동물만이 진정한 상부상조적 협력을 수행할 수 있다는 일부의 주장이 얼마나 진실에 가까운지 정확하게 판단할 수는 없지만, 적어도 전적으로 틀린 말은 아닌 것 같다.

2.

이 와중에, '보수'를 생각한다.

진보에 대한 불만도 차고 넘치지만, 지금은 다만 보수만을 문제 삼겠다. 보수의 핵심적 덕목은 당면한 위기로부터 공동체의 안녕과 가치를 지키는 것이기에, 지금과 같은 위기의 순간에 '보수의 심장'이라 불리는 대구에서 보수의 가치를 생각해 보는 것이 그렇게까지 뜬금없는 것은 아니다. 곧이어 과잉대표된 보수정당과 또한 과잉대표된 진보정당이 각자의 위성정당을 거느리고 전면적으로 격돌할 총선이라는 데스매치도 예정되어 있으니 말이다.

보수는 대내외적인 위기로 인하여 공동체가 어려움에 직면한 상황에서는, 공동체의 지속성을 위하여 내키지는 않지만 스스로 내려놓을 줄도 아는 유연성을 가진 이념이자 태도이다. 일각에서는 '가능한 천천히, 가능한 우아하게 양보하는 과정'이라고 보수의 역사를 규정할 정도이다. 물론 보수의 이러한 특성은 '반개혁주의(현상유지주의)'와 '반동주의', '근본주의' 등으로 규정되는 '수구'와의 명백한 차이점이기도 하다.

그렇다면 코로나19 사태라는 전대미문의 위기 속에서, 우리나라의 보수는 보수의 본원적인 덕목인 공동체의 가치와 안녕을 지켜내기 위하여 어떤 양보와 희생을 감수하고 있는가? 모 정당의 지역구 공천에서 컷오프된 후보가 "끝까지 싸워서 '보수의 가치'를 지키겠습니다."라는 사즉생死卽生의 웅변과, 여기에 호응하는 "이번 공천은 '망천'이다. '보수의 가치'를 스스로 죽이고 미래가 없는 미래통합당"이라는 댓글에 등장하는 '보수의 가치'라는 것은 지금의 위기 상황에서 과연 무엇을 의미하고 있을까?

지금 우리는 보수에게 무엇을 기대할 수 있을까? 30여 년의 징역형이 선고된 명실상부한 중죄인이 어쭙잖게도 '옥중서신'이라는 것을 발표하면서 선거에 개입하고, 이러한 행위를 "이 나라, 이 국민을 지켜달라는 박 전 대통령의 애국심"이라고 감읍하는 정치인이 보수를 통합한 정당의 대표라는 자리를 차지하고 있는 것이 우리나라 보수의 현재이다. 자유민주주의는 정언명령이라고 떠받드는 그들이 오히려 자유민주주의를 그리도 힐난하였던 슈미트 Carl Schmitt의 '적과 동지의 구분'이라는 정치개념에 자발적으로 포획되어 있다는 사실은 이제 그다지 당혹스럽지도 않다.

이러한 보수를 통합하고 대표하고 있다는 모 정당은 2020년 '코로나 추경' 확대를 정부와 여당의 총선용 포퓰리즘적인 정책이라고 비난하면서, 이에 대한 논의를 전면적으로 거부했다. 그러면서 법인세 인하와 최저임금 업종별 차등 적용과 같이 기득권에게 유리한 감세 확대를 줄기차게 주장했다. 이해 불가한 그들의 '일관성'에 대하여, 같은 정당 소속인 대구시장이 "이런 것을 포퓰리즘이라고 한다면, 국민의 아픔에 동참하는 정치가 아닐 것"이라고 비판하는 장면은 그저 난감할 뿐이다.

지금 우리 공동체가 요구하는 정치적 메시지는 나쁜 바이러스로 인하여 발생한 위기의 극복을 위한 현명한 대책일 것이다. 그러하기에, 지금과 같은 위기상황에서 보수의 역할에 대한 그들의 생각이 모 후보의 다음과 같은 메시지로 갈음되지 않기를 바랄 뿐이다. "나라 꼴이 이게 머꼬. 문재인 정권 밑에서 더는 못 살것다. 정권탈환의 기수 OOO! 꼭, 다시 찾아오겠습니다!!" 설마 보수는 위기의 극복을 위한 시급한 대책이 정권교체라고 생각하고 있는가?

3.

최근 태국의 어느 도심에서는 원숭이들의 패싸움이 종종 벌어진다고 한다. 코로나19 사태로 인하여 그 지역의 관광객이 뜸해지면서 이들이 제공해 주는 먹이가 줄어들자, 원숭이들이 부족한 먹이의 쟁탈을 위하여 무리를 지어서 싸움질을 한다는 것이다. 기존의 균형은 깨어졌고, 예견할 수 없는 어떤 일도 발생할 수 있는 상황이다. 이렇게 이번 사태는 우리의 공동체와 그 속에서 영위되는 우리의 일상에 대한 진지한 성찰을 강제한다. 또한 '특수하고 예견하지 못한 사건에 대응하는 사회적 작용' 이 정치의 특성이라면, 당면한 위기에 대응하는 정치의 역할을 심각하게 고민할 기회도 제공한다.

장차 우리는 이번 사태를 통하여 무엇을 성찰하고 무엇을 대비해야 할까? 우리는 이번 사태를 통하여 오래된 진실을 재차 확인하고 있다. 재난의 폐해는 평등하지 않으며, 약자에게 그것은 더욱 가혹하다. 일상에서도 그러하지만, 특히 재난의 상황에서 시장의 '보이지 않는 손'은 그다지 효과적으로 작동하지 않는다. 또한 공동체의 지속을 위한 보수의 타당한 역할을 기대하기는 여전히 난망하다.

자칭 보수와 소위 진보의 암묵적 합의로 재난기본소득은 시행되지 않을 것이며, 그러다가 조만간 코로나19 사태도 종결될 것이다. 그리고 새로운 위험의 가능성이 상존하는 가운데, 여하튼 새로운 질서는 형성될 것이다. 모쪼록 '포스트 코로나'의 새로운 질서는 좀 더 생태적이고 인간적인 내용으로 채워지기를. 그러한 가운데 보수가, 그리고 대구가 마침내 변화하게 되기를.

# 환영받지 않는 자리, 초대하지 않은 존재

## - 코로나19 팬데믹 초기를 돌아봄

안승택

어릴 적 사회성이 부족한 편이었다. 친구가 별로 없고, 집에서 혼자 노는 시간이 많았다. 그 시절 놀이집단은 동갑끼리가 아니라 동네 형과 아우들이 뒤섞인 무리였다. 나이가 차고 힘과 기술이 붙으면 서로 편을 먹으려 들지만, 나이 어린 조무래기가 끼려면 붙여달라고 떼를 쓰다시피 버텨야 했다. 붙여줘도 처음에는 그저 왔다 갔다 좇아만 다니다 말기가 십상이고, '깍두기' 란 이름이라도 얻으면 그나마 반쯤 인정받는 셈이었다.

그런 상태가 싫었던 것 같다. 뉘라서 딱히 더 환영받거나 할 리가 없다는 것을 잘 알면서도, 그렇게 환영받지 않는 느낌, 내 자리가 아닌 상황을 버틸 자신이 없어서, 아예 좇아다니지를 못했다. 그 후 못난 사회성에 다소간 개선이 있기도 했지만, 어릴 적 모습이 나만 타고난 결함 같은 것은 아니라고 믿고 싶어서인지, 그때 왜 그랬는지 가끔 생각해 볼 때가 있다.

이 어쭙잖은 개인사를 코로나19 사태 초반에 다시 떠올리게 하는 일이 있었다. 한창 대구지역 확진환자 수가 폭증하던 무렵이다. 몇 달 전 약속한 2월 말 연구회 모임을 앞두고 전화를 받았다. 모임 참석이 가능한지 확인하려는 것이었는데, 마침 급한 학과 회의가 같은 날 잡혀서 연구회에 가지 못할 형편이었다. 학과 내 '짬밥' 도 낮고 개인 선약을 내세우기 어려움을 들어 한참 양해를 구했는데, 뭔가 대화의 아귀가 맞지 않았다.

며칠 후 모임이 취소되었다는 전체메일을 받고 깨달았다. 요는 내가 불참해서 죄송할 일이 아니라, 참석하면 오히려 우려의 근원이 되는 상황이었다. 모임 취소는 적절했지만, 오랜 교류가 있는 관계임에도 이런 느낌에 놀랐을진대, 사업적이거나 위계적인 만남, 서먹한 관계였다면 어땠을까 싶어 묘한 생각이 들었다.

직업으로 공부를 하다 보면, 불편한 이야기지만 본능처럼 직업적 흥미를 느낄 때가 있다. 일소를 부려 농사짓던 시절 경기남부 농민의 영남소 선호, 호남소 기피 현상도 그중 하나다. '일 잘하는 영남소' 담론은 조선 후기 전적에도 나오는 흥미로운 민간전승인데, 문제는 현실 농촌에서 호남소 기피, 나아가 호남인 차별과 딱 붙어 등장한다는 점이다. "호남소도 일 잘하는 소가 있지만, 사람을 (들이)받아. 거기, 사람도 그렇잖아?" 라는 식이다.

강원도 소에 대한 평은 이보다 이중적이기는 하지만, 낮잡아보기는 마찬가지다. "산골에서 맨날 칡뿌리 이런 거 먹다가 여기 와서 죽 끓여주면 살이 버쩍버쩍 붙는다고. 힘은 좋은데 미련해. '강원도 감자바우' 라는 게 다 이유가 있는 거지." 학술적 욕심에 구술은 수집하지만, 제삼자로 듣기에도 얼굴이 벌게지고 맥박이 빨라지는 말들이다. 당사자라면 어떨 것인가. 코로나19 와중에 서구에서 아시아 혐오가 불거지고, 대구경북 기피 담론이 종종 기사화되던 것이 현실이다. 내 얘기가 아니어도, 남의 일도 아니다.

코로나19와 관련해 몇 차례 더 이 환영받지 않는 느낌을 떠올리게 되었다. 다음번은 다소 엉뚱하게 동식물, 그리고 지구환경을 상대로 한 것이었다. 잘 알려진 것처럼, 전 세계로 바이러스가 퍼지고, 사회적 격리가 보편적 생활양식이 되며, 산업과 이동 등 인간 활동이 침체하자, 몇 가지 눈에 띄는 변화가 나타났다. 세계적 산업국가 초거대도시 상공의 대기오염이 걷히고, 아르헨티나 마르델플라타의 해변도로에는 바다사자가 일광욕을 즐기러 올라왔으며, 칠레 산티아고 거리에 퓨마가 활보했다. 내가 사라지자 잔치판을 벌이는 그들 앞에서, 대체 나의 존재란 무엇이었는지 되묻지 않을 수 있는 강심장이 있다면, 그는 인간이 아니라 괴물일 것이다.

당연히 문제도 나타났다. 원숭이 사원이 있는 태국의 도시 롭부리에서 관광객이 줄어 먹이 수급에 타격을 받은 원숭이 떼가 광장에서 패싸움을 벌이고, 지구 곳곳 가까운 바다 바닥에 마스크 퇴적물이 쌓이는 식이다. 우리 주변에서도, 4월 내 아침저녁으로 불던 차가운 바람과 황사 미세먼지 감소로 설왕설래가 있었다. 미세먼지의 주범이 중국임이 확인되었다며 신나게 키보드를 두드리는 부류도 있지만, 그도 인간인지라 이 마당에 존재의 부끄러움을 느낀다면 큰소리 낼 형편은 아니다.

롭부리의 원숭이 떼가 그처럼 불어나 광장에서 패싸움까지 벌이게 된 배경에 인간의 관광경제가 있는 점까지 생각하면, 지구환경과 동식물에 인간은 여러모로 반가운 이웃이 아님이 확실하다. 이 상황에 책임과 수치를 느끼지 않는다면 인간도 아닌데, 이 모든 상황이 인간으로 인해 일어나고 있다는 점은, 우리에게 묘한 위치 감각을 불러일으킨다. '뭐 달라질 게 있겠어?' 싶다가도, 코로나19 이후가 궁금해지는 이유이기도 하다.

2020년 4월에 있었던 국회의원 선거 결과를 놓고 당선자 소속 정당별로 칠해댄 대한민국 지도를 보며, 반가운 이웃, 환영받는 자리, 초대받은 존재에 관한 유사한 위치 감각을 다시 상기하게 되었다. 혹자는 영남 이외의 파랑이, 혹자는 영남의 분홍이 불편했을 텐데, 어느 쪽이든 진정 상대가 반가운 이웃이고 이 자리가 나를 환영할지 의심하게 되었던 것 같다.

팬데믹 초기 전개된 코로나19 대구경북 회피·비판 담론이 한반도 정치색 문제와 무관하지 않음도 우리 모두 잘 안다. 그러나 결과의 확연함은 구성의 미묘함을 따라잡을 수 없다. 애초에 파란 지역에도 분홍 표가, 분홍 지역에도 파란 표가 많았거니와, 보도에 따르면 총선 이후로도 대통령의 지지율은 등락을 거듭하여 왔다. 그것이 오르거나 내려서 좋다 나쁘다는 (이 역시 일시적이기 마련인 결과의 차원일 뿐이므로) 논외의 문제이다. 사람들이 투표로 무언가를 표현하려 버텼고, 선거가 끝나자 어느 정도 거기에서 풀려나는 모습을 그려봤는데, 희망 섞인 오버센스일지도 모르겠다.

선거 결과 보도 중에는 색깔 지도 외에 세대교체를 지적한 그래프들도 있었다. 586이 50대 전역을 차지함에 따라 나타난 비가역적 현상이라는 것이다. 그러나 이는 직장 등 사회 도처에 존재하는, 50대와 30, 40대 간 생활문화, 조직양식, 사회철학의 차이를 괄호 쳐 생략할 때만 유효한 이야기다. 그 양상은 대선 국면에서 다시 폭발적으로 분출되기도 했다.

아래 연령대에서 이런 면을 봤을 때 지금의 50대는 자신들보다는 그 윗세대와 훨씬 닮아있다고 한다. 10대와 20대는 더 말할 것도 없다. 그러니 시간 흐름과 세대교체에 따른 정치이념 교체는 비가역적 결과를 산출하고 끝났기는커녕 이제부터 시작이다. 지난 총선 후에 다시 시작되었듯이 물론 세대 차이라는 현상 역시, 지도나 그래프처럼 결과의 한 표현방식일 뿐이다. 그럼에도 그것이 중요한 이유는, 생물학적 연령으로 환원되지 않는, 새로운 것과 낡은 것 사이의 전투가 그 구성에 새겨져 있기 때문이다. 그러니 더 많은 세대 간 문화 전투의 현장에 신의 가호가 있기를!

마지막으로 이 문화 전투와 관련하여, 선거 국면에서 범진보(라는 것이 있다면) 세력의 전유물처럼 흘러버린 정치적 고지들, 가령 재난지원금, 검찰개혁, 청년정치, 종부세 등은 각기 기본소득, 권력구조개혁, 포스트 586 주도권, 부유세 등 범주로 확대되어, 범보수(도 있다 치고)의 분점과 경쟁이 가능하며 또 필요한 이슈들인 점이 확인될 필요가 있다. 총선 국면에 그리 부각 안 된 기존의 잠재 이슈들, 생활문화기본권 확립, 납세·국방의무 개편, 환경변화 대응, 사회보장 재설계, 탈-생산·소유와 사회·공유경제 강화 등은 말할 것도 없다.

더욱이 이들 이슈가 국가와 지방이 경쟁 가능한 것들이자, 그 대부분이 우파 경제의 세계적 브레인인 IMF도 권고하거나 주목하는 내용이라는 점도 기억해 둘 만하다. 사회구성원 전체를 환영하는 자리를 만들고, 모두를 새로운 세계로 초대하는 또 다른 길머리이기 때문일 것이다. 우리 전통문화를 보면, 초대받은 잔치, 초대한 사람은 있어도, 초대받지 않아 못 가는 잔치, 초대하지 않아 못 올 사람은 없다. 원수마저 대접하고, 구걸 온 이도 구석에나마 앉히고, 하다못해 잡귀 잡신조차 먹고 가라고 문밖에 상을 차려두는 게 우리 민속이다. 나의 어릴 적 문제도 이와 관련된 것이었을까? 정답이 무엇이든 간에, 우파 이념과 정책이 세련되어야 좌파의 그것도 예리해질 수 있다는 점에서, 적어도 이념으로서의 신자유주의가 급격히 힘을 잃어가는 지금은 여러모로 보수 우파의 의식 개방과 분발이 필요한 때이다.

# 미국이 표준이라는 신화의 붕괴

강우진

김 형에게

이렇게 김 형에게 정말 오랜만에 글을 쓰는 것이 객쩍네요. 어제는 좀 내가 과한 것 같네요. 자의 반 타의 반 고독한 삶을 버티고 있는 나에게 김 형은 사실상 유일한 말벗 아니오? 어제 일을 다시 끄집어내자는 것이 아니라 불필요한 오해가 이어져 지기지우知己之友와 멀어지는 것을 원치 않아서 용기를 내었네요.

어제 일은 이번 코로나19 사태를 통해서 '미국이 표준이라는 신화가 붕괴되었다'는 나의 다소 거친 주장에 대해서 김 형이 발끈하면서 시작되었죠. 여전히 미국을 천조국天朝國으로 바라보고 있는 사람들이 주위에 많은 상황에서 나의 주장이 김 형을 포함한 적지 않은 사람에게 불편함을 줄 수 있다고 생각합니다. 하지만 변화하고 있는 세상 사정을 이해하는 것은 냉엄한 국제정치의 현실에서 우리나라가 나아갈 길을 찾는 첫걸음이라고 판단합니다.

김 형이 철석같이 믿는 공산화 위기로부터 우리나라를 구해준

'구세주로서 미국 신화' 를 먼저 이야기해 보지요. 여러 번 말씀드린 것처럼 냉엄한 국제정치 현실에서 어느 나라도 국익을 위해서 행동하지 않은 나라는 없지 않습니까? 미국도 예외는 아니었으며 우리나라도 마찬가지입니다. 한국전쟁에 미국이 개입한 것은 어떤 목사님들이 자주 이야기하는 것처럼 원래는 그럴 계획이 없었는데 트루먼 주위의 기독교인들이 대한민국을 구하라는 하나님의 계시를 전해서가 아닙니다. 두루 알듯이 2차 대전 후에 냉전이 급속히 전개되었고 우리나라는 분단이 되지 않았습니까? 동아시아 대륙의 끝자락을 차지하고 있는 신생독립국 한국을 미국의 세계 전략과 동아시아 전략상 대공산주의 전진기지로서 보존해야 할 필요가 있었기 때문이지요.

김 형도 잘 알고 있듯이 지난 70여 년 동안 미국의 대한반도 정책은 전혀 일관되지 않았습니다. 단독정부를 밀어붙인 이승만을 지지했지만 한국전쟁 와중에는 이승만 제거작전(Plan everready)을 심각히 고려하기도 했지요. 5.16쿠데타를 사실상 묵인했고, 광주항쟁의 무력진압을 방치하기도 했지만 6월 항쟁 때에는 군대의 동원을 반대하기도 하지 않았습니까? 미국의 대한반도 전략은 해당 시기 미국의 행정부가 정의한 세계전략(Grand Strategy)과 이에 기초한 동아시아 전략의 일환으로 결정되는 것이 자명한 것 아닙니까? 특히 미국중심주의를 외친 트럼프의 집권 이후 벌어진 방위비 협상 논란은 이른바 혈맹으로서 한미동맹의 가치가 미국의 국익 앞에 얼마나 취약한가를 잘 드러내 주지 않았습니까? 미국은 어떤 경우든 우리를 구해줄 것이라는 구세주 신화는 상상 속에만 존재하는 것입니다.

두 번째로 부딪혔던 지점은 민주주의와 시장경제 표준으로서의 미국에 대한 신화였죠. 김 형이 주장하는 바와 같이 미국의 독립(1776)이 프랑스 혁명(1778)보다 빨랐으며 미국의 독립선언서는 천부인권을 명시한 근대 최초의 문서인 것은 사실입니다. 또한, 우리가 현대 민주주의라고 하는 선거를 통한 대표자의 선출 제도는 미국에서 최초로 이루어졌습니다(1788). 미국의 케네디 대통령이 취임사(1961)에서 자유주의 혁명의 횃불이 새로운 세대의 미국의 손에 넘겨졌다고 담대히 선언한 것처럼 미국은 제2차 세계대전과 냉전을 거치면서 자유민주주의 진영의 헤게모니 국가로서 팍스 아메리카나Pax Americana를 구축하였죠.

팍스 아메리카나의 우산 속에서 우리나라가 안보와 경제성장을 이룬 것은 역사적 사실입니다. 김 형, 나는 김 형이 알듯이 팍스 아메리카나의 기저에 있는 자유주의로 치장한 패권의 논리에 비판적이지만 많은 사람들이 온몸으로 체현하고 있는 역사적 사실까지 부정하고 싶지는 않습니다. 다만 우리가 주목해야 할 지점은 우리가 생각하는 공공재(public goods)를 제공하는 헤게모니 국가로서 미국은 더 이상 존재하지 않는다는 사실입니다.

또한, 미국이 민주주의 종주국이라는 자부심은 빛을 잃은 지 오래되었습니다. 미국은 다양한 인종의 용광로(melting pot)로서 아메리칸 드림이 상징하듯이 한동안 역동적인 기회의 땅이었던 것도 사실이죠. 하지만 미국은 지난 30년 동안 세계에서 가장 불평등한 나라 중의 하나로 변모하였고 이제 미국은 신도금 사회(New Gilded

Society)가 되지 않았습니까? 중요한 것은 민주주의 모델이라는 미국 민주주의가 시민들의 부르짖음에 응답하지 않는 체제라는 점입니다. 전례를 찾기 힘든 전 세계적인 판데믹 위기 속에서 드러난 미국의 민낯은 민주주의 종주국으로서 미국의 슬픈 현주소를 웅변하고 있습니다.

대낮에 경찰 네 명에 의해서 목이 눌려 죽은 조지 플로이드George Floyd가 마지막으로 외친 말 '숨을 쉴 수가 없어(I can' t breathe)' 는 미국 민주주의에 의해서 대표되지 않는 하층민들의 절규를 상징합니다. 플로이드의 죽음이 촉발한 시민들의 저항은 미국 주요 도시를 휩쓸었습니다. 놀라운 것은 이러한 체제를 뒤흔드는 위기 속에서도 민주주의 리더십이 작동하지 않았다는 점입니다. 우리가 배웠던 민주주의는 갈등을 민주적 정치과정을 통해서 제도적으로 해결하는 체제라는 정의가 무색해지는 상황입니다.

제도로서 민주주의는 미군정을 통해서 우리나라에 도입된 것이 부인할 수 없는 사실이죠. 하지만 촛불혁명을 통해서 깨어있는 시민들의 힘을 확인한 한국 민주주의는 이제 상상 속의 민주주의 표준으로서 미국모델을 따라갈 것이 아니라 우리 나름의 표준(K-Democracy)을 만들어 갈 때라고 생각합니다.

김 형, 김 형이 주장한 바와 같이 우리나라가 처한 지정학적 위치로 인해서 동아시아 권력 교체기마다 한반도에 물리적 충돌이 빈번했었습니다. 고려시대 대몽항쟁, 조선시대 임진왜란과 정유재란, 정묘호란과 병자호란, 그리고 20세기 일본의 조선병탄이 대표적이죠. 김 형이 주장하는 바와 같이 동아시아가 또 한 번의 권력의 교체기를 맞이하고 있는 것도 사실입니다. 김 형은 대륙세력과 해양세력의 교차점에 있는 우리나라가 전 세계 권력의 흐름에 민감하게 반응해야 한다고 지적하셨죠. 또한 이미 몽상夢想임이 드러난 중국몽을 같이 꾸는 것은 19세기 말 조선의 망국의 리더십을 반복하는 것이기 때문에 20세기를 통해서 증명된 자유주의 리더십의 편에 서야 한다고 열변을 토하셨죠.

김 형, 김 형의 우국충정은 충분히 이해합니다. 하지만 김 형이 주장하는 바와 같이 자유주의 진영의 맏형 미국에 줄을 서야 우리의 미래가 보장된다는 주장에는 동의하기 힘드네요. 우리나라가 분단의 상흔과 동족상잔의 참화 속에서 허덕이던 시절의 우리나라가 아니지 않습니까. 우리는 시민들의 힘으로 한국형 민주주의 모델을 만들었고 전 세계 10위권의 경제대국을 이루었습니다. 더구나 전 세계를 뒤흔들고 있는 코로나 위기 속에서 한국의 의료체계와 한국형 방역모델의 우수성을 보여주지 않았습니까? 중국몽을 함께 꾸던 미국을 천조국으로 모시던 우리의 잠재의식 속에서 여전히 굳건한 대보단大報壇을 이제는 허물 때가 되었다고 생각합니다.

김 형, 2019년 우리는 3.1 운동과 임시정부 수립을 통해서 근대로의 여정을 시작한 지 100년을 맞이했었습니다. 이제 광복 100주년도 얼마 남지 않았습니다. 근대로의 여정 동안 분단국가형성, 산업화, 민주화를 차례로 이룬 우리는 이제 후손에게 물려줄 우리나라의 미래를 고민해야 할 시점입니다. 우리 후손들의 운명을 다른 나라에 의탁할 수는 없지 않겠습니까? 이제 우리는 우리만의 민주주의 국가 모델을 만들어 가기 위한 새로운 여정을 시작해야 할 때입니다. 우리의 모델에 대한 치열하지만 열린 토론이 그 시작이 되어야 함을 두말할 나위가 없겠죠. 이 글이 김 형과의 간극을 좁히는 또 다른 토론의 시작이 되길 기대해 봅니다.

# 박원순 시장의 죽음과 윤석열 검찰, 무엇이 우리를 지배하는가?

손광락

부음을 듣고 며칠을 꼼짝할 수 없었다. 그가 이루어낸 수많은 업적은 차치하고라도 1980년대 역사문제연구소에 집을 기증한 이후 지금까지 자신을 위해서는 집 한 칸 가지지 않으면서 어려운 이와 단체를 위해 강연비와 상금을 아낌없이 기부하고, 그 결과 6억이 넘는 부채까지 안고 있는 그의 삶은 그 자체로 존경심을 불러일으켰다. 그러기에 나는 그의 죽음 앞에 통곡할 수밖에 없었다. 그런데 나를 더욱 충격에 빠트린 것은 성추행 피해 고소와 이를 둘러싼 날 선 논쟁이었다. 추모와 애도조차 피해자에 대한 2차 가해라는 그들의 주장 앞에 혼란스러웠고 이들의 앞선 생각을 따라가지 못하면서 극심한 공황장애에 빠질 수밖에 없었다. 무슨 일이 우리 사이에 벌어지고 있는 것일까?

관련이 없는 듯하지만 조국 사태 이후 검찰총장이 보여 온 행태 또한 오랫동안 의문이었다. 그는 박근혜 정권 시절, 국가정보원 댓글 사건을 파헤친 기개 있는 검사였다. 사람에 충성하지 않는다는 그의 말에 국민들은 열광하였고 촛불정부는 성역 없는 수사를 하라며 검찰총장의 칼을 쥐여주었다. 그는 그 칼로 조국 전 법무장관을 겨누었고 유례없는 수사 인원을 동원하여 토끼몰이하듯 일가족을 사냥하였다. 며칠 전 그는 신임검사 신고식에서 "권력형 비리에 대해서 공정하게 형사법이 적용되도록 하는 것이 진짜 민주주의"라고 하였다. 그 말대로라면 왜 그는 김학의 성접대 사건, 나경원 자녀 및 사학 의혹, 최근의 검찰·언론 유착 및 자신의 가족을 둘러싼 의혹 등 수많은 권력형 비리에 대해서는 눈을 감는 것일까? 수사의 형평성과 과잉수사 금지 원칙에 위배되는 이 행위를 어떻게 이해할 수 있을까?

검찰총장의 모순된 행태와 성추행 피해자의 변호사, 그리고 애도와 추모조차 거부하는 이들에게 무언가 닮은 모습이 있다고 보는 것은 편향적인 해석일까? 내가 보는 것이 절대적으로 옳다는 생각과 내가 피해를 보는 것을 용납하지 않겠다는 신자유주의적 사고가 그곳에 배태되어 있는 것이 아닐까? 일찍이 애덤 스미스가 경고하였듯이 분업이 극도로 발달된 오늘의 우리는 공동체 사회에서 분리되어 개체화되었고 파편화된 일에 골몰한 나머지 전체를 파악하는 능력을 상실하고 말았다. 검찰총장이 스스로 자신을 정무 감각이 없는 사람이라고 평가하였듯이 그는 자신의 전문분야에서 익힌 수사 감각으로 자신이 목표한 사냥감에 대해서는 어디든 칼을 들이대지만 그 행위가 시대의 요구에 부응하는지에 대하여는 무감각하다. 박원순 시장 사건의 피해자를 담당하고 있는 변호사가 자신은 오직 고소인만 본다고 말한 것처럼, 그 역시 박원순 시장의 일생과 인격에 대해서는 일말의 고려도 하지 않는다. 자신의 제한된 시각으로 전체를 재단한다.

1978~1979년, 2년에 거쳐 콜레주 드 프랑스에서 행한 강의에서 푸코는 신자유주의 사고가 지배하는 전 영역에 "자신의 이기적인 선택에 합리성을 부여하는 이윤 추구의 주체"로서 호모 에코노미쿠스가 등장하였고 이들은 이전의 도덕적 자율성을 추방하고 경제적 가치 추구를 선으로, 정의로 규범화한다고 했다. 호모 에코노미쿠스에게는 공동체란 더 이상 존재하지 않으며 이익이 되는가 아니면 손해가 되는가만 중요하므로 신자유주의를 이상으로 하는 오늘의 사회에서는 필연적으로 경쟁과 불평등이 초래된다. 이들은 손해에 민감하기 때문에 타인의 손해에서 동질감을 느낀다.

돌이켜 보면, 검찰개혁 집회에 그렇게 많은 인원이 모인 것은, 물론 세상을 보다 공정하게 만들겠다는 생각도 있겠지만 동시에 아마도 내가 조국처럼 당할 수 있다는 염려 때문이기도 하다. 2018년 평창동계올림픽 때 북한과 아이스하키 단일팀을 구성하면서 오랫동안 연습한 우리 팀의 몇몇이 제외된 적이 있다. 20~30대는 들끓었다. 역시 공정이 화두였지만 그것은 그들도 열심히 노력한 후에 마찬가지로 배제될 수도 있다는 데에서 동질의 피해 의식을 느끼는 탓이다. 이번 성추행 사건도 마찬가지이다. 자신들도 위압이든 관습이든 동일한 피해를 볼 수 있다고 느끼며 피해자에게 동질감을 갖는다. 그동안의 사회 곳곳에서 진행된 차별에 대해 그들은 목소리를 높인다. 마땅히 그러해야 한다. 그러나 무언가 석연찮은 것은 왜 그럴까. 나도 피해를 볼 수 있기 때문에, 나를 보호해야 하기 때문에, 손해를 보아서는 아니 되기 때문에 목소리를 높이는 것이 아닌지 의구심이 들기 때문이다.

윤석열 총장과 검찰은 그들의 행위가 한국 사회를 인격이 존중되고 평등한 곳으로 한층 더 끌어올리는 동력으로 작동하는지 깊이 숙고해야 한다. 피해자와 이에 연대하는 우리 모두는 이것이 나의 이기적인 동기에서 비롯된 것인지 아니면 공정한 사회, 차별 없는 미래 사회를 만들기 위한 보다 숭고한 정신에 기인한 것인지 숙고해야 한다. 호모 에코노미쿠스는 내재된 이기적인 속성으로 인해 종국적으로 민주주의를 파괴한다. 나의 행위가 진정으로 세상에 긍정적인 영향을 미치고 있는가를 깊이 새겨보는 기회가 되기를 빌어본다.

# 추-윤 갈등과 '법 앞에 선' 노동자

박충환

2020년 12월 10일, 고위공직자범죄수사처(공수처)법 개정안이 국회 본회의를 통과했다. 국민의 오랜 염원이었던 공수처 설치와 검찰개혁을 향한 작지만 의미 있는 길이 열린 셈이다. 참으로 지난한 여정이었다. 표적 수사의 전횡을 일삼아 온 기득권 검찰의 조직적 저항과 보수 세력의 몽니는 검찰개혁의 필요성과 그에 대한 우리의 염원만큼이나 집요하고도 강력했다.

조국 전 법무부 장관과 그 가족은 개혁세력과 개혁저항세력 간 전쟁의 최전선에서 거의 멸문지화에 버금가는 고통을 겪었다. 안타깝게도 그 고래 싸움에 우연히 연루된 한 검찰 수사관이 자기가 속한 조직의 비수를 견디지 못하고 극단적 선택을 했다는 비보를 접하기도 했다.

기득권 검찰과 보수 세력은 공수처 설치를 코앞에 두고도 추미애 법무부 장관과 윤석열 검찰총장의 갈등이라는 점입가경 '법치주의' 드라마를 연출하며 코로나19의 3차 대유행이 몰고 오는 먹구름보다 더 어두운 그림자를 한국 사회에 드리우고 있다. 이 법치주의 막장 드라마가 방영되는 동안 여기저기서 죽어가는 노동자들의 부고가 끊임없이 전해지고 있다.

추-윤 갈등의 난맥상과 노동자들의 끊임 없는 죽음을 목도하며 오래전 읽었던 카프카의 단편 「법 앞에서」를 복기해본다. 1919년 발표된 이 짧은 우화의 플롯은 매우 단순하다. 법의 문을 지키고 선 문지기가 있다. 한 시골 사람이 문지기를 찾아와 법 안으로 들어가게 해 달라고 청한다. 문지기는 '지금' 은 안되고 '나중에' 된다며 들여보내 주지 않는다.

시골 사람은 문지기가 허용할 때까지 일단 법의 문 앞에서 기다리기로 한다. 그는 문지기에게 뇌물을 먹이기도 하고 심지어 문지기의 옷에 기생하는 벼룩에게 청탁을 넣기도 하며 끊임없이 나중으로 유보되는 그때가 오기를 기다린다. 그렇게 시간은 하염없이 흘러 시골 사람은 결국 법 안으로 한 번도 들어가 보지 못한 채 죽음을 맞이한다.

카프카는 예의 그러하듯 이 A4 용지 한쪽 분량밖에 되지 않는 짧은 우화에도 지극히 광활한 해석의 지평을 열어두었다. 여기서 굳이 텍스트의 중의성을 파고드는 철학자와 사상가들의 고담준론을 끌어오지는 않겠다. 누구나 이 우화의 문어적 외피만으로도 법의 문을 지키고 선 문지기를 오늘날의 판사, 검사, 관료, 변호사, 법학자 등 법률 전문가들로, 그리고 법 안으로 들어가고 싶어 하는 시골 사람을 일반 시민 혹은 노동자로 치환할 수 있을 것이다. 이렇게 치환하면 1년 가까이 우리 눈앞에서 펼쳐졌던 추-윤 갈등의 점입가경 법률 드라마는 카프카의 우화보다 더 중의적인 우화가 된다.

추와 윤은 비록 두 편으로 갈라서서 피 터지게 싸우고 있지만 둘 다 법의 문을 지키고 선 문지기이다. 법률 전문지식으로 중무장한 이 문지기들은 법치주의를 기치로 내걸고 끝이 보이지 않는 법률전쟁을 전개하고 있다. 어렵게 입을 연 대통령도 정치적 결단을 기다리는 시민들의 기대를 저버리고 절차적 공정성만을 주문하며 법치주의 뒤에 몸을 숨기고 있다.

법의 문지기들이 공수처법과 검찰개혁을 둘러싼 전쟁을 치르고 있는 동안 노동자들의 염원인 중대재해기업처벌법은 본안으로 상정되지도 못한 채 표류하고 있고, 암암리에 개악된 노동법들이 속속 국회를 통과하며 자본권력의 손을 들어주고 있다. 법을 모르는 '법 앞에 선' 노동자들은 그저 문지기들이 법의 문으로 들여주길 하염없이 기다리며 여기저기서 죽어가고 있는 형국이다.

하지만 카프카의 우화와 달리 추-윤 갈등의 법률 드라마는 노동자 시민의 죽음으로 종결되지 않아야 한다. 「법 앞에서」는 카프카 문학의 핵심인 현대 관료주의 비판에서 한 걸음도 벗어나 있지 않다. 이 우화에서 카프카는 매우 중요한 한 가지, 즉 법에 우선하는 정치의 근원성을 간과하고 있다. 정치는 법보다 더 근원적이다. 이는 신탁이 법을 대신했던 고대 제정일치 사회에서부터 진리였다.

고대사회에서는 하늘의 뜻을 읽는 전문가, 즉 샤먼이 신탁의 문지기와 통치자 역할을 동시에 수행하는 '신성왕'이었다. 고대사회의 인민들은 신성왕을 주기적으로 살해하여 그 피를 숲에 뿌렸다. 인민의 풍요로운 삶을 재생산하는 데 필수적인 숲의 근원적 생명력을 회복하기 위해서였다. 다시 말해 고대의 인민들은 종교적 의례의 형태로 신탁의 문지기를 교체하는 정치적 실천을 통해 삶의 풍요성을 주기적으로 회복했다. 이것이 바로 제임스 프레이저가 『황금가지』에서 상세하게 묘사하는 '신성왕 살해' 관습이다.

인류 사회의 시원적 형태까지 거슬러 올라가는 정치의 근원성은 현재에도 변함이 없다. 단지 신탁이 법으로 대체되고 주권이 행사되는 방식이 달라졌을 뿐이다. 자본이 죽은 노동의 축적이듯 법은 죽은 정치의 누적이다. 추-윤 갈등의 '법치주의' 드라마에서는 죽은 정치가 산 정치를 압도하고 있다. 그래서 위험하다. 이 드라마의 주인공들이 절대 망각하지 말아야 할 진실이 하나 있다. 바로 그들을 법의 문지기로 세운 것은 법이 아니라 촛불을 든 시민들의 정치적 실천이었다는 것이다.

대다수 시민은 법에 관한 전문지식이 없다. 그래서 법 안으로 들어갈 수 없다. 그럼에도 그들은 법을 등에 업고 전횡과 농단을 일삼던 문지기들을 법 밖에서 내쳤다. 촛불혁명은 법 앞에서 임종을 맞기를 거부한 노동자 시민의 정치적 행위였다. 법 앞에 있다는 것은 곧 법 밖에 있다는 뜻일 수 있다.

촛불혁명의 시민은 앞으로도 자신들이 세운 문지기가 법의 문을 열어주기를 하염없이 기다리지 않을 것이다. 한 번 문지기를 내쳐본 경험이 있는 그들은 카프카의 시골 사람처럼 법 안으로 들어가기를 하염없이 기다리다 임종을 맞이하지 않을 것이다. 정치가 바로 서고 법이 바로 서지 않을 때 그들은 법 밖에서 법의 문지기들을 교체해 버리거나 법의 문 자체를 허물어 버릴 것이다.

정해진 '법적 절차'를 밟아 공수처가 발족하면 추-윤 갈등의 법률 드라마도 언젠가는 종식될 것이다. 그러면 지난 수십 년간 법과 권력의 부조리한 착종을 등에 업고 무소불위의 권력을 행사해 온 검찰 권력에 최소한의 고삐를 달 수 있을 것이다. 그렇다고 해서 노동자 시민에게 법의 내부가 허용되는 일은 없을 것이다. 문지기들은 여전히 법의 문 앞에서 "지금은 안 돼, 나중에"라고 준엄하게 속삭이며 권위를 세울 것이다. 하지만 죽은 노동이 산 노동을 지배하지 못하도록 하는 것만큼이나 죽은 정치가 산 정치를 구축하지 못하도록 해야 한다.

지금 필요한 것은 법치주의라는 법적 논리가 아니라 시민과 노동자들의 평안한 삶을 지상 과제로 삼는 정치의 회복이다. 문재인 정부의 문지기들은 더 이상 법치주의의 허상 뒤에 숨지 말고 당당히 나와 살아 있는 정치를 하라! 멸문지화를 당하더라도 그렇게 하라! 그것이 촛불시민이 당신들에게 내린 지상 명령이다. 이 명령을 따르지 않으면 '법 앞에 선' 노동자 시민들의 혈관 속에 도도히 흐르고 있는 뜨거운 정치적 에너지가 다시 폭발할 것이다.

# 사법부의 최고 권력은 국민에게 있다

손광락

대검찰청이 윤석열 검찰총장 지시로 주요 사건 재판을 맡은 판사들의 정치 성향과 개인정보를 수집해 관련 부서에 배포하고 활용했다고 한다. 검찰이 작성한 문건의 내용과 의도, 활용 방식 등을 두고 검찰과 법무부, 그리고 사찰 대상이 된 법관들 반응이 상이하다. 추미애 전 법무부 장관은 이를 불법 사찰로 규정하고 검찰총장의 직무배제를 명령하는 주요 혐의로 제시한 반면 검찰과 법관들의 반응은 달랐다. 검찰은 이 문건 작성은 검찰의 통상적인 업무에 속하며 아무런 문제가 없다고 반박했고, 2020년 12월에 개최된 전국법관대표회의에서 법관들은 해당 재판이 서울행정법원에 계류되어 있으므로 의견을 낼 수 없고 또한 이에 대한 의결이 정치적으로 이용될 수 있다고 우려를 표했다. 신중한 자세를 취했으나 결과적으로 사찰을 문제 삼지 않기로 한 것이다.

대검찰청에 해당 보고서를 작성한 담당 부장검사는 이 문건의 의도가 "누구에게 불이익을 주거나 해를 끼치려는 것이 아니라 주요 사건 공판 검사들이 공소유지를 원활히 하는 데 도움을 주기 위한 것일 뿐"이며 "정상적인 업무수행이 총장님의 징계사유가 되는 현실을 납득할 수 없다."고 했다. 지나간 사실이지만 법무부의 검찰총장 직무배제처분은 서울행정법원이 검찰총장의 집행정지 신청을 인용하면서 무효화되었다. 대통령 재가까지 득한 징계처분이 행정법원 단독판사에 의해서 한순간에 원점으로 되돌려진 것이다. 이 사건을 보면 두 가지 의문이 든다. 하나는 법관 사찰에 대한 검찰의 전반적인 인식이고 크게 보아 법관도 마찬가지 또 하나는 삼권분립의 문제다. 행정부에 대한 사법부 견제가 어디까지 가능한가 하는 의문이 들기 때문이다.

검찰 내부 통신망 '이프로스'에 올린 위의 부장검사 말은 검찰이 신임검사 때 선서한 것처럼 "불의의 어둠을 걷어내는 용기 있는 검사, 힘없고 소외된 사람들을 돌보는 따뜻한 검사, 오로지 진실만을 따라가는 공평한 검사"라면 이해가 된다. 국민의 생명과 자유, 그리고 재산에 위해를 가하는 범법자에 대한 수사는 당연히 유지되어야 한다. 그러나 불행하게도 우리는 현대사를 통틀어 검찰의 거짓날조를 수없이 목격해 왔다. 지금도 기소할 것과 기소하지 말아야 할 것을 분간하지 못하는 그들이기에 공소유지를 위한 소위 그들의 통상적인 업무를 염려하는 것이다. 검찰이 막강한 정보력과 힘을 동원하여 무고한 사람을 범죄자로 만든다면 어떻게 할 것인가. 검찰에게 기소당한 국민은 돈 있는 사람이면 모르되 그렇지 않은 사람은 변변한 변호사도 구하지 못한 채 속수무책으로

당할 수밖에 없지 않은가. 검찰이 법관 성향까지 분석하며 재판을 유리하게 이끌어가는 동안 기울어진 운동장 한편에 무방비로 두들겨 맞는 무고한 국민이 있다면 그것을 공정한 게임이라고 할 수 있는가.

서울행정법원 판결에 따라 검찰총장이 업무에 복귀한 후에 대통령이 국민에게 사과했다. 그리고 법원 결정을 존중한다고 했다. 주권재민의 국가에서 국민에 의해 선출된 대통령이 단독판사 판결에 몸을 굽힌 것이다. 삼권분립의 확실한 승리인 것처럼 보이지만 정말 그런지 곰곰이 생각해 볼 일이다. 몽테스키외가 말한 삼권분립은 하나의 권력이 다른 권력을 압도하는 것을 의미하지 않는다. 입헌군주제의 당시 체제에서 그는 군주의 행정 권력과 귀족의 입법 권력이 남용되어 인민의 자유와 권익을 침해할 것을 우려하였고 그 결과 인민에게 사법권을 할당하는 삼권분립을 주장하였다. 권력을 가진 인간은 그 한계가 드러날 때까지 권력을 남용하게 되어 있으며, 권력의 그러한 속성을 이용하여 서로 견제하고 균형을 이루도록 한 것이다. 그러므로 삼권분립의 취지는 견제를 통하여 국민의 생명과 자유를 보호하는 데 있으며 어느 한 권력이 다른 권력을 지배하는 데 있지 않다.

우리 헌법 제1조는 "대한민국은 민주공화국이다. 대한민국의 주권은 국민에게 있고, 모든 권력은 국민으로부터 나온다."고 명시하고 있다. 영국 명예혁명에 지대한 영향을 끼친 존 로크나 동학혁명의 불꽃을 일으킨 수운 최제우 선생을 굳이 언급하지 않더라도 국가란 인민이 자연의 상태에서 지켜낼 수 없었던 천부적인 권리를 보장하기 위하여 일정 수의 대표자를 선출하고 한시적으로 그들에게 권한을 양도한 사회조직이다. 그러기에 존 로크는 국민이 선출하고 동의하지 않은 그 어떤 권력이나 법도 구속력이 없으며, 최고 권력은 국민이 부여한 것이므로 위탁된 취지와 반대로 권력이 국민을 억압할 경우 이를 제거할 권리를 국민이 갖는다고 하였다. 그렇다면 대한민국의 사법권은 국민이 동의하고 선출한 권력에 의해 작동되고 있는가?

단적으로 말해 오늘의 대한민국에서 법관과 검찰은 신성불가침의 권력이다. 그들은 선출되지 않는다. 행정부 수반인 대통령과 입법부의 국회의원은 국민에 의해 선출되며 임기가 끝나면 심판을 받지만 그들은 심판받지도 않는다. 그들은 제도적 권력이다. 사법시험에 의해 선발되는 그들은 퇴임 이후에도 변호사로 부와 권력을 유지한다. 민의에 의해 선출되지 않은 권력이 선출된 권력을 지배한다. 그 누구도 재판부의 판결에 토를 달면 그는 법치주의를 무너트리는 자요, 민주주의의 훼방꾼이 된다.

법관은 신이 아니며 법관 개인의 판단이 옳다고 할 어떤 근거도 없다. 판례가 쌓여가면서 법 정신은 사라지고 껍데기만 남았을 때 그들의 판결은 사회를 전진시키지도 감동을 자아내지도 못한다. 법관은(비록 전문분야에 일견을 가졌다 할지라도) 여전히 한정된 자료와 개인적인 성향에 좌우되는 인간일 뿐이며 그의 판단이 국민 다수 판단보다 더 선하고 정당하다고 장담할 어떤 근거도 없다. 법관은 그 사회적 지위로 말미암아 민중 다수와 유리되고 생리적으로 가진 자와 가깝다. 우리나라처럼 실무경력 없이 시험성적만으로 일

찌감치 판사가 된 그들이 제한 없는 사법 권력을 갖게 된다면 주인인 국민을 얕보게 되고 종래는 법 만능주의 사회가 되어 소수의 강자가 다수를 지배하는 과두정으로 국가는 전락하고 만다.

우리나라 법관과 검찰의 임용제도는 일제강점기 고등문관과 일반문관시험, 미군정기 조선변호사시험, 정부수립 이후 사법고시와 같이 기본적으로 시험을 거쳐 인원을 선발하고 관리한다. 이는 미국이나 영국, 호주 등의 여러 나라와 많은 차이가 있다. 일일이 예로 들 순 없지만 미국 대부분의 주는 10년 이상의 법조경력(대부분 변호사)을 지닌 자를 주지사가 제한된 기간 동안 임명하고 임기가 끝나면 주민 선거를 거쳐 법관과 검사장으로 재임된다. 연방법원 역시 10년 이상의 법조경력을 지닌 자 중에서 덕망을 갖춘 인물을 상원의 인준을 거쳐 대통령이 임명한다. 민의를 거스르는 판사와 검사에 대해서는 주민이 선거로 심판하며 주민소환제를 통해 언제든지 그 책임을 물을 수 있다. 법정에서 판결 또한 법관 개인 성향에 따라 선고될 가능성이 적다. 법정에서 피고인은 '배심원제' 를 선택할 권리를 지니며 재판부는 특별한 이유 없이 배심원의 결정을 제척할 수 없다. 간단히 말해, 국민이 법의 최종권력을 지니고 있는 것이다. 오랜 전통을 거쳐 민주주의를 안착한 영국의 경우는 더 말할 나위 없다.

과거의 권위주의 시대에 행정법원 단독판사가 대통령의 재가를 득한 징계처분에 반하는 판결을 내렸다면 그 판결은 진한 감동과 함께 삼권분립의 빛나는 상징으로 기억될 것이다. 그러나 지금은 다르다. 국민 다수 뜻에 의해 선출된 대통령이 합리적으로 내린 결정이 비록 절차상 다소 미흡함이 있었다고 하나 판사 한 명의 판결에 의해 정지되었다. 권위주의가 청산되고 민주 정부가 정착하는 과도기적 시대의 부작용이다. 민주화에 걸맞지 않은 낡은 제도는 버려야 한다.

자국민을 이용하여 독립투사를 고문하고 사형에 처하던 일제 식민지 제도를 개혁하라고 엄동설한에도 촛불을 들었으며 국회 과반 의석까지 확보해 주었건만 선거 때가 되자 여당은 슬그머니 사면카드를 흔들면서 잡아놓은 고기라며 저편을 기웃거린다. 공명정대해야 할 재판을 부패한 정치와 뒷거래한 사법농단 판사 66명 그 누구도 죄에 합당한 처벌은 받은 적 없다. 국회는 4년 넘도록 말 한마디 꺼내지 못하다가 이제야 겨우 탄핵 발의의 운을 띄웠다. 늦어도 한참 늦었다. 국회를 통과하더라도 헌법재판소가 이를 받아들일지 두고 볼 일이다. 민주정부의 대통령을 고졸이라고 조롱하던 검찰, 자발적인 개혁을 통해 민주 검찰로 거듭나기를 바라던 대통령에게 늑대의 이빨을 드러내던 검찰, 그들 앞에서 목숨을 끊어야만 했던 대통령을 역사의 교훈으로 간직하고 있기에 깨어 있는 시민들은 오늘도 직무유기를 하고 있는 여당에게, 착하고 과묵한 대통령에게 미운 지지를 보내야만 한다.

사법 권력과 검찰 권력을 하루빨리 주권자에게 돌려주어야 민주주의가 살아난다. 데모할 때도 성조기가 나부끼는 이 나라에서 사법제도만큼은 모르쇠로 일관되는 이유를 아는 사람은 다 안다. 다른 것은 몰라도 사법제도만큼은 미국을 따라 했으면 한다. 첫째, 법관과 검찰은 장기간의 변호사 경력을 지닌 인물 중에서 임명 또는 선출하여야 한다. 둘째, 법관과 검찰을 대상으로 주민소환제를 실시하여야 한다. 셋째, 배심원제를 의무화하여 법관의 편향된 판결을 막아야 한다. 넷째, 퇴임 이후 변호사로 전직을 원천적으로 봉쇄하여야 한다. 이 네 가지 사항이 정비되어야 법관과 검찰은 자신의 생존을 위해서라도 임기 중에 책임을 다할 것이며 덤으로 사회봉사에 눈을 돌리는 변호사까지 얻게 될 것이다. 보아하니 어렵게 출범한 고위공직자수사처도 제대로 작동할 것 같지 않다. 공수처 설치보다 중요한 것은 법관과 검찰의 자체 시스템을 손보는 일이다. 역사의 교훈을 잊지 않았다면 정부와 국회는 지금 이 일에 매진해야 한다.

# 미얀마의 군사 쿠데타를 방관할 수 없다

엄창옥

2021년 2월 1일 새벽 5시 30분! 동남아시아에 위치한 미얀마에서는 군사 쿠데타가 일어났다. 미얀마 시민은 2015년 선거 혁명으로 53년간 지속되었던 군부 독재를 종식시켰다. 미얀마가 여기까지 도달하는 데 어찌 수많은 질곡이 없었겠는가. 미얀마는 1886년부터 영국의 식민지 지배를 받았다. 독립운동의 영웅 아웅산이 이끄는 '30인의 동지'는 영국과의 뼁룽조약(1947)을 통해 독립을 약속받았다. 이때 불행히도 아웅산은 암살되었지만 '30인의 동지' 중 한 사람인 우 누Nu가 독립 국가를 수립하였다. 이때만 해도 '30인의 동지'는 서구 식민주의 정책에 저항하는 청년 민족주의자들이었다.

## 군사 쿠데타의 연쇄

독립 후 이들은 분열되었다. 1962년 소수민족 간 분쟁이 심화되자 '30인의 동지' 중 한 사람인 네 윈Win이 우 누에 불만을 품고 군사 쿠데타를 일으켰다. 제1차 군사 쿠데타였다. 이때부터 미얀마에서는 군사 독재에 대한 시민저항이 시작되었다. 1988년 8월 8일, 8888민주항쟁이 극에 달했고, 군부는 민주항쟁을 진압하면서 수천 명의 시민을 학살했다. 이 과정에서 아웅산 수지가 중심이 되는 '민주민족동맹(NLD)' 이 결성되었다. 이들은 국민투표 약속을 받아냈다.

그러나 그해 9월, 군 총사령관인 소우 마웅Saw Maung이 제2차 군사 쿠데타를 일으켰다. 승복을 입은 승려들조차 '샤프론 항쟁' 으로 민주화를 외쳤고, 독재 군부의 유혈진압에도 불구하고 민주 시민항쟁은 계속되었다. 2008년 군부는 국회의원 의석 25%를 군부가 선점하도록 하는 신헌법을 제정함으로서 군부독재체제를 견고히 했다. 군부는 2011년 위장된 민간 정부를 출범시켰다. 그것이 테인 세인 정부다. 그 정부는 실은 '군복을 벗은 군인' 의 정부였다. 미얀마 국민은 무늬만의 문민정부에 만족하지 않았다.

2015년 비로소 평화적 국민선거가 실행되었다. 총 의석 664석 중 군부가 25%인 166석을 선점하고서도 아웅산 수치의 민주민족동맹에게 390석(58.7%)의 의석을 줌으로써 '제1기 문민정부' 가 출범하였다. 이 결과는 미얀마 군부의 존재 자체를 위협하는 것이었다. 미얀마 국민은 한발 더 나아갔다. 2020년 11월 총선에서는 민주민족동맹에게 398석(60%)의 의석을 밀어주었다. 군부 독재의 설 자리가 점점 좁아졌다.

미얀마 국민의 90%가 민주화를 열망했다. 국민의 절대다수가 반 군부 민주화 세력인 셈이다. 그렇게 해서 '제2기 문민정부' 가 자리 잡는 듯했다. 아무리 강고한 군부라 할지라도 국민의 10%만으로는 나라를 통치할 수 없다. 그래서 바로 '제2기 문민정부'가 출범하는 국회 개원날 새벽, 오래된 군부는 제3차 군사 쿠데타를 일으켰다. 이제 미얀마 군부는 2011년 독재정권으로의 회귀를 원하고 있다.

### 아시아 민주시민의 연대

미얀마의 제3차 군사 쿠데타가 어떻게 마무리되는가에 따라 아시아 민주화 여정에 큰 영향을 미칠 것이다. 군사 쿠데타에 저항하는 민주화 운동이 힘을 얻게 된다면 아시아 군부독재 세력에 큰 타격을 줄 것이지만, 군사 쿠데타가 성공하면 아시아의 군부독재는 재건의 힘을 얻을 것이다. 불행하게도 미얀마의 군부는 강력하며 미얀마의 민주세력은 아직 취약하다. 그들은 중국과의 관계가 견고하며, 비동맹세력들이 배후에서 후원하고 있다. 태국과 캄보디아 등 동남아시아의 독재국가들은 미얀마 군사 쿠데타에 침묵하고 있다는 것은 이 때문이다. 이것은 '위험한 침묵'이다. 독재의 어두운 전염성을 염려한다.

어떤 길이 있을까. 국가가 나서면 더 좋을 것 같지만, 실은 무겁고 복잡해진다. 미국은 우리나라의 5.18광주항쟁에는 침묵했지만, 미얀마 쿠데타에는 즉각적 반응을 보인다. 냉전 구조나 반反중국 전략 때문일 것이다. 국가 수준에서는 민주화 의제도 전략적 도구로 전락하고 만다. 이 위험한 침묵에 효과적으로 대응하는 길은 아시아 민주시민 연대의 길일 것이다. 2019년 홍콩시위의 주역인 조

슈아 웡은 "홍콩시민들은 한국인이 민주와 인권을 위해 용기 내 싸운 역사에 감동하고 있다."며 "홍콩시민들과 함께 손잡고 가 주길" 희망했다.

천안문 시위 주역인 왕단은 "한국의 군부독재시절 국제사회가 한국의 민주화 운동에 관심과 지지를 보낸 것처럼 이제 아시아에 일어나는 민주화 열망에 더 많은 관심과 지지를 표해 줄 것을 호소한다."고 말했다. 스리랑카에 세워진 민주화 기념비에는 '광주정신을 이어받아 건립되었다'고 기록하고 있다. 그렇다. 아시아의 민주화는 혼자서 이룰 수 없고 함께 연대하며 이루어갈 수밖에 없다.

그렇기 때문에 민주화 운동이 전염하는 밝은 힘을 믿는다. 1986년에 필리핀의 '피플파워'는 1987년의 '서울의 봄'으로 전염되었고, 1989년 중국의 '천안문 사태'로 전염되었던 것을 기억하는가. 또한 2011년 튀니지에서 시작된 '재스민 혁명'은 알제리와 이집트로 번지고, 사우디아라비아, 시리아 등 전 아랍으로 전염되어 '아랍의 봄'을 불러오지 않았던가.

### '민교협'이 먼저 아시아 시민연대의 손을…

우리가 침묵하면 아시아 민주주의는 위험해진다. 지금 상황으로서는 아웅산 수지와 민주민족동맹에게 민주 정부를 재창출할 수 있도록 손을 잡아줘야 한다. 이미 부산과 경남에서 이주민 연대회의는 성명서를 내고 '세계시민의 심성을 갖춘 한국 시민들의 적극적인 동참'을 위해 손을 내밀고 있다. 필자는 이 요구에 '민주평등사회를 위한 전국 교수연구자협의회'가 먼저 응답할 것을 제안한다. 이 협의회는 누구보다 먼저 1978년 6월 항쟁에 호응했기 때문이다. 그렇게 함으로써 "큰 강물이 비로소 길을 열었다."고 노래하는 아시아의 평화를 향한 이육사의 소망을 이루어 갈 수 있을 것이다.

# 촛불, 그 후

채장수

1.

봄은 색色, 쓰는 계절이다. 꽃샘추위 속에서도 하얀 목련과 노란 산수유가 만개하더니, 줄지어 갖가지 꽃들이 피어나고 있다. 그리하여 봄은 色, 다른 계절이다. 그 다른 색깔에 어울리는 이름들을 다 헤아리지 못하는 나의 무지가 안타까울 뿐이다. 그렇게 '자연의 봄'은 도래했으며, 그런 무심함에 오히려 사람들은 위안을 얻는다. 한편으로 '사람의 봄'은 아직 저 멀리 있으며, 그 공허가 쉬이 물러가지 않는다. 그리하여 식상하지만, 올해도 어김없이 춘래불사춘春來不似春.

몇 년 전, 우리는 '촛불의 봄'을 확신했었다. 어깨동무의 연대와 하늘을 가리는 만장이 파도처럼 넘실대던 그날의 광장은 여하한 경계와 차별이 사라진, 촛불보다 더 밝은 희망의 공간이었다. 약간의 과장을 허용한다면, 어느 서구 역사학자의 표현처럼 그것은 마치 모든 것이 가능하다고 믿는 정치적 열정으로 가득 찬 시기이자 사적인 것이 공적인 것으로 합쳐지는 '광기의 순간(the moment of madness)' 이었다. 그것을 체험한 우리들의 마음은 이미 봄의 절정이었다. 많은 것이 변한 것은 사실이다. 어처구니조차 없었던 대통령은 마침내 탄핵되었고, 바야흐로 '촛불정부' 가 탄생했다. 우리는 새로운 정부의 슬로건처럼, 머지않아서 '기회는 평등하고 과정은 공정하고 결과는 정의로운 사회' 가 도래하리라 기대했었다. 반대자들의 조직적인 저항이야 각오했지만, 적어도 공정사회로의 출입문은 열리게 될 것이라고 낙관했었다.

2.

일정한 성과가 없었던 것도 아니었다. 그러나 촛불은 내려졌고 사람의 봄은 아직 요원하다. 요즘은 '촛불정신' 이니 '촛불정부' 니 하는 말을 듣는 것이 왠지 거북하다. '촛불' 에 편승하는 수많은 정치적 레토릭과 우리가 살아가는 현실 사이의 심한 괴리감을 쉽게 감내할 수가 없기 때문이다.

촛불 이후 우리는 막연하기는 했지만, 진심으로 무언가를 기대했다. 그러나 그때나 지금이나 우리들의 바람직하지 못한 삶의 생채기는 여전하다. '촛불정부' 구성원의 성범죄 이슈로 시작된 보궐선거 국면에 편승한 가덕도 신공항 특별법은 여야 합의라는 보기 드문 상황 속에서 일사천리로 통과되었다. 미래를 책임진다는 친환경 재생에너지는 멀쩡한 산과 들을 이리저리 파헤치는 태양광 패널로 대체되고 있다. 청년의 고단함은 더욱 가중되고 있으며, 불안정 노동자의 슬픈 죽음의 행렬은 맥빠진 '중대재해처벌법' 의 소란한 제정 이후에도 여전히 지속되고 있다.

다른 한편으로 갖은 사회적 편견과 혐오 속에서도 삶의 의지를 굽히지 않았던 성소수자 변희수 하사는 끝내 죽음으로 내몰렸다. 세계화를 지향한다는 지역거점대학 캠퍼스 인근의 마을에서는 무슬림이 동네를 파괴하는 괴물로 취급되는 상황이 아무렇지도 않게 발생하고 있지만, 학교도 지방정부도 사태를 회피하고 있다. 탄핵의 몸통들이 비리대학의 권력을 다시 접수하면서 그들의 부당함을 비판했던 정의로운 사람들을 감시하는 데도 항의조차 어려운 상황이 지속되고 있다.

## 3.

촛불은 국민적 저항을 통해서 명백하게 비정상적인 정치권력을 퇴출시켰던 단지 뿌듯한 경험의 기억으로 박제되어서는 곤란하다. 우리가 그토록 느꺼워하는 '촛불신화'의 한계에 대해서도 살펴봐야 한다. 어쩌면 우리들의 촛불은 어느새 '마지노선 민주주의'의 제한 속에 갇혀 버린지도 모른다.

김윤철에 따르면 '마지노선 민주주의'는 '최후의 방어선(마지노선)'으로서 국가권력의 공적 작동을 설정하고, 주로 국가권력의 사유화에 대한 저항에 시민사회의 정치적 에너지를 집중하는 방어적인 민주주의를 의미한다. 이러한 상황에서 시민(사회)은 국가(대통령)가 마지노선을 직접 침탈하는 경우가 발생해야만 비로소 집합적인 저항을 전개하는 특성을 보인다.

결과적으로 시민사회의 운동적 에너지는 극단적인 상황에서만

주기적으로 분출되지만 보다 확장되지 못하는 상황에서, 기존의 정치질서는 일정한 변신과 정상화 과정을 통해서 지속적으로 재생산된다. 이러한 과정에서 시민들은 집합적으로는 '질서' 에 대한 불만을 주기적으로 표출함에 익숙해지면서도, 개인적으로는 기존 질서를 거부감없이 내면화하는 '분열적 주체' 로 고착된다. 돌이켜 보면 어떤 면에서 촛불이 그러했으며, 그런 의미에서 촛불 '혁명' 은 확실히 과도한 레토릭이다.

4.

촛불 이후에도 자연의 봄은 도래했고 사람의 봄은 지체되었으며, '촛불, 그 후' 에 대한 실망은 '촛불정부' 에 대한 지지도에 투영되고 있다. 이 와중에 멀리 미얀마에서는 80년 광주의 비극이 재현되고 있으며, 가까이는 대구지역의 유력지 만평에서 80년 광주의 비극이 조롱받고 있다. 결국 '사람이 꽃보다 아름다워~' 라는 노랫말을 진심으로 회의하게 되는 상황에까지 다다른다.

그러나 어느 영화의 대사처럼 '벼랑에 몰렸을 때만이 진화할 수 있는 존재가 사람' 이라면, 오늘의 위기는 그날의 촛불처럼 '부디 사람은 못 돼도 괴물은 되지 않기' 를 바라는 보통 사람들을 다시금 곧추세우게 될 것이다. 민주주의라는 이름 아래에서도 얼마든지 다른 종류의 억압이 가능하다는 것이 명백해진 지금이야말로 '마지노선 민주주의' 를 넘어선 민주주의의 또 다른 진화가 가능한 순간이기 때문이다. 이제 더디 오는 봄을 찾아 나서는 우리의 수고가 필요한 때인 것도 같다.

# 민주주의를 찾습니다

강 우 진

1.

"대한민국은 민주공화국이다. 모든 권력은 국민으로부터 나온다.", "나는 내가 대표한다." 촛불 광장을 뒤흔들었던 구호다. 촛불 당시 전국적으로 연인원 1,700여만 명이 촛불 광장을 메웠다. 또한 여론조사에 따르면 75~80%에 달하는 국민이 촛불을 지지했다. 전례 없는 촛불 연합이 형성된 것이다. 국민이 공적으로 위임한 권력을 사유화한 신가산제의 속살을 목도한 국민들이 촛불항쟁을 통해서 부패한 권력자를 몰아냈다.

이후 촛불을 통해서 오롯이 국민의 힘으로 정권이 교체되었다. 많은 사람들이 열광했고 '촛불 혁명', '21세기 명예혁명'으로 찬사를 보냈다. K-방역 이전에 새로운 민주주의 모델을 제시한 K-Democracy(K-데모크라시)가 있었다. 정권 교체를 경험하면서 한국 민주주의가 민주주의 원칙을 공유하는 민주적 우파(오른손잡이 민주파)와 민주적 좌파(왼손잡이 민주파)가 민주주의의 프로그램을 중심으로 경쟁하는 새로운 단계로 진전할 수 있다는 희망을 주기도 했다.

하지만, 촛불이 타오른 지 4년이 지난 시점에서 사람들은 더 이상 촛불을 말하지 않는다. 오히려 촛불로 탄생한 자칭 촛불 정부를 반대 진영에서는 '의회독재' 심지어는 '연성 파시즘'으로까지 비난한다. 촛불 정부 4년을 지나면서 촛불 연합은 해체됐다. 이에 따라서 한국 정치의 특징이었던 여야 간 극심한 대립과 비토크라시 vitocracy는 일상화되었다. 촛불 광장에서 타올랐던 민주주의는 촛불 정부에서 시나브로 자취를 감추었다. 광장에서 주권재민의 순간을 만끽하며 분출하던 열광의 순간과 이후 빠르게 찾아온 실망의 지속이라는 패턴이 한국 민주화 30년 동안 반복적으로 나타났다. 민주주의는 왜 재빠르게 자취를 감추었나?

## 2.

기본적인 질문으로 돌아가 보자. 민주주의란 무엇인가? 민주주의에는 수많은 정의가 존재한다. 하지만 현대 민주주의는 정치적으로 평등한 인민들이 대표자들을 선출하여 주권을 위임하고 자신의 선호를 실현하는 체제라는 데에는 대체적인 합의가 존재한다. 하지만 현대 대의 민주주의 체제에는 민주주의 이상을 구현하는데 중요한 제약이 존재한다.

주권자인 인민이 권력을 위임하는 과정에서 정치적 대표의 편향, 나아가 실패가 발생한다. 정치적 대표의 편향은 대표자를 선출하는 민주적 정치과정의 투입 과정과 정책의 산출 모두에서 발생한다. 인민들은 대표자의 선출 과정에서 자신의 이해를 대변하는 최적의 대표자(대리인)를 선출하는 데 종종 실패한다. 또한 대표자를 선출한 이후에도 대리인인 대표자가 주인의 의사를 제대로 대변하는지 완벽히 감시할 수 없다. 따라서 다음 선거에서 대표자를 제대로 평가하는 것도 쉽지 않다.

산출(정책) 수준에서 정치적 대표의 편향은 더 자주 발생한다. 현실에서는 인민들의 이해보다는 큰 영향력을 가진 특별이익집단의 이해가 더 쉽게 반영된다. 민주주의 정책의 결과가 특정한 집단을 과대대표하게 되면 대표의 편향을 낳고 나아가 불평등한 민주주의로 귀결된다. 이렇게 되면 민주주의 체제에 대한 회의가 증가한다.

## 3.

촛불 항쟁을 통해서 탄생한 한국 민주주의는 민주주의 이상을 실현하고 있는가? 한국 민주주의는 서로 다른 두 가지 모습으로 존재한다. 공정하고 주기적인 선거를 통해서 권력을 교체하는 방식을 의미하는 선거제체의 민주화라는 차원에서 한국은 성공적인 민주화를 이룬 소수의 사례이다. 민주화 이후 일곱 번의 대통령 선거와 아홉 번의 국회의원 선거를 안정적으로 치렀다. 이 과정에서 세 번의 정권교체를 큰 잡음 없이 이루어냈다. 민주주의가 대한민국이라는 마을에 유일한 게임의 규칙이 된 것이다. 미얀마와 태국의 사례가 상징적으로 나타내듯이 게임 규칙의 민주적 제도화는 결코 작은 성취가 아니다.

하지만 한국 민주주의 속살은 이러한 성취와는 사뭇 다르다. 민주화 과정에서 다수제적 선거제도와 결합된 중앙집권적 대통령제가 제도화되었고 지역정당 체제가 결빙되었다. 다시 말하면 승자독식 체제가 제도화된 것이다. 이 체제는 대통령직에 대한 보상을 극대화하여 내부에서는 이를 둘러싼 치열한 경쟁을 만들어냈다. 이와는 반대로 이 체제는 높은 진입 장벽을 만들어내 이미 기득권 시스템 안에 진입한 '인싸(insider)'와 진입 장벽에 걸려 좌절하고 있는 '아싸(outsider)' 사이의 구별짓기가 한국 민주주의의 가장 중요한 특징으로 부상하게 했다. 글쓴이는 이러한 체제를 위계적 카르텔 체제라고 본다.

너무나 당연한 결과이지만 이러한 체제는 정치적 대표의 편향과 실패를 낳았고 보통 사람들의 요구에 제대로 응답하지 않았다. 요사이 한국 사회의 가장 큰 화두로 떠오른 청년 대표의 문제를 통해서 이를 간단히 살펴보자. 21대 국회에서 20대 선거인 수는 전체의 18.1%(794만 명, 18~19세 포함)에 달했지만 국회의원 수는 단 2명에 지나지 않는다. 전체 의원 300명 중에서 1%에도 못 미쳤다. 범위를 30대까지 확장해도 상황은 크게 나아지지 않는다. 30대는 선거인 수의 15.9%(699만 명)를 차지했지만 국회의원 수는 11명으로 전체 의원 정수의 3.6%에 지나지 않았다.

정책 결과를 살펴봐도 크게 다르지 않다. 16대~20대 국회 시기까지 통과된 법안 총 1만 2,150건 중에서 청년 정책 관련 법안 발의는 115건(0.09%)에 지나지 않았다. 통과된 법안 건수는 8건에 그쳤다. 21대 국회 들어서도 상황은 크게 나아지지 않았다. 청년 대표의 실패는 사회경제적 결과로 나타났다. 한국에서 노인 빈곤은 중요한 사회 이슈가 되었지만 청년 빈곤은 이슈조차 되지 않는다. 민주화가 진전되는 과정에서도 청년 빈곤은 오히려 심화됐다. 2006년 16.7%였던 청년 1인 가구 빈곤율은 2014년 21.2%까지 상승했다.

## 4.

민주주의가 다른 정치 체제보다 우월하다고 할 때 이것이 무엇을 의미하는가? 루소가 250여 년 전에 말한 것처럼 선거 때만 자유롭기 때문인가? 하지만 민주주의는 주인의 주기적인 교체에 머무를 수 없다. 더구나 어느 시인이 일갈했던 것처럼 대통령 하나 바꾸자고 시민들이 광장을 촛불로 메운 것이 아니다. 이미 기득권화된 위계적 카르텔 체제로서 한국 민주주의에서 하루하루를 버텨내고 있는 보통 사람들의 일상을 대표하는 민주주의 참모습을 찾아내기 위해서 민주주의의 민주화를 시작할 때다.

# 상상이 필요하다

채 장 수

흘러넘치는 혈기를 감당하기 버거웠던 시절, 그런 나를 제목만으로 간단히 압도했던 소설이 있었다. 양귀자의 『나는 소망한다. 내게 금지된 것을』이 그것이다. 당시 영화로도 제작될 만큼 화제가 되었던 이 소설의 줄거리는 이제 가물거린다. 아마도 여성들에게 남성에 대한 환상을 심어주었다는 죄목으로, 남성들의 폭력에 깊은 분노를 가진 젊은 여성이 당대 최고의 남자배우를 납치하여 길들인다는 이야기였을 것이다. 그때에는 독자들에게 골고루 적지 않은 충격을 주었지만, 지금이라면 일부 남성의 상당한 분노를 유발하는 소설일 수도 있겠다.

제20대 대통령선거를 앞두고 정치판이 들썩거리기 시작하는 요즘, 나는 줄거리조차 가물거리는 오래된 소설 제목을 어색하게 되뇌이고 있다. 이유는 단순하다. 세계의 중심도시 뉴욕이 '코드 레드' 수준의 기후위기 상황과 직면하고, 빚더미에 시달린 젊은 자영업자가 결국 극단적인 선택을 하게 되는 슬픈 시대에 맞이하는 대통령선거의 상상력 결핍에 대한 개인적인 불만족이 그것이다.

'정초선거定礎選擧' 는 정치적 상황을 근본적으로 변화시킬 수 있는 중요한 선거를 의미하며, 다소간의 과장이 허용된다면 우리나라에서 실시되는 대부분의 선거는 정초선거라고 불릴 만하다. 그런 의미에서 국민의 평화적 저항을 통하여 강고하게만 보였던 지배블록을 일순 무너뜨렸던 '촛불' 이 탄생시킨 정치권력의 연장 여부를 결정하여, 향후 한국사회의 중장기적인 방향을 가늠하게 될 제20대 대통령선거도 정초선거라는 명칭을 부여하기에 부족함이 없다.

그러나 엄중한 의미에도 불구하고, 적어도 지금까지 대통령선거의 분위기는 진영의 안위와 상호 신변잡기적인 네거티브가 지배하고 있다. 더욱이 평소에는 종종 도발적인 주장을 표출하는 시민단체의 상상력이 늘 그러했듯이 선거를 앞두고는 각자의 진영 논리로 순치되고 있다. 한편으로 '촛불정부' 는 '불공정의 정상화' 를 제거하지 못하였으며, 오히려 이것을 더욱 심화시켰다고 비판받을 만하다.

이런 와중에 '보수의 보수화' 도 '진보의 진보화' 도 자승자박自繩自縛과 아전인수我田引水, 말하자면 스스로를 가두면서 지체되고 있다. 이를 비판할라치면 '양비론' 이니 '선비질' 이니, 뻔한 힐난이 빗발친다.

이처럼 광장의 상상력이 진영의 안위에 질식되고 있는 제20대 대통령선거 상황에 대한 개인적인 불만족은 마치 조건반사처럼 '나는 소망한다. 내게 금지된 것을!' 이라는 오래된 소설의 제목을 소환했다. 말하자면 노동과 생태, 기후와 혐오 등과 같은 마땅히 제기해야 할 시대적 의제를 현실적 제약을 구실 삼아서 회피하고 있는 정치권 전반에 대한 불만족이 젊은 시절에 경험하였던 압도적인 기억으로 나를 안내하였다.

당분간 지금의 상황은 쉬이 개선되지 않을 것이다. 끝이 보이지 않는 코로나 사태와 서서히 드러나는 기후위기의 파국적인 상황, 한편 격차가 더욱 벌어지고 있는 양극화와 근본도 없이 번져가는 혐오와 차별이 주조하는 시대의 살풍경은 더욱 풍부한 정치적 상상력으로 암울한 현실을 타파하기 위한 대책을 요구하고 있다. 제20대 대통령선거는 바로 이러한 상황에서 치열하게 진행되고 있다. 상황이 그러하기에, 이번 제20대 대통령선거는 흔들리는 미래에 현명하게 대처해야 할 절박한 책무를 부여받고 있다. 그러나 허전한 느낌을 지울 수가 없다.

한 치의 에누리도 없는 치열한 경쟁이 진행되고 있는 여야 정치권에서 지금껏 빈번하게 목격되는 장면은 위기에 대응하는 반짝이는 상상력이 아니라 현실을 추수하는 기민한 셈법이다. 소위 '촛불정권' 을 연장하려는 '진보 여권' 은 장내를 정리하기에도 힘겨워 보인다.

실제로도 실패를 반복하던 정부와 여당의 부동산 정책이 최근 결정적으로 후퇴했다는 비판에 직면하고 있다. 기실 4월 보궐선거에서 패배를 경험한 이후, 여당은 금융정책으로 부동산 투기를 억제하던 기존의 정책적 방향을 변경하여 대출 규제를 완화했고, 시가 12억 아파트의 세금도 줄였다. 그러면서 양도소득세와 종합부동산세의 조정 가능성도 내비쳤다. 한편으로는 건강보험 보장성 강화 대책의 성과를 강조하는 정부에 대하여, 일부 시민단체는 '문재인케어의 실패' 를 선언하였다. 코로나 사태를 빌미로 의료 민영화를 추진하고 있다는 의심을 받고 있는 정부의 지난 몇 년간 의료보장률은 1.5% 증가에 그쳤으며, 오히려 보험료는 2.5배 인상 되었다는 것이 그 이유이다. 이외에도 산업재해가 없는 안전한 사회를 지향한다면서, 여권이 강력하게 추진하던 '중대재해기업처벌법' 은 기업의 부담을 고려하여 '기업' 을 생략한 상태로 통과되었다. 정부의 국민지원금 선별지급으로 인하여 상당한 사회적 비용이 발생하고 있는 최근의 민망한 상황은 굳이 언급하지 않겠다.

정권교체의 당위성을 설파하고 있는 '보수 야권' 도 크게 다르지 않다. MZ세대의 지원에 힘입어 30대 초반의 나이에 제1야당 대표가 된 젊은 정치인은 청년의 참신한 상상력보다는 '젊은 꼰대' 의 모습을 재현하고 있다. '꼰대는 나이의 문제가 아니라 공감능력의 문제' 이며, 소위 '젊은 꼰대' 는 자신이 또래보다 우월하다고 믿으면서 '늙은 꼰대' 를 극도로 경멸하는 동시에 자신이 하는 모든 꼰대짓에 '진심' 을 담는다는 어느 블로거의 날카로운 분석이 얼추 맞는다면 말이다. 바로 그 정당에서 대통령후보 지지도 1위와 2위 자리를 넘나들고 있는 '늙은 꼰대' 후보는 국회의원의 정수를 200명으로 줄이고 비례대표를 폐지하겠다는 참으로 괴이한 상상력을 발휘하고 있다는 점도 눈길을 끈다.

최근 〈시사IN〉은 '한국인이 분노하는 다섯 가지 원인' 을 분석하였다. 그것은 '약자혐오 사회에서 국가의 인권보호 방기' 와 '기득권 세력에 대한 혐오', '권력화된 이익집단에 대한 공권력의 무기력한 대응', '평등과 공정에 대한 사회 구성원 간 인식 충돌', '한국인으로서의 자기 인식 및 정치적 올바름(political correctness)에 대한 관념의 변화와 이에 따른 충돌' 이다. 이것들이 현재 우리 사회가 경험하고 있는 사회적 분노의 과녁이자, '문제적 일상' 의 단면이라는 것은 명백한 사실이다. 온라인 커뮤니티에 올라온 코로나 재난지원금을 받지 못한 국내 거주 조선족과 중국인들의 '거센 불만' 과 이에 대한 한국 국적인들의 더 거센 비난을 세세하게 중계하면서, 애써 혐오를 조장하는 어느 유력 찌라시의 노력은 무시하더라도 말이다.

사실 이러한 현실은 여러모로 분노와 어울린다. 그러나 현실이 그러할수록 분노의 시간을 넘어설 상상력의 복원이 필요하다. 위기의 시대를 살아가는 지금 우리에게 더욱 절실한 것은 '사람은 상상력이 있어서 비겁해지는 것' (영화 〈올드보이〉의 대사)이라는 협박보다는, 브라질의 제35대 대통령 룰라Luiz Inacio Lula da Silva의 대통령선거 슬로건이었던 "행복해지는 것을 두려워하지 맙시다!" 라는 격려일 것이다.

리얼리스트일지라도 가슴 속에 불가능한 꿈은 가질 수 있는 법이다. 더구나 대통령선거 국면이다. 현실 너머를 상상하는 힘이 필요하다. 이 종교 저 인종, 이 성향 저 이념이 서로 투닥 투닥 살아가는 사회, 노동의 결과가 삶의 보람으로 우리들의 삶을 든든히 받쳐주는 사회, 자연을 위하여 인간의 편리함을 조금씩 양보하는 것이 그야말로 자연스러워지는 사회, 지방분권이 헌법에 명문화되고 대한민국 전체에서 일상적으로 구현되는 사회….

이런 상상은 어떨까? 시민의 삶이 집값으로 인하여 좌절당하지 않는 사회. 이를테면 현재 대다수 국민을 절망하게 만드는 부동산 문제의 해결을 위하여 개인 자산의 가장 큰 부분을 차지하면서 빈부의 격차를 가속화하고 있는 부동산에 대한 공적 통제를 확보하는 정치적 행위, 예를 들면 부동산 기업의 국유화 여부를 결정하는 시민투표의 시행 같은 것이면 어떨까? 이런 시민투표에서는 3천개 이상의 주택을 보유한 부동산 기업의 주택을 국유화하고, 국유화한 주택 관리는 공기업을 통해 이윤이 아닌 공익에 따라 운영하며, 주택 관리는 직원들과 세입자 및 당국이 다수결에 따르는 민주적 방식에 따른다는 규칙 등이 주요한 결정 사안으로 설정될 것이다.

더구나 자본주의 체제에서, 가당치도 않은 생각이라는 지청구를 들을 수도 있겠다. 그러나 그런 시민투표가 2021년 9월 독일 베를린에서 실제로 실시되었으며, 여기에서 '민간 부동산기업 소유의 임대주택을 국유화하자' 라는 불손한 시민청원은 무사히 통과되었다. 이런 신선한 사건 덕분에, 우리의 제한된 상상력은 다시금 갱신된다.

# 그래도 지구는 돈다

최 인 철

"그래도 지구는 돈다!" 갈릴레이가 종교재판에서 유죄 판결을 받은 뒤 재판정을 나오며 했다고 전해지는 말이다. 무엇인가를 믿고 무엇을 주장하는 행위는 상이한 근거에 바탕할 수 있다. 갈릴레이를 고발하고 유죄판결을 내린 교회와 교황은 성서에 등장하는 지구 창조 내용을 바탕으로 천동설 이외의 주장을 이단으로 규정했다. 당시 교회의 판단이 성서의 내용을 충실히 반영한 것인가에 대해서는 이견이 있을 수 있다. 다만 분명한 것은 종교적 판단은 처음부터 자연 현상에 대한 옳고 그름의 근거가 될 수 없다는 것이다.

종교 재판관들은 당대에 우세하던 사고관이 성서적인 것이라 믿었고 그 믿음이 유지되기를 바랐다. 반면 갈릴레이는 과학의 영역을 신학으로부터 분리시키려 한 사람이다. 하지만 갈릴레이를 자신의 믿음을 지키기 위해 모든 것을 내던진 지사였다라고 할 수는 없다. 사실 갈릴레이는 재판정에서 지동설을 철회하였을 뿐 아니라 다시는 그러한 주장을 하지 않겠다는 각서에 서명하기도 했다. 갈릴레이의 위대함은 교회와 맞선 용기에 있는 것이 아니라 진리를 향한 그의 자세에 있다.

갈릴레이는 당시에는 파격적이었을 코페르니쿠스의 '지동설'을 맹목적으로 추종한 사람이 아니었다. 갈릴레이는 지동설의 내용을 자신이 고안한 굴절 망원경을 통해 사실임을 입증한 사람이다. 자연 현상은 우리 인식 외부에 존재하는 현상이다. 그렇기 때문에 우리는 그 현상을 눈과 귀를 통해 관찰하고 그 결과를 바탕으로 본질을 이해하게 된다. 그러나 현상은 그 자체를 왜곡 없이 투명하게 노출시키지 않는다. 물이 들어있는 투명한 유리잔에 있는 젓가락은 휘어 보인다. 물론 휘어 보인다고 해서 젓가락이 휜 것이 아니다. 젓가락이 휘지 않았다는 것은 젓가락을 물 밖으로 꺼내어 확인해야 하고 다시 물이 빛의 투과율을 변화시켜 물체를 굴절되게 보이게 한다는 것을 이해해야 한다.

세상에 존재하는 많은 현상이 이와 같이 그 본질을 감추거나 왜곡된 형태로 노출되어 있다. 이때 우리가 취해야 하는 태도는 그러하기에 알 수 없다고 포기하는 것이 아닐 것이다. 그 현상 이면에 있는 원리를 이해하기 위해 다각적인 노력을 기울이는 것이 바로 우리가 취해야 하는 자세일 것이다. 갈릴레이는 망원경을 통해 관찰한 천체를 통해 지구가 태양을 돌고 있다는 것을 믿게 되었다. 또한 망원경에 보이는 상들이 현상을 사실대로 반영하고 있다는 것을 증명해 보였다. 이러한 노력은 자신이 올바르다는 것을 보이기 위한 것이 아닌 무엇이 사실인가를 밝혀내려는 구도자로서의 자세에서 나오는 것이다.

다시 수 세기를 뛰어넘어 2021년 대한민국, 우리 모습을 살펴보자. 과연 우리는 갈릴레이가 처했던 종교재판에서 자유로운가? 과거 일부 거대 언론의 전유물이던 정보의 창출과 전달이 이제는 다양한 방식과 내용으로 곳곳에 넘쳐나고 있다. 이러한 현상에는 정보의 독점을 막는다는 이점도 있지만 부정적인 요소도 넘쳐난다. 사람들은 동일한 현상에 대하여 각각 상반되는 견해를 가지고 그 이유도 제각각이다. 미디어는 더 이상 그런 사회적 이견을 좁히는 기능을 수행하기 힘들다. 미디어도 상품과 같이 내가 원하는 정보를 전달하는가의 여부에 따라 선택될 수 있기 때문이다. 이제 많은 사람이 내가 원하는 사실만을 받아들이고 원하는 정보만을 수용한다.

수없이 쏟아지는 정보의 홍수에서 내가 원하는 정보를 찾아내는 것은 그리 어려운 일이 아니다. 그 정보의 진위는 그리 중요한 것이 아닐지도 모른다. 이러한 세태는 많은 사람을 확증편향의 오류에서 벗어날 수 없게 만든다. 확증편향의 오류는 일반적인 우리와 같은 사람은 물론이고 소위 논객이라 불리는 잘 알려진 사람들에게도 어렵지 않게 관찰된다. TV나 라디오를 틀면 익숙한 얼굴들이 등장해 자신의 주장을 설파하기 위해 각종 자료를 제시하고 치밀하게 논리를 펼친다.

재미있는 것은 같은 내용의 자료와 사건이 너무 다르게 해석된다는 것이다. 이들이 제시하는 내용이 각각 자신이 만들어낸 필터로 한 번씩 걸러 구미에 맞게 재단한 정보이기 때문이다. 대중의 확증편향적 경향 확장과 미디어와 논객의 맞춤형 변화는 닭과 달걀의 문제처럼 서로 맞물려 무엇이 먼저인지 분간하기 힘들다. 물론 이러한 상황에서 갈릴레이의 망원경을 언급하는 것은 무의미한 일일지도 모른다.

진실을 도외시한 확증편향적 오류가 가지는 심각성은 수없는 갈릴레이들이 지금도 종교재판대에 세워져야 한다는 것에 있다. 자신과 생각이 다르다는 이유로 타인에게 쉽사리 적개심을 드러내고 자신의 견해에 도움이 된다는 이유로 가짜 뉴스가 진짜 뉴스가 된다. 물론 그 반대 상황도 수없이 일어나고 있다. 사실 남을 속이는 것, 그럴듯한 가짜 뉴스를 만드는 것은 그리 어렵지 않은 일이다. 그런데 이러한 방식으로 토론에 이기고 이러한 방식으로 자신의 견해를 입증하는 것이 무슨 도움이 된다는 것인가?

우리 모두는 벌거벗은 채로 이 세상에 왔다. 붉은색이나 파란색으로 태어난 것도 아니다. 우리는 모두 불완전한 존재들이다. 그러하기에 지금까지 쌓아온 지식만으로 믿고 있는 그 무언가가 불변의 진리라고 생각한다면 나는 심각한 착각에 빠져 있다고 자인해야 하는 것이다. 내가 맞다고 주장하기 이전에 내가 정말 맞는 것인지에 대해 진지하게 고민해야 한다. 진리는 내 안에 있는 것이 아니기 때문이다. 교회가 갈릴레이를 종교재판대에 세운 그 순간에도 지구는 돌고 있었음을 명심해야 한다.

# 선물이라는, 우리 사회의 반석

- 대선 잡감雜感

안승택

제20대 대통령 선거가 끝이 났다. '역대급 비호감 대선' 이라는 비판 와중에도 호감을 일으키고자, 각 후보들은 우리에게 무언가 주겠다면서 선물을 약속했다. 우리는 그것이 계절이 순환하듯, 일정한 때가 되면 되풀이되는 일종의 의례적 행사임을 잘 안다. 업고라도 다닐 듯, 입 안의 혀처럼 굴던 정치인도 선거가 끝나면 곧 그들의 요새에 도사리고 앉아 우리에게 등을 돌려왔다. 그러나 지행합일은 언제나 어렵기 짝이 없는 일인지라, 우리는 알면서도 또 그 약속의 파도에 올라타 춤을 추고는 한다. 언제나 광란의 댄스파티가 끝나면, 불 꺼진 객석에서 주섬주섬 일어나며 "오늘 뭐 먹지?" 하면서도 말이다. 기왕 춤을 춘 김에, 우리를 들썩이게 하는 그 선물의 본성이 뭔지 한번 생각해 보기로 한다.

『증여론』은 선물에 관한 체계적인 이론서로서, 대중적으로도 큰 영향력을 발휘한 우리 시대의 고전이다. 그런데 저자인 마르셀 모스(1872~1950)가 선물의 이론을 시작하는 얘기는 상당히 수상쩍다. 그에 따르면 선물은 사회적 교환의 아주 오랜 형식인데, 그것이 주어질 때는 물건과 함께 증여자의 혼—이를 '하우'라고 부른다—이 같이 건너간다. 그리고 증여자의 사회적 인격, 소위 페르소나에 결부된 선물의 하우가 원소유자인 증여자에게 돌아가려 발버둥을 치는 통에, 선물을 받은 이는 갚을 수밖에 없다는 것이다. 선물이 자발성에 기초하면서도 의무 관계의 일환인 것, 은혜를 베푸는 일이지만 독을 떠먹이는 일이기도 한 것은 모두 이 '선물의 혼'과 관련이 있다.

그렇다고 그것이 두려워 선물을 거부하기는 어렵다. 선물의 거부는 곧 관계 맺기의 거부로서, 전쟁 선포나 다름없기 때문이다. 선물이라면 사족을 못 쓰고 냉큼 삼키는 나의 유약함이 우리가 사회적 동물이기 때문이라고 생각하면, 약간은 위안이 되기도 한다. 아무튼 모스의 논의는 그래서 선물을 받는 일은 곧 독을 삼키는 일이며, 지도자들은 받는 사람의 입에서 악 소리가 날 때까지 경쟁적으로 선물을 베풀고, 그래서 사회는 선물을 줄 의무, 받을 의무, 갚을 의무가 일체를 이룬 '호혜적 의무'의 체계로 결속된다는 설명으로 나아간다. 도대체 선물이 좋다는 것인지 나쁘다는 것인지 알쏭달쏭하기만 한데, 바로 이 점이 선물의 본성이다. 생각해 보면, 친구나 지인이 준 것이든, 선생님이나 정치인이 준 것이든, 모든 선물이 그처럼 알쏭달쏭했던 것 같다. 그 페르소나의 애매함을 견디기 어려운 나머지, 연인과 헤어지면 그가 준 편지와 선물을 상자에 담아 돌려보내거나 아니면 그냥 불사르고는 했을 것이다.

여기까지는 그런대로 잘 알려진 이야기이다. 그런데 모스가 폴리네시아, 멜라네시아, 안다만 제도, 아메리카 북서부의 부족사회 사례를 차례로 검토해 선물의 하우를 설명하고 나서, 소위 문명사회의 고대법을 검토한 내용은 상대적으로 덜 알려진 것 같다. 그에 따르면, 고대 로마에서 계약을 맺을 때는 '넥숨' 이라는 보충적 담보가 주어졌는데, 이는 큰 가치는 없는 물건—가령 막대기—이지만 생명이 있는 것으로 여겨지며, 계약이 이행될 때까지 담보 제공자인 원소유자의 가족 중 일부로 존재하면서, 받은 이의 행동을 구속한다. 유사한 담보 관념은 게르만법에도 존재했는데, 이는 수령자에게 계약 이행을 강제하는, 증여자의 개성이 가득한 물건이었다. 그리고 계약뿐 아니라 일반 사회관계에서도 유사한 힘이 작용했다. 게르만어에서 'don' 이 선물의 뜻과 독의 뜻을 동시에 가졌던 것도 이런 사정과 관련이 있다고 할 수 있다.

또 고전 힌두법에서 선물은 주어짐으로써 없어지는 것이 아니라 오히려 재생을 거듭하며 늘어나는 것으로 여겨졌다. 따라서 음식물은 반드시 증여를 통해서 나누어져야 하고, 나누지 않으면 오히려 파괴되어 없어지는 것으로 생각되었다. 모든 물건이 그 자체로 쌍무적인 의무 관계 속에 존재하는 셈이다. 중국에서는 매매계약의 모든 조건이 이행된 후에도, 매도된 물건에 대해 원소유자가 일정한 관계를 유지하다가 다시 넘겨받을 수 있는 권리가 존재했다. 이는 매도한 물건과 원소유자 사이의 인연이 매도 행위로도 끊어지지 않는다는 생각을 반영한다고 할 수 있다. 조선에서도 유사한 관행이 '환퇴' 라는 이름으로 존재했고, 이 권리를 상호 합의 아래 부정하려면 계약서에 '영영방매' 라고 적어야 했다.

그것을 혼이라 표현하든 페르소나나 개성, 인연이라 표현하든, 선물의 논리에 나타나는 바 물건을 주고받는 사람들이 그 물건 외에 다른 무언가를 함께 주고받는다는 생각은, 상품의 매매나 거래 계약으로 무언가 주고받을 때도 확장되어 나타난다. 자본주의 사회에 살아가는 우리 역시 물건을 사고팔면서 단지 물건과 돈을 교환했다고만 생각하지 않고, 다른 것까지 함께 주고받는다고 생각하는 경향이 있다. 오히려 대가로 돈을 치렀으니 그것으로 거래 의무는 끝났다고 생각하는 쪽에 문제가 있다고 인식되는 것이 엄연한 현실이다. 더 나아가 친밀한 사이에서 정서적이거나 신체적인 만족을 표시하기 위해 돈을 사용하는 일은 관계를 모독하는 일로 간주되곤 한다. 이렇게나 돈을 숭상하는 사회에서 그렇게나 돈을 혐오하는 관념이 공존한다는 점이 가끔 어색하게 느껴지기조차 한다.

모스에 따르면, 현대적인 사회보장 정책도 역시 동일한 원리에 바탕을 둔다. 고용주는 노동자에게 임금을 지급하지만, 노동자의 협력을 통해 고용주가 얻어낸 것에 대해 임금만으로 모든 대가를 치렀다고는 할 수 없다. 돈으로 바꿀 수 없는 노동자의 생명과 노고가 생산의 과정에서 함께 바쳐졌기 때문이다. 사회와 공동체를 대표하는 기구로서의 국가도 마찬가지여서, 고용주가 노동자에게 임금을 지급하고 소비자가 생산자에게 상품 가액을 지급한 후에도, 국가, 사회, 공동체가 생산 활동, 특히 노동자의 그것에 힘입어 누리는 것들에 대한 빚은 여전히 남는다. 고용주가 노동자의 사회보장사업에 협력해야 하는 의무, 국가와 사회와 공동체가 생산자에게 일정한 생활보장을 해주어야 하는 의무가 여기에서 발생한다. 노동력이라는 상품을 사고팔며 그 대가로 임금이 지급되었지만, 우리는 그 외의 무언가를 더불어 주고받았고, 그것이 우리에게 추가의 빚으로서 사회적 의무를 발생시킨다. 우리가 선물이나 상품으로 서로 묶여 함께 사회를 이루는 한, 우리는 이 의무를 벗어날 수 없다.

다시 선거에 대해 생각해 보자. 선물의 약속은 정치인들이 먼저 하지만, 그들이 우리에게 먼저 선물을 베푸는 것은 아니다. 사회를 사회이게 하는 최초의 선물, 주어야 하고, 받아야 하며, 갚아야 하는 의무의 체계로 우리를 엮는 국가와 사회와 공동체의 창출이라는 선물은, 적어도 그 주기적 갱신으로서의 선거 의례라는 관점에서 볼 때, 후보로 출마하는 정치인이 아니라 투표하는 유권자 시민이 먼저 베푸는 일이다. 정치인이 하는 선물의 약속은 그저 답증의 약속일 뿐이다. 게다가 앞서 확인한 선물의 하우, 담보의 인격, 노동자의 생명처럼, 투표라는 선물에 대해 공약 이행이라는 정치인의 답증이 이루어져 교환이 완료된대도, 시민이 증여한 최초의 선물로 인해 그들이 짊어진 빚은 결코 해소될 수 없는 성질을 지닌다. 대가가 없는 선물은 없다. 선물은 항상 답증 이상의 것을 요구한다. 유권자 시민이 아니라, 후보자 정치인들이 새겨야 할 말이다.

# 대선판을 흔드는 '문제적' 국민 정서와 가족 프레임

박충환

제20대 대통령 선거판이 양대 정당 후보의 이른바 '가족리스크'와 언론의 선정적 보도로 추하게 일그러지고 있다. 매일같이 쏟아지는 볼썽사나운 네거티브 소식에 피로감을 느끼는 이가 비단 나만은 아닐 것이다. 그 와중에 2021년 12월 21일 아침 뉴스에서 김진국 청와대 민정수석이 아들의 비위로 전격 경질당했다는 소식을 접했다. 김 수석의 아들이 몇몇 기업에 입사 지원서를 내면서 아버지가 청와대 민정수석이라는 사실을 노골적으로 적시하는 '사고'를 친 모양이었다. 김 수석의 즉각적인 경질로 사태가 수습되긴 했지만, 고위공직자 가족리스크로 중상을 입은 문재인 정부에 다시 한번 작은 생채기를 낸 사건이었다.

한국 사회에서 성공 가도를 달리던 고위공직자나 정치인이 가족 문제로 낙마하는 사례는 이제 드문 일도 아니고 어제오늘의 일만도 아니다. 일찍이 제16대 대통령 선거에서 가장 유력한 후보였던 이회창이 대다수의 예상을 뒤집고 낙선하게 된 원인은 소위

'병풍 사건' 으로 알려진 두 아들의 병역 비리 의혹이었다. 최근 조국 전 법무부 장관을 낙마시키고 그 가족을 멸문지화로 이끈 것도 다름 아닌 가족리스크였다. 한국 사회에서 고위공직자와 정치인의 가족 문제는 그 진위와 경중에 상관없이 한 번 빠지면 도저히 탈출할 수 없는 개미지옥인 것 같다. 사정이 이러하니 김 수석이 아들 문제로 경질당했다는 소식은 그리 놀라운 일도 아니다.

하지만 언론 보도에 따르면 김 수석의 아들은 평소 불안과 강박증세로 정신과 치료를 받아온 인물이다. 이것이 사실이라면 정신적 문제로 자기조절 능력을 상실한 아들이 어처구니없는 사고를 쳤고, 그의 아버지는 통제 불가능한 아들이 저지른 문제적 행위에 대해 공적영역에서 무한 책임을 진 셈이 된다. 김 수석의 입장에서 억울하기 짝이 없는 일일 것이다. 자식을 둔 부모라면 누구나 공감하듯 그야말로 부모의 뜻대로 통제되지 않는 것이 자식인데, 하물며 정신질환을 앓고 있는 자식이라면 언급할 필요도 없을 것이기 때문이다. 더욱이 보편적 인권의 시대에 아무리 자식이라도 부모 뜻대로 통제하려고 해서도 안 될 일이다. 자식도 엄연히 독립적 인격체이기 때문이다. 사정이 그러함에도 김 수석은 아비로서의 불찰과 부족함을 읍소하며 머리를 조아렸고, 청와대는 '국민 정서'를 고려해서 그를 즉각 경질한다고 발표했다.

청와대가 김 수석의 경질을 위해 호출한 국민 정서는 2021년에 발생한 또 다른 낙마 사건에서도 강력한 영향력을 발휘한 것으로 보인다. 더불어민주당 공동상임선대위원장으로 영입되었던 조동연 교수가 '문란한 사생활' 논란에 휘말려 영입 며칠 만에 눈물을 흘리며 사퇴했다. 조 교수에게 덧씌워진 혐의는 한 개인과 가족의 인권을 심각하게 침해하는 것이었을 뿐만 아니라 명백한 젠더 폭력의 성격도 보여주는 내용이었다. 조 교수의 거취에 대해 어정쩡한 자세를 취하던 더불어민주당은 국민 정서에 떠밀려 서둘러 대국민 사과문을 발표함으로써 사태를 수습하고자 했다. 젠더적 관점에서 명백하게 문제가 있어 보이는 조 교수의 사퇴에 대해 한국 여성계조차 침묵으로 일관하는 모습은 의아함을 넘어 낯설기까지 했다. 한국의 여성계도 어쩔 수 없이 국민 정서를 의식했던 모양이다.

이 문제의 국민 정서가 도대체 무엇이기에 청와대를 움직이고 여성계를 침묵시킬 정도로 강력한 힘을 발휘할까? 국민 정서는 워낙 중의적이고 맥락에 따라 천의 얼굴로 호출되는 터라 그 전모를 파악하기는 불가능하다. 하지만 김진국 수석과 조동연 교수의 낙마를 통해 적어도 두 가지 담론적 층위는 유추해 낼 수 있을 것 같다. 첫째, 공인은 사생활과 가족이라는 사적영역에서 발생한 문제라 하더라도 공적영역에서 무한 책임을 져야 한다. 둘째, 가족 구성원 한 명 한 명이 자유의지를 가진 독립적 인격체임에도 불구하고, 공인은 가족 구성원의 행위를 임의로 통제할 수 있고 또 그렇게 해야 한다. 이렇게 한국의 국민 정서는 뚜렷한 공사 구분을 부정하는 층위와 가부장의 절대권력을 인정하는 층위가 동전의 양면처럼 맞물려 있다.

구미사회에서는 대체로 공인의 사생활과 가족관계가 그녀/그가 공적영역에서 수행하는 일에 영향을 미치지 않는 것으로 보인다. 사르코지 전 프랑스 대통령의 부인 카를라 브루니는 결혼 전 숱한 연예계·정제계 인사들과 염문을 뿌렸고, 모델 시절 촬영했던 누드사진이 유출되는 사건으로 세상을 떠들썩하게 만들기도 했다. 심지어 마크롱 현 프랑스 대통령의 결혼은 그가 미성년이던 15세 때 무려 24세 연상 여교사와 지극히 위험한 연애를 통해 맺어진 인연이었다. 트럼프 전 미국 대통령의 복잡한 가족관계와 지저분한 혼외 관계는 굳이 언급할 필요조차 없을 것이다. 이 세계적인 정치 지도자들의 사생활과 가족 문제는 한국의 공적영역에서는 도저히 용납될 수 없는 것들임에 분명하다. 하지만 그들의 사생활과 가족 문제가 세간의 가십거리는 되었을지언정 공적영역에서 치명적인 악재로 작용한 적은 없었던 것 같다.

한국은 유독 사적영역과 공적영역의 경계가 모호하고 두 영역 간 상호침투가 현저한 사회이다. 이는 비단 정계나 관료계에만 국한된 현상도 아니다. 심지어 연예인조차 공인으로 간주되어 국민 정서에 어긋나는 사생활이나 가족 문제가 폭로될 경우 언제든 방송계에서 퇴출당할 위험을 감수해야 한다. 사회적 공인에게 공사를 초월한 수준의 철저한 도덕적 잣대를 적용하는 국민 정서는 한편으로 그들에게 무거운 사회적 책임을 부여하고 모범적 시민으로 살아가도록 압박할 수 있다는 점에서 긍정적인 측면도 있을 것이다.

하지만 그것은 동시에 매우 심각한 부작용의 가능성을 내포하고 있기도 하다. 유독 운명공동체적 성격이 강하고 가부장의 절대 권력을 축으로 하는 가부장제 가족의 제도적·문화적·정서적 프레임이 한국의 국민 정서를 관통하고 있기 때문이다. 한국의 가부장제 가족은 법률과 제도적 차원에서 이미 폐지되었지만, 그 문화적·정서적 프레임은 여전히 맹위를 떨치고 있는 듯하다. 조국 일가의 비극은 이 가족프레임이 전도된 공정담론과 만났을 때 더욱 강력한 독성을 뿜어낸다는 사실을 방증하는 사건이었다.

현대적 공화국의 근간을 제공하는 공공성 담론은 한편으로 공익과 사익의 명확한 제도적·법률적 구분을 통해 사적 이해가 공적영역으로 침투해 들어가는 것을 방지하고, 다른 한편으로는 개인의 인권과 자유라는 이념을 통해 공적 권력이 사적영역을 침해하는 것을 방지하는 방식으로 작동해 왔다. 하지만 한국의 국민 정서는 건강하고 합리적인 공사구분의 경계를 허물어 개인과 가족의 사적 욕망이 공화국의 공공성을 침해하고 농단할 수 있는 가능성을 이념적·실천적으로 열어주고 있기도 하다. 이는 박근혜 정부와 최순실의 국정농단 사건에서도 명백하게 드러난 바 있다.

이 문제적 국민 정서와 가족프레임은 제20대 대선 정치판에서도 어김없이 작동하고 있다. 더불어민주당 이재명 후보는 '비천한' 가족 배경과 사생활 문제로 덜미가 잡혀 있고, 국민의힘 윤석열 후보는 부인과 처가 리스크로 몸살을 앓고 있다. 양대 정당의 두 후보 모두 언제 터질지 모를 폭탄을 안고 대선에 임하고 있는 형국이다. 전 국민이 가족프레임에 포획되어 대선 후보의 사생활과 가족리스크에 몰두하고 있는 동안 정작 대통령 선거에서 중심이 되어야 할 정책과 비전은 뒷전으로 밀려나 있다. 국민이 대통령 후보들에게 바라는 건 사생활과 가족 문제를 두고 서로를 헐뜯는 모습이 아니다. 진정으로 국민의 마음을 얻고자 한다면 당장이라도 무의미하고 소모적인 네거티브를 멈추고 훌륭한 정책과 비전을 통해 성실하게 경합하는 모습으로 어필해야 할 것이다.

# 3不을 선포하라

엄창옥

지금 한국은 20대 대통령 선거 막바지에 있다. 그런데 이 선거가 이전에 경험한 적 없는 비호감 선거라고 한다. 미국 외신에서도 한국 대선이 '추문과 말싸움' 으로 얼룩져서 역대 최악의 선거라고 비아냥거리고 있다. 하지만 2년 전 자신들의 대통령 선거 추태는 이보다 더했으면 더했을 터인데, 그들도 벌써 그 창피했던 모습을 다 잊은 모양이다. 아마 우리도 곧 잊을 것이다.

그건 그렇다 하더라도, 지금 한국 대선에서는 엄청난 재정 규모의 공약이 쏟아지고 있고, 대부분의 공약이 정당 노선을 구분할 수 없을 만큼 유사해지고 있다. 서로 싸우면서 닮아가는 모양이다. 대선 공약이 유사해진다는 것은 자신들이 꿈꾸어 오던 정당 정강을 실현하기보다는 당장 눈앞의 표를 얻기 위한 이벤트성 공약을 남발하기 때문일 것이다. 이 선거판이 대선大選인지 지선地選인지 구분되지 않을 정도이다. '소확행 공약' 이라든가 '심쿵 공약' 이 그렇다. 그렇다고 해서, 이번 선거가 대선이니만큼 대통령 공약은 국가비전과 같은 거대담론을 지향해야 한다는 주장이 아니다. 오히려 코로나19로 뒤틀린 국민들의 일상을 알뜰하게 만진다는 점에서 그 의미를 높이 평가해야 한다. 하지만 흔들리는 표심에 국가 지도자가 되겠다는 사람마저 흔들려서 중심을 잃어버리고 있다는 점에서는 염려하는 말이다.

아마도 인기영합적인 공약이 남발되는 이러한 현상은 이번 선거가 '최선의 대통령을 뽑는 선거가 아니라, 두 악惡 중 차악次惡을 뽑는 선거' 이기 때문이라는 세평과도 연관이 있을 것이다. 자신의 한계를 가리기 위해서는 화려하고 강한 톤의 화장술이 필요하듯이, 허물 많은 후보자들이 내뱉는 언어도, 내어놓는 공약도 하나같이 자극적이고 요술이 가득하다. 그러나 우리가 언제 최선의 지도자만을 뽑아왔던가. 그렇지 않은가? 그래서 지금의 상황을 너무 자학할 일은 아니다. 내가 공부하는 경제학에서도 완전경쟁시장이 아닐 경우, 시장의 선택이 차악, 그러니까 여러 실패 중 나은 실패를 선택하고 있다고 결론짓고 있다. 현실 속에서는 완전경쟁시장의 최선의 균형을 불가능하게 하는 요인들이 늘 있기 마련이다.

그런데, 이번 대선이 왜 이렇게 이전투구의 난장판이 되었을까? 필자의 생각은 이렇다. 5년 전 우리 모두가 촛불혁명이라는 산을 함께 오른 적이 있었다. 그리고 우리는 그 산을 내려오고 있다. 이번 선거의 혼탁함은 그 촛불혁명의 산을 내려오면서 치러지는 선거이기 때문이다. 산 위의 푯대를 향해 함께 달려 올라가기는 했지만, 우리는 그 산 정상에서 함께 내려오는 법을 준비하지 못한 것은 아닐까. 오를 때는 대오를 갖추며 함께 올랐지만, 내려올 때는 각자가 땀에 젖은 옷을 풀어 헤치고 뿔뿔이 흩어져 내려오기 때문이다. 오를 때의 마음과 내려올 때의 마음이 다를 것이다. 오를 때의 기대감과 내려올 때의 실망감, 오를 때의 열정과 내려올 때의 허탈감. 이런 간극들, 간극들…. 사실 우리가 산 정상에서 함께 합의해 준 촛불정부와 촛불국회는 결과적으로 정직하지 못했었다. 그들은 겸손하지 못했었고, 서툴렀으며, 과욕했었다. 그래서 그들은 산 정상에 모인 시민들과 두런두런 이야기를 나누며 함께 산을 내려올 만큼 성숙되지 못했었다. 그들은 촛불과업을 달성한답시고 그들만 먼저 산을 내려와 버렸었다. 외톨이로 남은 우리는 산을 내려오면서 넘어지고, 아파하고, 그리고 분노했다. 이 간극을 비집고 '공정과 상식' 을 회복하겠다는 대통령 후보가 나타나는 것은 어쩌면 당연하다. 이런 관점에서 보면 이 구호는 또 다른 촛불혁명을 소환해내는 것처럼 보인다. 2017년 촛불정부의 적폐를 청산하고자 하는 정권교체를 주장하고 있지 않은가! 경계하라, 적폐청산의 이름으로 지금부터 모든 시계가 거꾸로 돌아갈 수 있다는 것을.

그러나 이것만은 안 된다. 결코 되돌아가서는 안 되는 것들이 있다. 이것이 3不이다. 여기에는 한국 사회가 안고 있는 모순들이 응축되어 있기 때문이다. 차기 정부 혹은 차기 정권을 누가 맡든 간에 국민 앞에 3不을 선포해야 한다. 제1不은 '부동산 투기는 안 된다' 이다. 한국 사회가 부동산 공화국이 된 것은 한 정권이 부동산 투기를 억제하면 다음 정권이 들어와 풀어버리기 때문이다. 불로소득을 회수하겠다는 투기억제 정권은 곧 수명을 다할 것이고, 그때 투기자의 초과이득은 실현된다. 우리는 이 비밀을 여러 차례 경험했고 학습되어 있다. 후보자도 여기에 표가 있다는 것을 안다. 그러나 이 유혹을 이겨야 한다. 제2不은 '남북 간의 전쟁은 안 된다' 이다. 남북 휴전상태는 냉전의 마지막 유산이며 신냉전의 출발점이다. 우리는 이 소용돌이 속으로 걸어 들어가겠다는 그 어떤 주장도 단호히 거부해야 한다. 우리는 북풍 조작으로 선거판을 뒤집는 것을 여러 번 목도했다. 그때마다 사회는 양분되었고, 극단적 진영들은 단결했다. 후보자도 여기에 표가 있다는 것을 잘 안다. 하지만 이 유혹을 반드시 이겨내야 한다. 제3不은 '수도권 집중은 안 된다' 이다. 지방청년 유출, 지방 소멸, 부동산 투기, 소득 불균형, 교육 불균형 등, 대부분의 모순이 여기에 농축되어 있다. 남부경제권을 제2의 수도권 수준으로 육성하겠다는 외침이 시간이 갈수록 헛된 구호로 메아리칠 뿐, 공공기관 추가이전조차도 묵묵부답이다. 수도권에 대규모의 아파트를 쏟아붓고, 수도권 GTX를 거미줄처럼 깔아 30분 통근권을 만들겠다는 것은 서울을 중심으로 하는 수도권을 강화하겠다는 것이나 다름없다. 후보의 눈에는 수도권에 몰려 있는 표가 물 반 고기 반 하듯 하니 이 유혹을 어떻게 물리치겠는가. 이런 것들을 공약하는 후보는 인아人我를 구분할 것 없이 시계의 바늘을 거꾸로 돌리는 반동자들이다. 눈앞의 이익만을 좇는 요술꾼임에 틀림없다.

필자가 근무하는 대학에는 월파원月坡園이라는 야외박물관이 있다. 고풍스러운 보물급 석탑과 석등이 즐비한 아름다운 이 정원에는 머리가 잘려나간 수십의 좌불상坐佛像이 있다. 몇 년 전에 한국경제사를 전공하신 김 교수님께서 점심을 마치고 함께 교정을 산책하면서 이 정원을 무두불원無頭佛園으로 부르자고 제안하신 적이 있다. 고려의 불교를 조선이 배척한 결과라는 것이다. 목 잘려나간 부처님처럼, 앞선 시대를 청산하면서 그 시대의 모든 것을 부정해 버리는 우리 역사의 상처들을 안타까워하면서 한 말씀이다. 지금 나는 점심 후 교정을 거닐며 겨울 마지막 자락의 냉기를 한가로이 즐기고 있지만, 대통령 후보들은 우리 사회의 근본 모순들을 눈앞의 표만 보고 쥐락펴락하고 있다. 아, 찻잔 속 폭풍이 따로 없다.